庄子说 说庄子

内篇

ZHUANGZISHUO SHUOZHUANGZI NEIPIAN

王景琳 徐匋 编著

河北出版传媒集团
河北人民出版社
石家庄

图书在版编目（CIP）数据

庄子说　说庄子. 内篇 / 王景琳，徐匋编著. -- 石家庄 : 河北人民出版社，2024.4
ISBN 978-7-202-16778-6

Ⅰ. ①庄… Ⅱ. ①王… ②徐… Ⅲ. ①《庄子》—通俗读物 Ⅳ. ①B223.5-49

中国国家版本馆CIP数据核字(2024)第025299号

书　　名　庄子说　说庄子（内篇）
编　　著　王景琳　徐　匋

选题策划　王斌贤　王　静
责任编辑　陈冠英
美术编辑　李　欣
责任校对　余尚敏

出版发行　河北出版传媒集团　河北人民出版社
（石家庄市友谊北大街330号）
印　　刷　河北新华第一印刷有限责任公司
开　　本　889毫米×1194毫米　1/32
印　　张　14.5
字　　数　298 000
版　　次　2024年4月第1版　2024年4月第1次印刷
书　　号　ISBN 978-7-202-16778-6
定　　价　78.00元

代前言：庄子的幸与不幸

庄子大约生于公元前369年，卒于公元前286年，活了83岁，算得上是高寿了。生活在一个战乱频仍、踊贵屦贱的时代，能活到这个岁数，寿终正寝，委实不易。也许有人会说这是庄子之幸，是他运气好，又懂得养生。也是，能写出《养生主》这样文章的人不长寿，怎么说得过去呢？庄子长寿是长寿，他也确实懂养生，不过，他的运气究竟是好还是不好，那还得两说。

一、庄子之幸

庄子名周，这是《庄子》内外杂篇以及司马迁的《史记·老庄申韩列传》中都有记载的。到了唐代，陆德明在《经典释文序录》中为庄子安了个“字子休”，为取信于人，他还把这个发明权算在了司马迁的头上。此后，庄子便名周“字子休”了。

用今人的眼光来看，庄子曾经是很“阔”的，庙里有他的一席之地，还有“南华真人”的御赐封号。但那都是后话。庄子出生在一个什么样的家庭，家境如何，《庄子》与为庄子作传的司马迁都没有说。值得注意的是，司马迁说庄子无书不读。这一点，我们已经从《庄子》一书中得到了验证。庄子上通天文，下知地理，花草虫鱼鸟兽的习性无所不知，即便泥鳅、蟋蟀这种不起眼的小东西，庄子也能说得头头是道。这一切除了得益于大自然之外，和庄子读书多无疑是有关的。家喻户晓的大鹏，其原型就来自《齐谐》这本志怪书。就从庄子有机会读了这么多书来看，他青少年时期的家境一定还算殷实。

司马迁还说，庄子曾经做过漆园吏。这是一个管理漆园的小官。先秦诸子大都雄心勃勃，颇有些“当今之世，舍我其谁”的劲头，在他们心中，那是一出仕便要做大官的。庄子的老乡惠子还真是一当官就做了魏国的相国。而庄子却屈尊做了个漆园吏，这不能不让人想到庄子的家庭遭遇了变故，很可能是为生计所迫才不得已而为之。不然的话，才华远超惠子的庄子怎么会只做了个没有等级的漆园小吏？

漆园吏官阶虽低得微不足道，毕竟吃的是官粮，在漆器广为使用的战国中期，漆可是紧俏物资。掌管漆园的小吏应该也算得上是个肥缺。即使庄子在任上不贪污不受贿，养家糊口应当不成问题。要说庄子一生出过“仕”，他也就短暂当过这种比绿豆芝麻还小得多的“官”。

无论如何，庄子在卸任漆园吏之前，他的日子还能过得去，起码属于小康，不愁吃穿住。

二、庄子之不幸

不过，庄子漆园吏的小“官”当了不久就没了。是庄子自己辞了还是被解雇了，史料语焉不详。用荀子的话说，庄子不懂人事，在今人看来就是情商低了。还有就是他与生俱来的狂傲不羁的性情，八九不离十，庄子旱涝保收的职位是被上司给撸了。此后，艰难的日子就跟了他一辈子。

丢了漆园吏之职的庄子，很长一段时间，日子都过得紧巴巴的。《庄子》中多处提到他所陷入的困境与窘相。庄子住在贫民区，常常吃了上顿没下顿，饿得面黄肌瘦。实在熬不住的时候，他也不得不硬着头皮叩响富儿门去借粮。庄子拜见魏王时身穿破衣烂衫，就连鞋底鞋帮都是开裂的，不得不用条绳子绑起来。有时候庄子只好靠编草鞋为生计。好在庄子家附近有河，饿极了还可以蹲在河边钓鱼。想吃肉了也能去搞点儿野味。《逍遥游》中庄子与惠子打嘴仗时把狸猫捕食的场景描述得活灵活现，不能不让人怀疑，那捕捉住狸猫的机关，是不是就是庄子设的。

《庄子》中还有很多让人感到惊奇的记述，透露出庄子对草根阶层生存技能的熟悉。譬如，庄子对牛的身体结构了如指掌，说起屠宰术来绘声绘色。至于木匠的活计，他就更是精通了。什么样的木材有用，什么样的木材无用，什么样的木质可以派上什么用场，恐怕就是从事这一行业的能工巧匠也会自愧不如。至于采漆用漆则更不消说了。还有，支离疏如何利用身体的残疾钻空子，既不用交税，也不用服劳役兵役，还能从官府那里获得救济补助等。庄子写在他书中的这些知识、经验、处世之道，应该都得益于他为生存不得不混迹于草根阶层的生活经历。后世《庄子》备受追捧，可以说，早年家境的殷实以及日后生活的贫困窘迫共同成就了他。在庄子的一生中，这两样经历缺了哪一样，他都一定写不出这么哲理深厚、知识渊博的内七篇文章来。

可悲的是，写下了《逍遥游》《齐物论》等千古不朽大作的庄子，生前竟没有几个人待见他。比他大三岁又早死三年的孟子骂过、评论过很多人，却不曾提及庄子，莫不是在孟子看来，连骂一句庄子都不值得？荀子所非的十二子，庄子有幸名列其中，可一句不通人事就为庄子盖棺定论了。倒是韩非子更干脆，含沙射影地说像庄子这种油盐不进的人简直就该杀掉。就连宋代的朱熹，也曾用带点讥讽的口吻说，庄子活着的时候只是躲在没人的地方自说自话而已。

三、不幸中的幸

不幸的人也有走运的时候。庄子一生最幸运的事，便是交了一位算不上朋友的朋友惠子。假如没有惠子，很可能今天我们谁也不知道历史上还有庄子这么个人，更别说《庄子》了。

惠子和庄子是同乡，比庄子大一岁，中年之后两人交往频繁。少年时，两人住得似乎相距不远，还曾约过一“架”，要比试谁的学问更大。两位都小有名气却谁也不服谁的少年才子见面，不愉快的结局可想而知。据说，这次见面，惠子大败，遭受了庄子毫不留情的嘲讽。

第一次斗嘴，惠子便领教了庄子学识与嘴皮子的厉害。多年后惠子做了魏国的宰相，庄子不计道远特意去看望他，惠子听信庄子将取他而代之的传言，竟派兵在魏国都城搜了三天三夜，闹得庄子哭笑不得。为了消除惠子的恐惧，庄子还是登门见了惠子。这次见面给我们留下了那段著名的凤凰与练食、猫头鹰与腐鼠的故事。其实，庄子话说得这么难听，并不是他瞧不上相位，而是惠子的行为让他感到失望，还有恶心，这才把他来拜访的老乡比作猫头鹰，把老乡死死看守的相位比作腐鼠。

庄子为什么要去看望惠子，我们已不得而知。旅游顺带拜访？庄子应该没有那个闲钱。想必也不是特意大老远跑去当面嘲讽惠子的吧？估计庄子也没那个闲心。但这一次的相见却使惠子对这个当年的“学霸”老乡妥妥地放了心。他了解了庄子的清高孤傲，知道他根本对什么劳什子的官位毫无觊觎之心。后来，在魏国干了12年宰相的惠子被政敌赶回老家，最终与庄子成为朋友，也就顺理成章了。同是天涯沦落人，相逢斗斗嘴大概也能慰藉那两颗寂寥的心吧。一部《庄子》，记录了大量庄子与惠子两人间类似于后世苏轼与佛印斗禅的佳话，现存33篇中有10篇13段文字谈到了两人的交往，可见惠子对庄子的重要。两人碰面时，自然少不了唇枪舌剑的交锋。急了，惠子说庄子的言论思想大而无用，庄子则说惠子被蓬草蒙了心。

当然，庄子与惠子之间并不仅仅是打嘴仗。日子久了，两位论敌之间情不自禁产生惺惺相惜之情。庄子与惠子游于濠梁之上，观鱼时相互调侃，足以显示两人关系的融洽与默契。庄妻死了，惠子去探望。惠子死了，庄子路过其墓地，感慨万千，流露出对惠子的一片真挚之情。这一切，都成了文人士大夫千百年来歆羡、赞叹的不朽话题。

庄子和惠子两个阅尽人间酸甜苦辣的中年人的重逢，成就了彼此。显赫一时的政治家、哲学家、号称天下第一辩手的惠子做梦也想不到，他的主要思想是借了《庄子·天下》才大致地保存了下来。而庄子也因惠子的被逐回乡，在与之所谓“历物十事”的论辩中，写出了中国哲学史、文学史、思想史上最著名的两篇作品《逍遥游》与《齐物论》。那展翅高飞的大鹏，逍遥的至人、神人、圣人，还有“吾丧我”的境界，地籁的轰鸣，天籁的宁静，“万物一齐”的呼喊，死生的贯通以及迷离恍惚的蝴蝶梦……虽则被惠子嘲讽为“大而无用”，却成为滋润中国文化史上一代代大家的最为肥沃的土壤，使得庄子最终与儒家的孔子并驾齐驱，庄子与孔子的思想共同打造出中国文化史上“儒道互补”的动态的传统文化体系，成为滋润中国文人灵魂最重要的两个文化源泉。

四、幸还是不幸

可惜惠子只活了60岁，那时庄子还没写完《齐物论》。在两人论辩硝烟正浓时，惠子便撒手人寰。庄子无限感慨地说，惠子死了，我连个说话的人也没有了。从此，庄子再没有了写《逍遥游》那样磅礴恣肆的气势，也没有了写《齐物论》那样雄奇深邃的思辨。此后20多年里，庄子是极其寂寞的。他一边教授弟子，一边把他在《逍遥游》《齐物论》中所表述的深邃思想以通俗易懂的语言加以阐释，写出了《养生主》《人间世》《德充符》

《大宗师》《应帝王》等五篇，连同最初的两篇，七篇文章共同构成了完整的庄子思想体系。

庄子只写了七篇文章。那只从北冥起飞的大鹏最终是不是飞到了南冥，庄子没有说。其实庄子自己心里也很清楚，大鹏不管飞到还是飞不到南冥，最终都只能是个悲剧。庄子的文章自悲剧始，又以悲剧结。《应帝王》的最后一段便是一个生命的最大悲剧。中央之帝浑沌被好心的南海之帝与北海之帝活生生地凿死了。浑沌死了，庄子的心也死了。心死了的庄子还能再写什么呢？不用了。有那一万三千多字的七篇文章，足矣！

在庄子活着以及死后相当长的一个时期，《庄子》七篇虽不是显学，却也在坊间悄无声息地流传着。当《庄子》传到司马迁手中，彼时距庄子的时代虽然不过百余年，这本书的字数竟然膨胀了八九倍之多，达到了十余万言！东汉班固说他看到的《庄子》有52篇！不过，那时《庄子》的流传还是十分有限。到了魏晋时期，情况突变。那是一个人性觉醒的时代，想活得不同凡俗的人们突然发现，《庄子》才是他们的精神归宿。于是《庄子》瞬间火了起来。唐代陆德明见过那个时期的很多《庄子》注本，他说52篇本的《庄子》中有许多荒诞不经之说，一些文章不像是庄子写的，他特别看重的是被郭象瘦了身的33篇《庄子》本，并为之作了音义。稍后成玄英又作了《庄子疏》。52篇的《庄子》本自宋代以后便不见踪迹了。晋代郭象的注本便成了我们今天所能见到的最早的《庄子》。

然而，自从宋苏轼提出33篇本《庄子》中的《盗跖》《渔父》《让王》《说剑》四篇并非庄子所作的怀疑以后，历代学者从各个方面做了大量的考订，大致认定内七篇为庄子所作，外、杂篇的著作权并不属于庄子，终于还了庄子一个清白。可是，33篇本《庄子》早已成为一个复杂矛盾的集合体，并以一个整体的形式影响了中国文化史两千年，无论其中所表述的思想是否真的属于庄子，都一直以庄子的面目示人。这究竟是庄子的幸还是不幸？恐怕只有问庄子自己了。

最后，特别要说明的是，尽管学界一般认为《庄子》外篇与杂篇并非出自庄子之手，但由于长期以来《庄子》一直以内外杂33篇传世，同时庄子思想对后世的巨大影响也来自包括内外杂篇三部分的《庄子》全书，有鉴于此，我们这部书也将《庄子》内外杂篇视为一个整体加以评说，本书在外杂篇中所提到的庄子，也包括了庄子后学及庄子流派的学说或看法。

目录

养生主

一四九

「彷徨乎无为其侧，逍遥乎寝卧其下」的理想是美好的，而现实却四处隐藏着「机辟」与「罔罟」且无法逃脱，人的生命随时随地处于被吞噬的黑暗中。人当怎样活着？怎样才能不伤性命地活下去？面对现实，庄子为人们指出了一条「缘督以为经」的养生之道，庄子要人像庖丁手中那把厨刀一样，千方百计地避开各种各样的社会矛盾，在「技经肯綮」盘根错节的社会夹缝中「游刃有余」，左右逢源，以便最大限度地保全自己。

人间世

一八一

人世弥漫着「死者以国量乎泽，若蕉，民其无如矣」的死亡气息，为了生存，庄子提出了「无用之用」的处世主张。他认为人一旦拥有可让人使用之「材」，必定像山中的树木自招人砍伐，油脂自招焚烧，桂树因味美而招人伐，漆可用而招人割。所以人必须知道如何放弃这样的「材」与「用」，而选择「无用之用」，如同长得千奇百怪的栎社树、商丘之木与残疾的支离疏，以人们意识不到、有悖人之常情的「材」与「用」实现对自己的有用、对社会的有用。

德充符

二六五

庄子把修「德」视为通往得「道」的「桥梁」，是一条得「道」的切实可行之路。庄子所说的修「德」，是要人通过类似「心斋」「坐忘」这样的修炼，逐渐忘却传统之「德」，忘却形体，最终在心中进入「无」，也就是德满、德全的境界。庄子之「德」，说到底，并不是一种品德或者道德，而是人经过修炼可以达到的一种心灵的境界，所以与人的形骸无关。

庄子心目中的大宗师，担负着的是重塑人们灵魂的神圣使命。因此担当着领路人责任的大宗师不是来自理想世界的虚构人物，而是现实社会中的真人。一篇《大宗师》犹如一部真人的『传记』。可是由于真人以及他们所独有的『真知』在现实世界中已日趋式微，庄子对真人真知的礼赞与讴歌，实际上更像是为真人真知唱的一曲挽歌、一首悲歌。现实生活中真人所流露出的困惑、所陷入的人生困境，预示着『今之真人』已越来越无路可走了。

尽管庄子很少对政治问题展开论述，或者说他对这样的问题并不感兴趣，但这并不等于庄子对如何治天下没有自己的设想。《应帝王》就集中体现了庄子的社会政治观。庄子希望帝王君主能彻底放弃自有虞氏以来所建立的主张法度，『顺物自然而无容私焉』，回到泰式『其卧徐徐，其觉于于』无为而治的时代。

逍遥游

题解

以篇义命题。

“逍遥游”是庄子学说中一个极其重要的概念，有意思的是，这三字连用不仅从未在《逍遥游》乃至内篇中出现过，甚至在外杂篇中也寻不到任何踪迹。其实，就是用“逍遥游”作为篇名也不是庄子的原创。我们推测，最早《庄子》内篇传世时很可能就是一篇巨文，是后世的《庄子》整理者将其分篇，并从“逍遥乎寝卧其下”“以游无穷”这两句最能代表庄子思想的语句中抽取了“逍遥”与“游”二字合在一起，这才有了《逍遥游》的篇名。

所谓“逍遥游”，就是人“心”可以“无所待”地“游”于社会、精神、自然等各个领域，没有时空限制，随心所欲，无往而不“游”，无境不可“游”，就是“若夫乘天地之正，而御六气之辩，以游无穷者，彼且恶乎待哉！故曰：至人无己，神人无功，圣人无名”。这样的“逍遥游”尽管只是一种心的活动，但其中积淀至深的是对现实世界的否定，使人得以在“无名”“无功”“无己”的精神境界中，无所牵挂、坦然自若地“游”于这个世界。

这才是“逍遥游”思想所包含的最重要、最深刻的内容。

“逍遥游”对后世的影响非常大。自魏晋开始，庄子的“逍遥游”思想便成为文人士子对抗、否定、逃避现实社会、不与当权者合作的一种精神力量，如果说，传统的文人士子“达则兼济天下”的入世传统是由儒家奠定的，那么“穷则独善其身”的归宿则是由庄子完善的。而“逍遥游”世界恰恰为“穷则独善其身”提供了一个让人疗伤休憩的心灵家园。

庄子说

北冥有鱼[1]，其名为鲲[2]。鲲之大，不知其几千里也。化而为鸟，其名为鹏。鹏之背，不知其几千里也。怒而飞[3]，其翼若垂天之云[4]。是鸟也，海运则将徙于南冥[5]。南冥者，天池也。

【简注】

[1] 冥：海水深而黑为冥。

[2] 鲲：鱼卵，庄子称其为大鱼。

[3] 怒：用尽全力。

[4] 垂天之云：垂在天空之云。

[5] 海运：海动，如同海啸。

【今译】

北海有一条叫作“鲲”的鱼。鲲鱼之大，不知有几千里。它变化为鸟，名叫“鹏”。鹏鸟之背，不知有几千里。鹏鸟奋力飞起，翅膀犹如垂在天空中的云。这只鹏鸟，将乘着海动时掀起的大风飞往南海。所谓“南海”，是天然的大池。

【说庄子】

《逍遥游》一开篇，庄子便张力十足地渲染鲲鹏之宏大、描摹大鹏振翅起飞的雄伟壮观，先声夺人，带有令人震撼的磅礴气势。

鲲，原本不过是居于北海的一个鱼卵。可小小鱼卵却不甘于现状，向往起遥远的南海来。它终于等到了机会：趁着海运的大风化身为不知几千里的大鱼，然后又轰轰烈烈地化身为不知有几千里大的鹏，奋力一飞，翅膀高悬，犹如垂在天空中的云。不幸的是，虽然鹏尽了最大的努力，“怒而飞”，却偏偏不能完全凭借自己的力量飞到南海去，它必须依赖海运的大风，必须骑在风背上，才能升上九万里高空。一旦离开了海运，失去大风的托举，鹏是很有可能跌个粉身碎骨的！后世《庄子》的读者，只看到了鹏的风光，看到了“大鹏一日同风起，扶摇直上九万里”的壮举（李白《上李邕》），却没有看到鹏起飞时的诸多外在因素。如果没有那场也能搅得天翻地覆的大风，鹏能飞得起来吗？

现在我们终于明白，庄子推出鲲鹏，其实是为“逍遥游”定下了基调。不论你是何等的庞然大物，能创造出怎样震撼人心的场面，你仍然“有待”，仍然得靠着他人的力量，这样的举动虽然惊天动地，却与“逍遥游”无关。尽管你可以“化而为鸟”，铆足了劲儿“怒而飞”，可惜这都不“逍遥”，离“逍遥游”更差得很远很远。

不可否认，相对于“小”，庄子似乎对“大”有着一种发自内心的欣赏。所以他瞩目那么多巨大的东西：“以八千岁为春，八千岁为秋”的大椿树，“其坚不能自举”“瓠落无所容”的大瓠，“大本拥肿而不中绳墨”的樗树，“不能执鼠”的犛牛等，这足以说明庄子在谈“大”时，内心是隐藏着深深的矛盾的。他不是没有想过要脱离现状，不是没想到过寻求改变，但最终他还是否定了自己，否定了“化而为鸟”试图南徙的意义。

这个“化”字是颇为耐人寻味的。在《庄子》内篇中，“化”是一个贯穿全篇的独特表述，有着特定的内涵，如《齐物论》中的“物化”,《人间世》中的“万物之化”,《德充符》中的“命物之化而守其宗”,《大宗师》中的“况万物之所系而一化之所待乎”、“安排而去化，乃入于寥天一”、著名的子舆形体之“化”，以及《应帝王》中的“化贷万物而民弗恃”等，这样的“化”是自然的无声无息之“化”，是道通为一之“化”，是“道”的动态体现。

然而，“化而为鸟”的“化”显然与上述众“化”有着明显的不同。鲲为什么要“化”？究其原因是不甘心一辈子做条小鱼，处心积虑地“化”为几千里之大的鹏。这样的“化”与“道”没有一丁点儿关系，只是出于自我的极度膨胀。所以这样的“化”也就绝不可能轻松自如、如同梦蝶那样惬意，而是要用尽洪荒之力才可完成，于是我们就看到了“怒而飞”这样拼尽全力、奋起搏击的场景。一个“怒”字，透露出这样的“化”需要经过极力的挣扎。

可见鲲鹏之“化”不是自然之“化”，更不是万物一齐之“化”，而是潜藏着性命之忧的“化”。这样的“化”，闹不好是会丢掉卿卿性命的！就像辛弃疾所警示的那样：“似鲲鹏、变化能几？东游入海，此计直以命为嬉，……嗟鱼欲事远游时，请三思而行可矣。”(《哨遍》)

庄子说

《齐谐》者[1]，志怪者也[2]。《谐》之言曰：“鹏之徙于南冥也，水击三千里[3]，抟扶摇而上者九万里[4]，去以六月息者也[5]。”

野马也[6]，尘埃也，生物之以息相吹也[7]。天之苍苍，其正色邪[8]？其远而无所至极邪？其视下也，亦若是则已矣。

【简注】

［1］齐谐：书名。

［2］志：记。

［3］水击：击水。

［4］抟（tuán）：拍，附。扶摇：旋风。

［5］息：风。

［6］野马：春日野外沼泽中阳光下的游气，远望如同野马奔驰一样。

［7］生物：指野马、尘埃等被风吹动的各种生物。

［8］正色：本色。

【今译】

《齐谐》这部书记载的都是怪异之事。《齐谐》记述说："鹏鸟飞往南海时，翅膀拍击水面达三千里之遥，乘着旋风直上九万里高空，它凭借的是六月的大风。"

像野马奔腾一样的游气，漫天的浮尘，都依靠气息的吹拂而浮游。仰望天空，莽莽苍苍，这是天真正的颜色吗？还是天那么高远根本就没有尽头？大鹏在九万里高空往下看，也就是这个样子而已。

【说庄子】

《逍遥游》开篇分明已经把鹏的起飞渲染得冲击力十

足，掀起了第一个高潮，现在却笔锋一转，平实舒缓地说《齐谐》这部书就有这样的记载。看上去庄子引用《齐谐》关于大鹏南飞的目的是证明自己所说不虚，实际上却是借《齐谐》作为上文所述鲲化为鹏之后的补笔，进一步渲染大鹏南徙时造成的巨大声势。“水击三千里，抟扶摇而上者九万里，去以六月息者也”，更证实了大鹏虽然有了巨大的翅膀，海运和大风却仍然是它“化”和起飞的决定性因素。鹏的南徙，靠的并不是自家的本事，倘若没有扶摇大风的巨大支持，鹏的翅膀再大、再有力，也是飞不起来的。

那么，不甘心一辈子待在北冥的鲲，化身为鹏飞上九万里高空之后，终于换了一个观察世界的新角度，不再受到身居一隅的局限，又会有怎样的感受呢？

身处九万里高空的大鹏，第一个感觉天还是那么高不可测。在海里当鱼时，它仰望着可望而不可即的天，见到的只是“野马也，尘埃也，生物之以息相吹也”，曾发出了“天之苍苍，其正色邪”的疑问。当它飞到了九万里高空时，发现天还是没有变化的“苍苍”，与在海里看天时“其远而无所至极”的想象并无二致。倒是往下看时，却有了新的发现，尽管野马、尘埃仍然飘浮在空中，但从海里看天上，与从天上看地上并没有什么不同。“其视下也，亦若是则已矣”！这是何等的令人失望、沮丧！

鲲在北海时，曾期盼升上天空，它等来了六月的“海运”，“化而为鸟”，终于可以拍打着巨大的翅膀启程，奋力飞向那象征着拥有更多自由的天空，实现自己更大的南徙的梦想。可是，无论鹏怎样变换自己的位置，从海里到天空，或者从天空到大地，由于种种局限，鲲奋力所求的，未必就是适合它的世界。尽管鹏长出了令人羡慕的巨翼，飞上了他人所无法企及的高度，可那又能怎么样？在九万里高空的鹏难道不是感受到了更多的束缚、更大的不自由？不过，鹏的高飞至少让它明白了一个道理：在得到了更大自由的同时也会得到更大的束缚。鱼有水的局限，鹏有风的制约。谁也别羡慕嫉妒他人，也别想成为他人。在我们生活的这个世界，万物千姿百态，各有各的活法，各有各的使命，无论处在什么样的位置上，在本质上没有谁比谁更高，也没有谁比谁更大。恐怕这才是世界的“正色”！

无论庄子写鲲化鹏的寓意如何，“其翼若垂天之云”“水击三千里，抟扶摇而上九万里”的大鹏毕竟飞起来了。从此，这只鸟成了人们仰慕、惊羡、向往的崇高精神形象，鹏程万里也当之无愧地成为中国人文化心理中志向宏伟远大的象征，尽管这鸟大大偏离了庄子的航向。

庄子说

且夫水之积也不厚[1]，则其负大舟也无力[2]。覆杯水于坳堂之上[3]，则芥为之舟[4]，置杯焉则胶[5]，水浅而舟大也。风之积也不厚，则其负大翼也无力。故九万里，则风斯在下矣[6]，而后乃今培风背[7]，负青天而莫之夭阏者[8]，而后乃今将图南[9]。

【简注】

[1] 厚：深厚。

［2］负：载。

［3］覆：倾倒。坳堂：堂上低洼之处。

［4］芥：小草。

［5］置：放。胶：粘住。

［6］斯：指鹏。

［7］培：凭，乘。风背：形容大鹏乘风而行，犹如骑于风背之上。王孝鱼《庄子集释》点校本“背”属下读。

［8］夭阏（è）：阻拦。夭：遮拦。阏：阻塞。

［9］图南：打算向南飞。

【今译】

水如果汇聚得不深厚，那么它负载大船就没有力量。倒杯水在堂前的凹地上，一根小草便可像船一样漂浮起来，假如放一个杯子，就会粘在地面上，这是水浅而船大的缘故。如果风聚积的力量不强劲，就托不起鹏巨大的翅膀。鹏之所以能高飞九万里，是因为风托在下面，就如同鹏骑在了风背上。鹏的上面只有青天，没有任何东西可以阻挡妨碍它，这以后鹏才可以筹划着飞往南海。

【说庄子】

庄子不但想象力惊艳奇特，他的文思更是纵横跳跃，令人眼花缭乱，目不暇接。在说了“其视下也，亦若是则已矣”这句带有总结性的话之后，似乎庄子已经为鲲鹏的南徙之行作结，可是他忽然又把话题绕了回来。

大鹏分明已经起飞了，已经飞上了九万里高空，可是庄子似乎唯恐人们低估了大鹏起飞时所需仰仗的风力，用了一个接着一个的比喻，再三再四地说风与鹏的关系。庄子说，堂前洼地上的一摊积水足够草芥那么大小的船只航行，可是如果放个杯子就动弹不得了。多大的水负多大的舟，多大的风托举多大的鸟。鹏之所以能够飞上九万里的高空，完全是由于有着与之相应的强有力的大风的托举："风之积也不厚，则其负大翼也无力。故九万里，则风在斯下矣，而后乃今培风背，负青天而莫之夭阏者"，几乎每一句都在强调着风对鹏的作用以及鹏对风的依赖。

可见鹏的起飞，就本质而言，犹如船的航行必须有水一样，都是有所依赖的，并没有什么特别之处，只不过鹏的动静闹得更大。字里行间，我们不难发现庄子其实对大鹏的南迁之举颇有些不以为然，不认为有任何值得夸赞之处，相反，还暗示了好高骛远的鹏很可能会遭遇的悲剧！只可惜对鹏来说，开弓没有回头箭，就算它后来可能也意识到了自己的悲剧性命运，也悔之晚矣。不管未来如何，既然已经飞了起来，就还得继续飞下去。至于鹏到了南海之后会怎么样，又能怎么样，恐怕连鹏自己也不知道。就鹏而言，它对自己的期望值越高，所争得的空间越大，所受的束缚也就越多、负担也就越沉重。不是吗？说到底，鹏游则游矣，却并不逍遥。

这里有个涉及句读的问题需要说明一下。几乎所有通行本《逍遥游》"而后乃今培风背负青天而莫之夭阏者"这一句的句读，都点在"风"字之后，把"背"字放在下句，就有了我们通常见到的："而后乃今培风，背负青天而莫之夭阏者。"然而，揣摩庄子这几句的主要意图都是在强调一个事实：鹏之飞离不开大风的托举，包括"负大翼”“风斯在下”都表达了同样的意思，因此将“背”字断为上句，描写鹏犹如骑在风背上，是不是更加形象，也更加符合庄子的原意？

庄子说

蜩与学鸠笑之曰[1]：“我决起而飞[2]，抢榆枋[3]，时则不至而控于地而已矣[4]，奚以之九万里而南为[5]?”

适莽苍者[6]，三飡而反[7]，腹犹果然[8]；适百里者，宿舂粮[9]；适千里者，三月聚粮。之二虫又何知[10]。

【简注】

［1］蜩：蝉。学鸠：小鸠。

［2］决：急速尽力的样子。

［3］抢：撞，触，碰。榆：榆树。枋：檀木。

［4］时：有时。则：或许。控：投落。

［5］奚以……为：为什么要……呢？之：往。

［6］莽苍：郊野苍苍茫茫的景色，指郊野。

［7］三飡：指一日。飡（cān）：餐。反：返。

［8］果然：形容很饱的样子。

［9］宿：一夜。舂（chōng）：用杵在臼中捣米，去除稻米的皮壳。

［10］之：此。二虫：指蜩与学鸠。

【今译】

蝉与小鸠望着大鹏笑道："我奋力而飞，碰到榆树、檀树就停下来，有时飞不了那么高，落在地上就是了。为什么要高飞九万里去南海呢？"

去郊野的人，只需要准备三餐就够了，当日返回肚子还是饱饱的；去百里远的地方，需要花一夜的时间准备干粮；假如行走千里，那就得用三个月的时间筹措食物了。这两个小东西又怎么会知道这些呢！

【说庄子】

当像大鹏这样"水击三千里，抟扶摇而上者九万里"的场景、这样不寻常的大事就活生生地在人们身边发生的时候，对爱看热闹的众生来说，不加以评头论足就不正常了。深谙国人心态的庄子果然写到了两位评论家：蜩与学鸠。

蜩与学鸠是两个小生物。它们只要能"腾跃而上"，"数仞而下"，"翱翔"于"蓬蒿之间"，就进入了"飞之至"的最佳状态，从不去幻想什么飞向遥远的"天池"，更不理解干吗要借助他人之力，费尽心机地"之九万里而南为"。

于是，在我们面前出现了这样鲜明的对比：一边是蜩、学鸠，一边是大鹏。一个在九天之上，奋力掠过广阔无垠的天空，一个在坚实的大地，扑腾于树木草丛之间；一个经过自己的奋力拼搏、依靠着强风的托举终于化理想为现实，一个安于现状，对自己所拥有的一切感到由衷的满足；一个时刻经受着生存的巨大压力，一个轻松得没有一点儿负担。看起来，渺小的蜩、学鸠与巨大的鲲鹏不但形体差异巨大，三观也完全不同。

问题是，庄子为什么要把两者间巨大的差距展示给我们看？其用意何在？

在庄子看来，蜩、学鸠与大鹏之间的不同取决于它们各自的生活环境与生活需要。也就是说，环境与需要决定着人的认知层次。到郊外的人，备上一日三餐就足够了；可是行百里的人，就要花一夜的时间准备干粮；而对行千里的人，筹措食物的时间就要长得多。这都是人们从自己的生活实践中获得的知识。蜩与学鸠从不曾想到过要从北冥飞往南冥，更不需要等待六月的海运才能抟扶摇直上九万里，它们的生活范畴就局限在“榆枋”“蓬蒿”之间，自然无从理解鹏为什么要“南徙”，甚至认为鹏根本就没有必要“南徙”，所以庄子说“这两个小东西又如何知道大鹏的事呢”。

不过，“之二虫又何知”是一种什么样的口气直接关系到庄子对蜩与学鸠的评价，所以有必要说上两句。几乎所有《庄子》注本都认为这句话表现了庄子对蜩与学鸠的蔑视与否定。果真如此吗？我们认为这是一种误解。不妨回想一下，当庄子提到“适莽苍者，三飡而反，腹犹果然”的时候，其中有一丝一毫贬低的意思在吗？如果没有，庄子又怎么会去贬低这两个小东西呢？事实上，庄子引用这些聚粮行路的人为例，不过是要说明，人对外在世界的看法不可避免地受到自己生活经历与需要的局限。生活在不同环境、需求不一样的人，对外在世界的认识当然存在着差异，人又何必要求这两个小东西能与大鹏对外在世界具有相同的认知呢？

对此，我们或许可以留待下一节有关“小知不及大知，小年不及大年”的论辩作进一步的考察。

庄子说

小知不及大知[1]，小年不及大年[2]。奚以知其然也？朝菌不知晦朔[3]，蟪蛄不知春秋[4]，此小年也。楚之南有冥灵者[5]，以五百岁为春[6]，五百岁为秋；上古有大椿者，以八千岁为春，八千岁为秋。而彭祖乃今以久特闻[7]，众人匹之[8]，不亦悲乎！

【简注】

[1] 小知：才智小的人。知：智。及：到。大知：才智大的人。

[2] 小年：寿命短的人。年：寿命。大年：寿命长的人。

[3] 朝菌：朝生暮死的菌类。晦：黑夜。朔：平明。

[4] 蟪蛄：蝉。

[5] 冥灵：一种树，据说此树以叶生为春，叶落为秋，以二千岁为一年。

[6] 岁：年。

[7] 彭祖：传说中的长寿人物，封于彭城，据说曾经历了夏、商、周三朝，活七百岁，一说八百岁。乃今：而今。以久特闻：以长寿而闻名于世。

[8] 匹之：与他相比。匹：比。

【今译】

才智小的人不必去追赶才智大的，寿命短的人不必跟长寿者攀比。为什么这么说呢？朝生暮死的菌类不会知道白天与黑夜的区别；春生夏死、夏生秋死的蝉不会知道世上还有春与秋的变化，这就是所谓的“小年”。楚国南部有“冥灵”大树，以五百年为春，五百年为秋；上古时有大椿树，以八千年为春，八千年为秋。而彭祖到如今仍独以长寿闻名于世，人人都想与他比附，岂不是太可悲了！

【说庄子】

活跃于榆树檀树草丛间自得其乐的蜩与学鸠，见到抟扶摇直上九万里、一飞冲天的大鹏，其第一反应自然是万分的不解，它们实在想不明白大鹏整出这么大的动静到底是要去哪儿，它为什么一定要飞上九万里高空，执意往南飞呢！而对我们读者来说，对蜩与学鸠的第一印象，恐怕也是负面的。蜩与学鸠满足于自己狭小的天地，不求进取，反而讥笑志向远大的大鹏，这不是典型的心胸狭隘、目光短浅吗？这么想的话，就免不了对蜩与学鸠流露出轻蔑、不屑、鄙夷的眼光了。

然而，这是不是真的就是庄子所要传达的信息呢？

我们知道，庄子所要阐发的人生哲理往往出人意想，蕴含极深。而且庄子善于把自己的真实想法隐藏在极其隐晦的表述中，我们只有反复揣摩、细细品味才能把其中的深意挖掘出来。这一段的最后一句“众人匹之，不亦悲乎”可以说是点睛之笔。需要结合上下文，反复体会，才能领悟这一句的深意以及他对“大”与“小”问题的独特理解：原来小知也好，大知也好；朝菌也好，蟪蛄也好，无论你是几百年寿命的冥灵，还是几千年寿命的大椿，这就是这个世界的本来面目！世上万事万物的秉性、人的天赋原本就存在着差异。智慧有大小，寿命有长短，受自身条件或者环境的限制，小智永远不可能追及大智，小年也永远不可能追及大年。惟其如此，这个世界才如此的千姿百态、气象万千，才有数不胜数的各色各样的个体。这，才是这个世界的原生状态。所以庄子认为人们你追我赶，相互攀比，一定要争出个你死我活来是违背自然本性的。我们为什么就不能你过你的，我活我的，你想去南冥你就去南冥，我想在树丛间跳来蹦去我就在树丛间跳来蹦去。这样的话，这个世界是不是会更加丰富多彩？人世也会少了许多争执，少了许多烦恼，多出许多的乐趣来？

所以从根儿上说，庄子所谓的“小知不及大知，小年不及大年”，既不褒大，也不贬小，他要说的就是，人生在世，凡事不可强求。对外在世界所发生的一切，或许自己一时难以理解，那也不必妄加评论，更不必去攀比。做好自己就是完善自己。倘若沉迷于与他人攀比，或者总是以己之心度他人之腹，为此而消耗了一生的精力，那才是最最可悲的！

庄子说

汤之问棘也是已[1]。穷发之北有冥海者[2]，天池也。有鱼焉，其广数千里，未有知其修者[3]，其名为鲲。有鸟焉，其名为鹏，背若太山[4]，翼若垂天之云，抟扶摇羊角而上者九万里[5]，绝云气[6]，负青天，然后图南，且适南冥也[7]。

斥鴳笑之曰[8]：“彼且奚适也？我腾跃而上，不过数仞而下[9]，翱翔蓬蒿之间[10]，此亦飞之至也[11]。而彼且奚适也？”

此小大之辩也[12]。

【简注】

［1］汤：商汤，商朝第一代君王。棘：即夏革，商汤时的贤臣。汤之问棘事见《列子·汤问》。

［2］穷发：不毛之地，形容极荒凉遥远的地方。发：草木。

［3］修：长。

［4］太山：泰山。

［5］羊角：旋风，形容旋风旋转时形如羊角。

［6］绝：凌越。

［7］且：将，将要。

［8］斥鴳（yàn）：生活在池泽中的小鸟。斥：池，小泽。鴳：小雀。之：指大鹏。

［9］仞：周人以七尺为一仞，一说八尺。

［10］翱翔：鸟回旋飞翔，这里指小鸟嬉闹。蓬、蒿：两种草本植物。

［11］飞之至：飞翔的极致。至：极，最。

［12］小：指斥鴳。大：指鹏。辩：辨，区别。

【今译】

商汤与臣子棘的对话也有这样的记述。在不毛之地的北方有片广阔无涯的大海，那就是所谓的天池。池中有鱼，其宽有数千里，没人知道这条鱼有多长，鱼的名字叫鲲。那里也有只鸟，叫鹏。鹏背像泰山般雄伟，翅膀犹如垂在空中的云。鹏乘着旋风飞上九万里高空，跨越云层，背上唯有青天。鹏打算向南飞到南海去。

生活在池泽中的斥鴳望着大鹏笑道："它想飞到哪里去啊？我腾跃而上，不过几丈高就落下来了，在蓬蒿丛中飞来飞去，这也是飞的最高境界了。而大鹏究竟要飞往哪里去呢？"

这，就是小与大的分别。

【说庄子】

鲲鹏显然是庄子心中纠结至深的形象。不然的话，他绝不会在短短几百字的文章中，第三次写到鲲与鹏，并借此再一次将文章推向新的高潮。

庄子先说《齐谐》这部书已有"鹏之徙于南冥"的记载，现在又说"汤之问棘"中也有这样的叙述。庄子这样引经据典，反复谈及鲲鹏以及蜩、学鸠、斥鴳等小虫小鸟，难道只是偶然为之？只是要说明这个故事并不是他的杜撰，而是有据可查的吗？当然不是。我们看到，在《齐谐》或者汤与棘的对话中，鲲与鹏都互不相干，鱼是鱼，鸟是鸟，其共同点仅仅是都生活在北方而已。而庄子却用一个"化"字把两者结合起来，融合为一，鱼卵化成大鱼，大鱼化为大鸟，而且大到极致，高到极致。庄子这样做，无非是说，鹏闹出了这么大动静，就算最后到了南冥，又能怎么样呢？南冥与北冥，两者之间真的有什么不同吗？

庄子是名副其实的哲人，他很少从政治制度、社会状况的角度讨论问题，而是把着眼点放在对人、对人性的探讨上，往往是从人自身的弱点与局限来看待这个社会的缺陷与问题产生的根源。在他看来，人的好高骛远、见异思迁、得陇望蜀，或者以己之心度他人之腹、偏狭嫉妒等弱点缺陷，都与人自身的认知局限和所受到的时间、空间等内外条件限制有关。

用这样独特的眼光来看人，看世界，得出的结论自然也是惊世骇俗的。

所以这一段再次写鲲鹏之大、鹏之飞的壮观景象以及斥鴳之不解、斥鴳对自己“飞之至”的满足，都是为了要引出庄子对小大的一个重要看法，那就是大也好，小也罢，世界本来就是这个样子的，大就是大，小就是小，大不必轻视小，小也不必妄自菲薄或与大攀比。

其实，静下心来想想，蜩、学鸠、斥鴳这样的小人物，才是现实生活中的绝大多数。它们不期盼做一番惊天动地的大事业，也没有那么多的忧虑担心，想做什么就做什么，能有什么样的生活就满足于什么样的生活，仅仅凭着自己的本事自得其乐地活着，这样的人生态度难道真的是庄子所要否定的吗？倘若我们不纠结于斥鴳对大鹏的几句不解的议论的话，会不会觉得这一类小虫小鸟才活得尤其生动真实而又可爱活泼？这种无拘无束、平平淡淡、恬静安逸的田园生活，不正是我们绝大多数人所向往、所憧憬的？事实上，世间并没有那么多如鲲“化而为鸟”、如鹏“抟扶摇羊角而上者九万里，绝云气，负青天”那样震撼人心之事，更多的还是琐碎平凡的柴米油盐酱醋茶。像蜩、学鸠、斥鴳这样自得其乐，不以己悲，不歆羡他人的平凡生活，不也是一种可贵的人生态度，一种难得的境界吗？正像前一节中我们说过的那样，庄子既不褒大，也不贬小，在他眼中，只有大小并存、千差万异的世界才是真实的世界！

故夫知效一官[1]，行比一乡[2]，德合一君[3]，而征一国者[4]，其自视也亦若此矣。而宋荣子犹然笑之[5]。且举世而誉之而不加劝[6]，举世而非之而不加沮[7]，定乎内外之分[8]，辩乎荣辱之境[9]，斯已矣。彼其于世未数数然也[10]。虽然，犹有未树也[11]。夫列子御风而行[12]，泠然善也[13]，旬有五日而后反[14]。彼于致福者[15]，未数数然也。此虽免乎行，犹有所待者也[16]。

【简注】

[1] 知：智。效：胜任。

[2] 行：品行。比：合。

[3] 德：德性。

[4] 而：古声与“能”通，才能。征：取信。

[5] 宋荣子：即先秦思想家宋钘（jiān），齐国稷下学者，生活于齐威王、齐宣王时代，宋尹学派的代表人物。犹然：从容不迫的样子。

[6] 誉：称颂，赞誉。劝：努力，勉励。

[7] 非：责难，非议。沮：灰心，沮丧。

[8] 定：确定。内：指人的内心世界。外：指外在世界。分：分际。

[9] 辩：辨，区分，辨别。境：界限。

[10] 彼：指宋荣子。数数（shuò）：屡屡，频繁。

[11] 树：树立，指立德。

[12] 列子：列御寇，郑人。御风：乘风。

［13］泠（líng）然：轻妙的样子。善：好。

［14］旬有五日：一旬又五日，十五天。反：返。

［15］彼：指列子。致：求得。福：指无所不顺。

［16］有所待：有所依靠，有所凭借。

【今译】

那些智力可胜任一方之官，行为可顺从一乡之情，品德可符合一君之要求，才能可赢得一国信任的人，他们自己看待自己也是如此。对这样的人，宋荣子是嗤笑的。像宋荣子这样的人，即便全世界的人都赞颂他，他也不会因此而更加努力，即便全世界的人都非议他，他也不会因此而更加沮丧。宋荣子能认清自我与外在世界的分际，知道荣辱的界限，这就是他所能做到的。宋荣子这样的人在世上已经是寥寥可数了。即便如此，他也还有未曾达到的境界。列子能够乘风而行，轻巧到了极致，他能出行十五日后才返回。在那些追求乘风而行的人当中，列子这样的人也十分少见。然而，列子虽然能够免于步行，他仍然是有所依赖、有所凭借的。

【说庄子】

从“之二虫又何知”之“知”、行路之人聚粮之“知”、“小知大知”之“知”到人类社会中各级官员之“知”，我们不难看出庄子说鲲鹏，说蜩、学鸠与斥鴳，说大树小草、说朝菌蟪蛄，都不过是他使用的一种“障眼法”，是为说人所做的铺垫。人，才是庄子论说的真正核心。古往今来那些执着于鲲鹏的志在千里，蜩、学鸠与斥鴳目光短浅的人，实在都是被庄子迷住了双眼，没有注意到说"人"才是《逍遥游》的根本。

《逍遥游》的关键词当然是"游"。庄子其实也一直都在写"游"：鲲在北冥游，鹏在九万里高空游，野马尘埃在天地之间游，蜩、学鸠与斥鴳在檀树、榆树、草丛之间游，行路的人在路上游，官员们在各自的位置上游，宋荣子可以心游，而列子则御风而游，等等。无论他们怎么游，一句"犹有所待者也"，就把这样的"游"统统否定了。在庄子看来，这样的"游"虽说也是"游"，但离"逍遥"还差得很远呢。

相比较而言，稍稍能入庄子法眼的，应该是宋荣子的"举世而誉之而不加劝，举世而非之而不加沮，定乎内外之分，辩乎荣辱之境"。有多少人能不为世人的是非毁誉所动，始终保持自己特立独行的人格呢！用凡夫俗子的标准来衡量，宋荣子应该已经算是"游"中的极品了。但庄子仍然说他还不够，说他还没有获得逍遥游的任意与自由。为什么呢？很可能宋荣子的问题就出在他那一笑上。这一笑暴露了宋荣子免不了还是以一己之标准对人、对世界作出是非荣辱的判断，而这个判断恰恰说明，不但一切有所凭借的人的形体之"游"不是逍遥游，即使人已经可以心游，只要依然为外物所动，同样算不上是"逍遥游"。

那怎样的"游"才是庄子所向往追求的"逍遥游"呢？这就要看你是否"犹有所待"了。也就是说，凡是有限制、有条件的"游"，即便像列子那样具有了超人的能力，可以达到随意潇洒、乘风而行的地步，也仍然不是"逍遥游"。

庄子说

若夫乘天地之正[1]，而御六气之辩[2]，以游无穷者[3]，彼且恶乎待哉[4]！故曰：至人无己[5]，神人无功[6]，圣人无名[7]。

【简注】

[1] 乘：驾，顺着。天地之正：指万物之性，自然之道。正：指自然规律。

[2] 御：因循。六气：指天地间所具有的阴、阳、风、雨、晦、明等自然现象。辩：变，变化。

[3] 无穷：指时间的无终无始，空间的无边无际。

[4] 恶（wù）乎待：何所待。恶：何。

[5] 无己：忘却自我，即忘却是非之心。

[6] 无功：忘却功业。

[7] 无名：忘却名位。

【今译】

倘若可以顺从天地的本性，因循自然的变化，游于无穷的境域，这样的人还需要依赖什么呢！因此说：至人能够忘却一己，神人能够忘却功业，圣人能够忘却名声。

【说庄子】

经过对鲲鹏、蜩与学鸠、宋荣子、列子等一系列不逍遥形象的反复渲染、层层铺垫，现在庄子终于要从正面为“逍遥游”作一个界说了。这一段虽只是短短几十个字，却高度概括了“逍遥游”的精髓、灵魂。

什么是“逍遥游”？在庄子看来，首先便是随心所欲、不受任何束缚地“乘天地之正，而御六气之辩，以游无穷”。简而言之，就是顺应天地自然，不执着于任何外在之物，仅仅在自己的时空领域获得一种特立独行的任意与自由。这样的“游”并不虚幻，也不是“形游”，而是一种超然物外的“心游”，一种顺应自然的精神活动，是一种心灵的世界。

那么，如何才能进入、享受这样一种“无穷”的心灵世界呢？“彼且恶乎待哉”为我们开辟了走进“逍遥游”的途径。郭象《庄子注》依据这一句把“逍遥游”的精髓概括为“无待”，是深得庄子之心的，可以说是抓住了“逍遥游”的灵魂。什么是“无待”？无待就是不依靠、不凭借任何外在的东西，不把希望寄托在任何外物上，不让“心”受到世间任何东西的束缚与局限，这才是逍遥游。相反，就是“有待”，就不是逍遥游。用“无待”的标杆来衡量，不但那些才智品行可胜任一方甚至一国的人与学鸠、斥鴳之辈没有什么不同，即便像宋荣子、列子这样超凡脱俗的人也都没有摆脱“有待”的窠臼，仍然算不上是“逍遥游”。

在现实世界，怎样才算是“乘天地之正”“御六气之辩”“以游无穷”了呢？具体来说，就是六个字：“无己”“无功”“无名”。无己，就是丧失自我，忘掉自我。假如人没有了一己之念，这个世界还会作为人的对立物而存在吗？显然不会。那样的话，人自然也就可以“乘天地之正”“御六气之辩”了。一旦人连自己都忘却了，那功业、名望自然也就都被忘掉了。

如此，便出现了一个问题，既然至人、神人、圣人的精神境界都进入了“无待”，也都是可以“乘天地之正，而御六气之辩，以游无穷”的逍遥游者，庄子为什么要分别用三个不同的名称呢？

对此，古往今来的庄学家们存在着这样两种不同的看法。一种认为这三种人之间不存在任何差别，完全一样。这种看法一直占据主流地位。远者如郭象《庄子注》、成玄英《庄子疏》，近者如陈鼓应的《庄子今注今译》，都如是说。另一种认为三种人虽都是逍遥游者，但彼此间存在层次的高低，三者中，至人的品位最高，神人次之，圣人再次之。如罗勉道《南华真经循本》，还有北京大学中文系所编《先秦文学史参考资料》都持这个看法。

这两种看法貌似都有道理，但也都存在着难以解通的问题。就前者来说，既然至人、神人、圣人完全相同，那为什么要有三个不同的称谓？而且这三个称谓又为什么配上了三个不同的标签：“无己”“无功”“无名”？就后者来说，其看法也难以自圆其说。庄子分明说这三种人都“无待”，他们的共同特征是“乘天地之正，而御六气之辩，以游无穷”，从来没有说过他们之间有高低之分。

要搞清这个问题，最好的办法是顺着《庄子》内篇继续往下读。这时，我们不难发现，庄子所说的至人、神人、圣人指的是现实社会中三种身份不同的人。在《逍遥游》中，庄子举尧的例子来说明什么是“圣人无名”。尧是一国之君主，做的是君主之事，名如日月。他有名却不以名为名，可见庄子认为君主应该“无名”。在解释“神人无功”的时候，庄子说的是藐姑射之山神人的故事。庄子说神人管的是保障五谷丰登、让老百姓有饭吃的事，在现实生活中，这是臣子的职责。而神人有功却不以功为功。可见庄子认为做臣子的应该“无功”。而说到“至人无己”时，庄子特别讲了南郭子綦的“吾丧我”。这个“我”，也就是“至人无己”的“己”。丧了“我”就是“无己”。一个人没有了偏见，没有了一己之念，这就是“无己”。而南郭子綦的身份是普通人。可见庄子认为普通百姓应该“无己”（见《齐物论》）。根据这三“无”的具体内容，结合庄子每每涉及至人、神人、圣人的论述，这三种人应该分别代表了庄子理想社会中的君（圣人）、臣（神人）、民（至人），寄寓着对他“逍遥游”理想世界的向往。

“逍遥游”看上去、听上去都很飘逸潇洒，有谁不想进入“逍遥”的境界“游”上一把呢？可是就连庄子也知道，这不过是一个乌托邦式的幻想而已。这大概就是为什么庄子要在这一段的开头特别冠上“若夫”一词吧！

庄子说

尧让天下于许由[1]，曰:“日月出矣，而爝火不息[2]，其于光也，不亦难乎！时雨降矣[3]，而犹浸灌[4]，其于泽也[5]，不亦劳乎[6]！夫子立而天下治，而我犹尸之[7]，吾自视缺然[8]，请致天下[9]。”

许由曰:“子治天下，天下既已治也，而我犹代子，吾将为名乎？名者，实之宾也[10]。吾将为宾乎？鹪鹩巢于深林[11]，不过一枝；偃鼠饮河[12]，不过满腹。归休乎君，予无所用天下为！庖人虽不治庖[13]，尸祝不越樽俎而代之矣[14]。”

【简注】

［1］尧：传说中的上古帝王，儒家理想的圣王。许由：隐士。相传尧要将自己的君位禅让于许由，许由认为尧的话玷污了自己的耳朵，于是“临河洗耳”，逃隐于箕山。

［2］爝火：火炬。息：灭。

［3］时雨：及时雨。

［4］浸灌：浇灌。

［5］泽：润泽。

［6］劳：费力，这里意为徒劳。

［7］尸：原指代表死者受祭，象征死者神灵的人，这里比喻人居其位而无其实。

［8］缺然：能力不够的样子。

［9］致：给予。

［10］实：实质性的东西。宾：附属品。

［11］鹪鹩：一种小鸟，善筑巢。

［12］偃鼠：即鼹鼠。

［13］庖人：厨工。治庖：做烹饪之事。

［14］尸祝：祭祀时的主祭人。越：跨过，这里指越职。樽：酒器。俎：盛肉的容器，用于祭祀。樽俎：这里指祭祀。

【今译】

尧要将天下让于许由，他说：“日月已经出来了，火炬还不熄灭，想要和日月比光，岂不是太难了吗？及时雨已经降下，却还要浇灌田地，对于滋润禾苗来说，岂不是徒劳无功？一旦先生在位，天下一定会实现大治，而我至今仍占据着这个位子，自己都觉得能力有限，请允许我把天下让给你。”

许由说：“你治理天下，天下既然已经大治，我还要来代替你，我难道是为了名吗？实为主，名不过是实的附属品，我难道要做附属品吗？鹪鹩在深林中筑巢，所需不过是一根树枝；鼹鼠去河中饮水，只不过喝饱肚子而已。算了吧，我的君主，你还是请回吧，天下对我没有用，我也不需要天下。纵然厨师不烹饪，主祭之人也不会超越自己的职责去替厨师烹饪的。”

【说庄子】

这一段紧紧围绕着“圣人无名”展开，阐释了什么是“圣人无名”。

庄子用古代圣王尧让天下的典故来阐述“圣人无名”，一定不是随意为之的。“圣人无名”的“名”指的是君主使天下大治之后所获得的“名”。庄子的意思是，假如君主能把天下治理得四海晏然、百姓安康，并且最终忘记自己所拥有的君主之名，这就称得上是“圣人无名”。那么，此刻的尧是否已经成为了“圣人无名”的君主呢？显然还没有。尽管就尧的个人愿望来说，他是想要放弃君主之“名”的，但骨子里却仍未忘了名，心中还有名。如果此时的尧已经“无名”，也就是忘了“名”，他就不至于在乎这个君主之“名”，更没有必要去找许由让“名”了。尧虽然已感受到“名”的拖累，却还没有找到如何实现“无名”的途径。只有到见过“四子”之后，他才真正成为一位“无名”的圣人君主。

这一段中特别值得注意的人物是许由，应该说他也是庄子的化身。位高权重的君主之位，对谁不是一个极大的诱惑？然而追求个体生命价值的许由，对此却不屑一顾："吾将为名乎？名者，实之宾也。吾将为宾乎？"名是外，是宾；实是内，是主。君主之"名"只是人生的拖累，而不是生命的本质，也不是个体生命所需要的东西。

许由的寥寥数语，凝结着庄子对现实人生的深刻领悟，也直接道出了庄子对待一切虚妄之名的根本态度。森林虽深广繁茂，但鹪鹩所赖以生存的，不过是无数大树中的一根小小枝杈，它决不贪图占据整个森林哪怕是其中的一棵树。江河湖泊千千万万，偃鼠抵达水边不过是喝几口水解渴而已，它从不曾奢望去拥有整个江河湖泊。在庄子看来，尽管鹪鹩、偃鼠以及前文提及的蜩、学鸠、斥鴳等小虫小鸟都还远远算不上是"无待"，但人们却不妨像它们那样安于命运的平淡无奇，甘于逼仄的生存空间，不谋非分之位，不贪图外在的一切，这样也就足以远离忧患了。也正因为如此，即便尧不愿意继续有君主之名，行君主之实，许由也不会越俎代庖。他要远离这个拖累，像蜩、学鸠、鹪鹩与偃鼠那样，在有待、不逍遥的现实世界寻得一个可以自得其乐、平淡超俗却无性命之忧的人生。

庄子说

肩吾问于连叔曰[1]："吾闻言于接舆[2]，大而无当[3]，往而不返[4]。吾惊怖其言，犹河汉而无极也[5]，大有径庭[6]，不近人情焉。"

连叔曰："其言谓何哉？"

曰："藐姑射之山[7]，有神人居焉，肌肤若冰雪，淖约若处子[8]。不食五谷，吸风饮露。乘云气，御飞龙，而游乎四海之外。其神凝[9]，使物不疵疠而年谷熟[10]。吾以是狂而不信也[11]。"

连叔曰："然。瞽者无以与乎文章之观[12]，聋者无以与乎钟鼓之声。岂唯形骸有聋盲哉，夫知亦有之[13]。是其言也[14]，犹时女也[15]。之人也[16]，之德也[17]，将旁礴万物以为一[18]，世蕲乎乱[19]，孰弊弊焉以天下为事[20]！之人也，物莫之伤，大浸稽天而不溺[21]，大旱金石流、土山焦而不热。是其尘垢粃糠[22]，将犹陶铸尧舜者也[23]，孰肯以物为事！

【简注】

[1] 肩吾、连叔：《庄子》中人物名。

[2] 接舆：姓陆，名通，字接舆，古代楚国隐者，与孔子同时。《论语・微子》记载接舆为楚狂人。

[3] 当（dàng）：底。

[4] 返：回。

[5] 河汉：银河。极：边际。

[6] 径庭：指两者相差悬殊。径：门外小路。庭：庭院之地。

[7] 藐（miǎo）：邈，遥远。姑射（yè）：神话传说中位于北海的仙山。

[8] 淖约：绰约，形容女子姿态轻盈美妙。处子：处女。

[9] 神凝：精神专注。

[10] 疵疠（cī lì）：疾病，灾害，指万物所罹患的各种疾病。

年谷：庄稼。

［11］是：此，这，指接舆所说关于神人的话。狂：即诳，诳语。

［12］瞽（gǔ）：盲人。与：参与，一起。文章：文彩。观：景况。

［13］知：智。

［14］是：此，这。其言：指上文关于瞽者、聋者的一段议论。

［15］时：是。女：汝，你。

［16］之：这。人：指神人。

［17］德：指神人的德性。

［18］旁礴：混同，形容无所不包。一：同一。

［19］世蕲（qí）乎乱：意思是世人都在寻求治乱。蕲：祈，求。乱：治乱。

［20］孰：谁。弊弊：忙碌奔走的样子，指苦心经营。

［21］大浸：大水。稽：至，及。溺：淹。

［22］尘垢：指神人身上的尘土污垢。秕糠：米糠、瘪谷，这里指渣滓、废物。

［23］陶：烧制瓦器。铸：熔铸金属器皿。陶铸：引申为造就、制造。

【今译】

肩吾向连叔求证说："我在接舆那儿听到了一番议论。他的话大而不着边际，说出的话根本无法证实。我听后十分惊骇，感觉像是置身于银河之中一样茫然无绪，他所说的与现实人生相差过于悬殊，完全不近人情事理。"

连叔说："接舆说了些什么？"

肩吾说："接舆说：'在遥远的姑射山上住着一位神

人，肌肤就像冰雪一样洁白，姿态犹如处女一般轻盈柔美。他不食五谷，吸清风，饮甘露，乘云气，驾飞龙，畅游于四海之外。一旦他凝神专注，可以使万物不受任何灾害疾病的侵袭，五谷丰登。’我认为这只是接舆口吐诳语，毫不可信。”

连叔说：“其实是这样的。盲人无法与正常人一起欣赏文彩之美，聋子也无法与正常人一起欣赏钟鼓之乐。难道只有人的形骸存在聋与盲吗？人的心智同样存在这样的缺陷。这些话，好像说的就是你啊。以那位神人还有他的德行看世界，天下万物都是一样的，没有差别。世上的人纷纷追求治理天下，神人怎么会与世人一样终日忙忙碌碌去管这些俗事呢！那位神人，外物伤害不了他，大水浸天淹不死他，大旱的酷热使熔化的金石四处流淌，土山枯焦，他也不会感到丝毫的热。就是他的尘垢秕糠，都可以创造出尧舜来，他又怎么肯将人世间的俗事当作一回事呢！

【说庄子】

神人是人而不是神仙。

之所以称其为“神人”，是因为他真正进入了“无功”的境界。怎样才能“无功”？首先就得“有功”。在以农为本的社会，还有什么“功”能比得上“使物不疵疠而年谷熟”这样的大功、奇功呢？诚然，传统士大夫向往的“功”是为官一方、建功立业，然而，神人之“功”却是要造福于人类。神人分明对人有“功”却不以功为功。这才是“神人无功”的真正内涵。

所以这一段是就“神人无功”展开的，是对“神人无功”的解说。

神人“不食五谷，吸风饮露”，并不是说神人不食人间烟火，这只是一种高度夸张的写法，强调神人不为世俗所羁绊。事实上，神人所做的，恰恰与老百姓的衣食住行密切相关，是神人在保护着万物不遭受任何自然灾害的侵袭。可以说，神人代表了庄子一个全新的人间臣子的追求。所以神人的形象是完美的，精神是脱俗的，他的出现是那样的大气磅礴，他的心超越了现实世界的一切束缚，丝毫不为外界的任何变化所动。我们知道，就连庄子在饿肚子时都不得不去向监河侯借粮度日，神人却不必，他甚至“大浸稽天而不溺”，“大旱金石流、土山焦而不热”，任何外在的东西都不可以伤害他、影响他。

在神人身上，寄托着庄子的政治理想，那就是不“以物为事”，而专注于保障老百姓有饭吃。这样的神人臣子才是庄子所特别期待的。神人凸显了他与世俗世界的对立，与凡夫俗子的格格不入。正是在这个意义上，庄子的心才与神人的精神息息相通。

以写丑人著称的庄子以极大的热情描绘出这样一位绝世神人，从中不难看出，庄子对这位神人寄托着多么大的期望。

庄子在这一段中还第一次提出了他的理想盛世藐姑射山。这个藐姑射之山，还真不是庄子的原创。据《山海经》说，姑射山位于大海之中，山上住着一位神圣的人。天下太平时，神圣之人就像尧舜一样；假如遇到战乱，不得不发兵征战，他又如同商汤周武一样了（成玄英《庄子疏》）。庄子借用这个传说，大概是要让人相信藐姑射之山的真实性。但庄子毕竟是庄子，他又对这个传说进行了加工改造。首先他把姑射之山从遥远的大海搬到了现在山西境内的“汾水之阳”，也就是尧在汾水北岸建立国都的地方。这一下，姑射之山可就离人近多了。然后，庄子又在姑射山前加了一个“藐”字，其意是说，姑射山虽然就在大地上，却也不是轻而易举就能达到的。

那么，藐姑射之山究竟有着怎样重要的象征意义呢？这个问题，让我们留待尧去藐姑射之山之后如何成了“无名”的圣人时继续探讨。

庄子说

宋人资章甫而适诸越[1]，越人断发文身[2]，无所用之。尧治天下之民，平海内之政[3]，往见四子藐姑射之山[4]，汾水之阳[5]，杳然丧其天下焉[6]。”

【简注】

［1］资：卖。章甫：殷时的一种礼帽。这里喻尧让与许由的君主之名。诸：于。越：越国，春秋时诸侯国之一。

［2］断发：剪发。文身：在人身上刺花纹。

［3］平：安定。政：政局。

［4］四子：旧注指王倪、啮缺、被衣、许由，实际当是庄子寓言中虚构的人物。

［5］汾水：汾河，在今山西中部。阳：北岸，古人称水之北岸、山之南面，太阳照到的地方为阳，反面为阴。

［6］杳（yǎo）然：深远的样子。丧：遗弃，忘却。

【今译】

宋国人到越国去贩卖殷式礼帽。越人不蓄头发，身刺花纹，这种礼帽对他们没有用处。尧治理天下百姓，安定了海内政局，到极其遥远的藐姑射山、汾水北面去拜见四位得道之士，（拜见之后）茫然忘记了自己是拥有天下的君主。”

【说庄子】

“宋人资章甫”一事，隐喻尧误以为把君主之名像宋人贩帽子一样让给许由就算是“圣人无名”了，但他却丝毫不理解“名”对于许由来说，就像帽子对于越人，完全没有用。其实，庄子的看法是，尧头上是否顶着君主之名无关紧要，关键在于他是否可以忘记这顶君主之“帽”，能够像神人那样，“孰弊弊焉以天下为事”“孰肯以物为事”就足够了。所以庄子安排尧去藐姑射之山“朝见”“四子”，从此脱胎换骨，“杳然丧其天下”，成为一位有名却不以名为名，也就是“圣人无名”的君主。

从这一段中，我们可以知道除了神人以外，尧去见的“四子”也居住在藐姑射之山。这四个人究竟姓甚名谁，庄子没有说，也不重要。重要的是，尧见过四人之后，就把自己的天下、把自己的君主之位统统忘掉了。尧第一次在《逍遥游》中出现的时候，他对天下就像宋人要贩卖“章甫”一样，一心要让位于许由。而上过“汾水之阳”藐姑射之山的尧，一下子便悟出了“天下”之“事”乃至“功名”的“无所用之”，从此心中不再怀有“天下”，不再有“名”，终于把自己曾热衷的天下彻底忘掉，不再当作一回事了。可见藐姑射之山其实就是庄子心中的理想世界，就是“圣人无名，神人无功，至人无已”的“无待”的逍遥游境界的象征。

这，应该就是藐姑射之山所具有的重要象征意义吧。

庄子说

惠子谓庄子曰[1]:“魏王贻我大瓠之种[2]，我树之成而实五石[3]，以盛水浆，其坚不能自举也[4]。剖之以为瓢，则瓠落无所容[5]。非不呺然大也[6]，吾为其无用而掊之[7]。”

庄子曰:“夫子固拙于用大矣[8]。宋人有善为不龟手之药者[9]，世世以洴澼絖为事[10]。客闻之，请买其方百金[11]。聚族而谋曰[12]:‘我世世为洴澼絖，不过数金；今一朝而鬻技百金[13]，请与之。’客得之，以说吴王[14]。越有难[15]，吴王使之将[16]，冬与越人水战，大败越人，裂地而封之[17]。能不龟手，一也；或以封[18]，或不免于洴澼絖，则所用之异也。今子有五石之瓠，何不虑以为大樽而浮乎江湖[19]，而忧其瓠落无所容？则夫子犹有蓬之心也夫[20]!”

【简注】

[1] 惠子：即惠施，宋人，曾做过梁国相，先秦名家学派代表人物。惠子既是庄子的论敌，又是庄子的好友。

[2] 魏王：即梁惠王。魏国昔都安邑（今山西夏县），后被秦所迫，迁都于大梁（今河南开封），遂又称梁。贻：赠送。瓠（hù）：大葫芦。种：种子。

[3] 树：种。成：结成大葫芦。实：容纳。石（dàn）：容量单位，十斗为一石。

[4] 坚：坚硬，这里指硬度。举：拿起。

[5] 瓠（hù）落：形容极大的样子。瓠：借为廓、大。

[6] 呺（xiāo）然：虚大的样子。

[7] 掊（pǒu）：击破。

[8] 夫子：指惠子。固：本来。拙：不善于。

[9] 龟（jūn）手：形容天冷，手皮冻裂如龟纹一般。

[10] 洴澼（píng pì）绌（kuàng）：漂洗丝絮。洴澼：漂洗。绌：一种比较纤细的丝絮。

[11] 方：不龟手药的药方。

[12] 聚族：召集全家族人。

[13] 鬻（yù）技：出售制作不龟手药的技术。鬻：卖。

[14] 说（shuì）：游说。吴王：春秋时吴国国君。

[15] 越：越国。难：发难，指军事进攻。

[16] 使之将：派他率领军队。之：指“客”。将：率领军队。

[17] 裂地：割地。封之：封赏他。

[18] 或：有的人。以封：指以制作不龟手药的技艺得到封赏。

[19] 虑：考虑。以为大樽：用瓠做成大樽。樽：腰舟，形如酒樽，系在腰上，渡水时可增加浮力。

[20] 蓬：草名，其状拳曲。蓬之心：比喻心为蓬草所堵塞。

【今译】

惠子对庄子说：“魏王送给我一粒大葫芦种子，我种下后结出了一个可容五石东西的大葫芦。我用它装水，可是它的坚实程度经不起水的重量。我把葫芦剖开做瓢，又因过大而没地方可以放它。这个葫芦不能说不大，可是大而无用，所以我只好把它砸碎了。”

庄子说：“先生这是不会把东西用在大处啊！宋国有位善于制作防手冻裂药的人，世世代代都以漂洗丝絮为业。有位客人听说这种防冻药方之后，愿意花百金购买。宋人召集族人商量说：‘我们祖祖辈辈漂洗丝絮，所得不过是几个小钱而已。一旦卖出这个药方，马上就能得到百金，还是卖了它吧。’客人得到药方后，便去游说吴王。恰逢越国向吴国发难，吴王就派他率军在冬天与越人展开水战，大败越国，吴王于是割地封赏他。同样是防手冻裂的药方，有的人因此得到封赏，有的人却只能用它漂洗丝絮，这只是由于所用不同啊！现在你有可容五石的葫芦，为什么不考虑把它做成腰舟浮游于江湖，反而发愁东西太大没地方可放呢？先生的心就像被茅草堵塞了一样，还没有通达啊！”

【说庄子】

《逍遥游》中这一段与下一段应该是最初编纂《庄子》一书的人误置于此的。理由之一是在《庄子》全书中，庄子常自称“庄周”或“周”，直接发议论时就用“吾”，从来没有以“子”自称过。“子”在先秦时期是对有道德、有学问的人或者弟子对老师的尊称，庄子不会自称“庄子”。理由之二是庄子在阐述过“圣人无名”与“神人无功”之后，按照行文的逻辑，应当接着阐发什么是“至人无己”，可是庄子与惠子的这两段对话，内容与“至人无己”关系不大。很可能最初的编纂者见上文有“宋人资章甫”一节，涉及“用”与“无用”，便将庄惠讨论“有用”与“无用”的这两段文字放在了这里。

这两段对话应当发生在惠子被迫离开梁（魏）相之位回到宋国不久。庄子一生至少两次前往梁（魏）国，其中一次原本是要去求见惠子的，惠子却为谣言所惊吓，四下搜捕庄子，与庄子结下了“梁子”(《庄子·秋水》)。这个“大葫芦”的隐喻很有意思。惠子特意说大葫芦的种子来自魏王，却是经他自己的精心培育才长成的。不是他不要这个葫芦，实在是因为葫芦过大，既没地方安置，也无所可用，迫不得已才砸碎了之。这个大葫芦，不就是庄子以及庄子学说的写照！我们是不是可以这样来解读：惠子巧妙地借大葫芦之事向庄子解释了为什么他当年见魏王没有任何结果(《庄子·山木》)，暗示这仅仅是由于庄子的主张大而无用。这样，惠子既为自己开脱，又向庄子表明了心迹，还顺带替魏惠王打了个圆场。

庄子的回答当然也十分出彩。他说不是葫芦太大无所可用，而是惠子不知道怎么用，也不善于用，就像宋人与“客”对“不龟手药”有截然不同的用法一样。此时的庄子人已到中年，再没有早年不饶人的“毒舌”，也没有了见监河侯时那种愤青的心态，这次相见，庄子仅仅用了一句和风细雨的“夫子犹有蓬之心也夫”，便给两人早年结下的恩恩怨怨画上了一个句号。从此，看破世事的庄子与政坛失意的惠子开始了长达十余年的友谊。

庄子说

惠子谓庄子曰：“吾有大树，人谓之樗[1]。其大本拥肿而不中绳墨[2]，其小枝卷曲而不中规矩[3]，立之涂[4]，匠者不顾[5]。今子之言，大而无用，众所同去也。”

庄子曰：“子独不见狸狌乎[6]？卑身而伏[7]，以候敖者[8]；东西跳梁[9]，不辟高下[10]；中于机辟，死于网罟[11]。今夫斄牛[12]，其大若垂天之云。此能为大矣，而不能执鼠[13]。今子有大树，患其无用[14]，何不树之于无何有之乡[15]，广莫之野[16]，彷徨乎无为其侧[17]，逍遥乎寝卧其下[18]。不夭斤斧[19]，物无害者，无所可用，安所困苦哉！”

【简注】

[1] 樗（chū）：臭椿树，这种树的木质十分粗劣，不可做木材用。

[2] 大本：树的主干。拥：通“臃”，臃肿，指树干木瘤盘结。中（zhòng）：合。绳、墨：指木匠用来画线取直的工具。

[3] 规矩：木匠画方圆的工具。

[4] 涂：途，路。

[5] 不顾：不看。

[6] 狸：野猫。狌（shēng）：黄鼠狼。

[7] 卑：低。

[8] 候：等候。敖：通“遨”，遨游。敖者：指往来觅食的小动物。

[9] 梁：同“踉”，跳跃。

[10] 辟：避，这里指避开。

[11] 中（zhòng）：被击中。机、辟、网、罟：都是捕捉动物的工具。

[12] 斄（máo）牛：即牦牛，躯体庞大。

[13] 执鼠：捉鼠、捕鼠。

[14] 患：担心。

[15] 无何有之乡：什么都没有的地方。

[16] 广莫之野：辽阔无人的旷野，与“无何有之乡”同义，比喻逍遥游的境界。莫：即漠。

[17] 彷徨：无所用心的样子。无为：无所事事。

[18] 寝卧：睡卧。

[19] 夭：夭折。

【今译】

惠子对庄子说：“我有一棵人称樗树的大树。树的主干臃肿盘结无法用绳墨画线取直，小枝弯曲用不上画圆画方的工具。它就长在路旁，木匠走过时却连看也不看它一眼。您的学说，博大精深却无所可用，众人自然远离而去。”

庄子说：“您没见过野猫与黄鼠狼吗？它们躬身伏地，等待着出来觅食的小动物；它们不时地东蹦西跃，上蹿下跳，不避高低，不曾想却中了捕兽的机关，死在网罟之中。再看那牦牛，庞大的身躯犹如垂在天空中的云，它的能力极大，却不能捕鼠。如今你有这样一棵大树，担心它没用，为什么不把它种在什么都没有的地方、辽阔的旷野？这样，你可以悠然自得、无所事事地游于大树之旁，自由自在地躺在大树之下。大树永远不会遭受刀斧的砍伐，没有任何东西可以加害于它。由于大树派不上任何用场，哪里还会有什么困苦忧患呢！”

【说庄子】

尽管惠子与庄子相识多年，是庄子唯一的挚友，惠子却始终是站在传统文人士子的角度或者说是用一种世俗的眼光看待庄子、寄希望于庄子，所以他一直纠结于庄子不为世所用的原因。同样，用这样的眼光看世界，惠子在意的自然也只是世俗的有用与无用，如瓠只配做容器，树只适于做木材。在他看来，庄子的学说虽然博大精深，却如同大瓠、大樗树一样，“大而无用”“无所可用”。然而，惠子却无法理解世俗的“无用”恰恰是庄子心中的“大用”。

庄子从来不屑于像“狸狌”那样终日上蹿下跳、伺机“执鼠”，他没有这样的心思，也没有这样的渴求，他是站在一个更高的生命哲学的层次，意识到现实世界中人“中于机辟，死于网罟”的必然命运无法逃避，并在这样深刻领悟的基础上去阐发、定义“有用”与“无用”。庄子向往的是一种“能为大”的心的世界，是可以让人心无旁骛地乘着大瓠“浮乎江湖”，悠然自得、无所事事地逍遥于“无何有之乡”“广莫之野”的大树之下的美妙自在的境界。

不过，如果我们在这里只看到庄子对高远空灵、超凡脱俗的逍遥自在的憧憬与向往，却看不到其中浸透着的对现实世界所怀有的沉重的忧患与极度的无奈，还不算真正理解庄子。我们看到，即使身处“无何有之乡、广莫之野”这个没有名利场、令人神往的理想之地，庄子仍然无法忘怀现实世界中人的生命无时无刻不在遭受着的威胁，发出了“不夭斤斧，物无害者，无所可用，安所困苦哉”的深重慨叹。这种沉重的现实感是我们在理解庄子逍遥游时特别需要重视，也格外值得体味的。

齐物论

题解

以篇义命题。

自从刘向把《庄子》内篇一分为七，并把第二篇定名为“齐物论”，对这三字篇名的解释可就热闹了。归纳起来大致有四种：第一种是把“齐物论”中的“齐物”二字连读，这样，“齐物论”的意思便是论说万物一齐的道理。但是《齐物论》开篇明明说的是齐同“是非”之论，也就是各种“物论”，于是就有了第二种解释，即把“齐物论”中的“物论”二字连读，“齐物论”的意思便成了齐同物论。第三种看法比较折中，认为“齐物论”包括了“齐论”与“齐物”两个方面。庄子先“齐论”然后“齐物”，“齐物”与“齐论”平分秋色。第四种看法是对第三种的发展，认为“齐物论”以“齐物”为主，兼顾“齐论”，但“齐物”的目的却在于“齐论”。

以上四种说法在《庄子》研究领域都很有影响。相对而言，第三、四种说法对《齐物论》内容的概括更为全面。不过，值得一提的是，庄子作《齐物论》，并不是要分别阐发“齐物”与“齐论”这两大命题，也不是要以“齐物”去“齐论”，而是要以“齐同物论”去“齐同万物”。也就是说，庄子论述“齐同物论”的目的还是落在“齐同万物”上，而不是反过来的。因此，《齐物论》一篇才从“齐论”入手，最终以“齐物”作结。

庄子为什么要通过“齐论”来“齐物”？这是由庄子“万物一齐”的思想主旨决定的。庄子所说的“物”，指的是世间的一切，自然也包括人，也就是所谓“天地与我并生，而万物与我为一”的意思。而齐物的重点又在于“齐人”。当然，庄子“齐人”不是要齐人的高矮胖瘦，人形体上的差异，而是要齐人的生老病死、贵贱贫富美丑，齐的是人格，是人心。人心齐了，没有了“己”，没有了“成心”，物论自然也就随之消失了。

那么，怎样才能“齐”呢？关键是要用“心”来齐。庄子并不否认万物之间存在着差别，但是他认为在差别中却存在着同一性。这个同一性就是“道通为一”的“道”。假如人能够用“心”认识“道”、体会“道”，那就能够用“心”来泯灭“物”的差别。这也是为什么《齐物论》要从修“心”的“丧我”开篇。

庄子说

南郭子綦隐机而坐[1]，仰天而嘘[2]，荅焉似丧其耦[3]。颜成子游立侍乎前[4]，曰："何居乎[5]？形固可使如槁木，而心固可使如死灰乎？今之隐机者，非昔之隐机者也。"

子綦曰："偃，不亦善乎，而问之也[6]，今者吾丧我[7]，汝知之乎？女闻人籁而未闻地籁[8]，女闻地籁而未闻天籁夫[9]！"

【简注】

[1] 南郭子綦：人名。南郭子綦与颜成子游屡次以师徒身份现身于《庄子》，有可能历史上确有其人，属于先秦时某一修心学派，事迹无考。隐机：指南郭子綦靠着几案。隐：靠。机：几凳，几案。

[2] 嘘：缓缓吐气。

[3] 荅焉：形与神相离的样子。丧：犹忘。耦：匹，指与形体相对的精神，类似今人所说的精气神、意识。

[4] 颜成子游：子綦的学生，名偃，字子游。侍：侍奉。

[5] 何居乎：什么缘故。居：故，缘故。

[6] 而：尔，你。

[7] 今者：现在。吾：指南郭子綦的肉体。我：指私心，即《逍遥游》中"至人无己"之"己"，同下文"夫随其成心而师之，谁独且无师乎"的"成心"。

[8] 女：汝，指颜成子游。籁：箫。人籁：指人吹箫而发出的声响。地籁：指风吹万窍而发出的声响。

[9] 天籁：指万物不受外界作用而呈现的一种寂静的境界。

【今译】

南郭子綦靠在几案上，仰头朝天缓缓地吐气，似乎神与形分离了。颜成子游侍立在面前，问道："这是怎么回事？形体固然能让它像干枯的树枝，难道心灵也能让它像死灰一样吗？今天靠在几案上的您，与之前靠在几案上的您怎么完全不一样呢？"

南郭子綦回答说："偃，你问得好啊！现在我已经完全没有了对世间万事万物的看法了。你知道吗？你只听到过由竹箫演奏出来的人籁，却没有聆听过地籁；就是聆听过地籁，也一定从来没听过天籁。"

【说庄子】

《齐物论》的开篇极富画面感：庄子推出的这位仰天缓缓吐气、形神分离、心如死灰的南郭子綦一下子便抓住了人的眼球。他在做什么？为什么会呈现出这样一副离奇古怪的样子？原来这就是庄子要在《齐物论》中大做文章的重要概念"吾丧我"。

所谓"丧我"，其实就是《逍遥游》中"至人无己"的"无己"。"我"和"己"意思相同，指的都不是人的形体，而是人在个体的人生经验中逐渐形成的对世界万物，包括人以及种种是非之争的固有看法。人人心中都有这样一个"我"，都会自觉不自觉地以"我"的一己之见，去看待、衡量周围的一切，于是"是非""物论"也就随之产生了。庄子认为要"齐物"，先得从解决人心入手。一旦人能"心同死灰"，真正"丧我""无己"，就能进入"天籁"的境界。

与《庄子》内篇中所阐述的“心斋”“坐忘”“修德”“守”等修炼过程相似，“丧我”也需要一个修炼的过程，不是一天两天就可以完成的。这也是为什么颜成子游注意到“今之隐机者，非昔之隐机者也”的变化。按照庄子的设定，“丧我”的人，在外人看来表现出的是形如槁木、心如死灰，而他的心、他的精神却在一种特别的人心体验中，进入了一个“无己”的自在逍遥的精神世界。

“丧我”就是《逍遥游》中的“无己”，那么，什么是“人籁”“地籁”“天籁”呢？

“籁”即箫，是一种竹管制成的乐器。“人籁”指人吹竹箫发出的声音，“地籁”和“天籁”显然也是指声音。既然“三籁”都是声音，也都被南郭子綦用来解释“吾丧我”，从郭象《庄子注》开始，“三籁”相同的说法就占据了主流。可是，倘若“三籁”果真相同的话，庄子为什么不只用一个“籁”字，而要用“人”“地”“天”三个不同的词语修饰“籁”呢？

南郭子綦在解释“吾丧我”时，对颜成子游说：“女闻人籁而未闻地籁，女闻地籁而未闻天籁夫！”在“三籁”中，南郭子綦认为颜成子游知道什么是“人籁”，所以对“人籁”一掠而过，而后极为详尽地解释了什么是“地籁”，最后又以暗示的方式，向颜成子游透露了什么是“天籁”。从南郭子綦详略不同的解释上，可以看出庄子绝不认为“三籁”是相同的。否则，颜成子游已经知道了“人籁”，也就同时知道了“地籁”与“天籁”，何劳南郭子綦再作一番解释呢！

既然庄子借南郭子綦之口，费了这么多口舌去渲染描述“地籁”“天籁”，这三者之间一定存在着极大的不同。而要了解“三籁”究竟是什么，彼此间有着什么不同，各自又有着什么样的象征意义，且听庄子慢慢道来。

庄子说

子游曰："敢问其方[1]。"

子綦曰："夫大块噫气[2]，其名为风。是唯无作[3]，作则万窍怒呺[4]。而独不闻之翏翏乎[5]？山林之畏佳[6]，大木百围之窍穴[7]，似鼻，似口，似耳，似枅[8]，似圈[9]，似臼[10]，似洼者[11]，似污者[12]；激者[13]，謞者[14]，叱者[15]，吸者[16]，叫者[17]，譹者[18]，宎者[19]，咬者[20]，前者唱于而随者唱喁[21]，泠风则小和[22]，飘风则大和[23]，厉风济则众窍为虚[24]。而独不见之调调、之刀刀乎[25]？"

【简注】

[1] 敢问：谦辞，意思是“冒昧地请教”。方：道理，原因。

[2] 大块：大地。噫气：吐气。

[3] 是：此，指风。作：发作。

[4] 窍：洞穴。呺：吼，呼啸。

[5] 而：你。翏（liù）翏：长风之声。

[6] 畏佳（wèi cuī）：形容山林在大风中摇动的样子。

[7] 围：计量圆周的约略单位，粗细如两手之间的合拱。

[8] 枅（jī）：柱子上的横木，这里形容树洞的形状像柱上的横木。

［9］圈：曲木制成的盂。

［10］臼：舂臼，舂米的工具。

［11］洼：深池。

［12］污：本指停止不流的积水，这里指小池。

［13］激：急流激石之声。

［14］謞（xiào）：羽箭飞行发出的声响。

［15］叱：叱咤声。

［16］吸：吸气声。

［17］叫：高叫声。

［18］譹：嚎哭声。

［19］宎（yǎo）：风吹深谷所发出的深沉之声。

［20］咬：哀切声。

［21］前者：指风。于、喁（yú）：形容风吹树动、风与窍前后相随、相互应和发出的声音。随者：指窍穴。

［22］泠（líng）风：小风。和：呼应，和声。

［23］飘风：大风。

［24］厉风：烈风，飓风。济：停止。虚：空。

［25］而：尔，你。见：见说，听到。调调、刀刀：细微的声音。

【今译】

子游问："请问其中所蕴含的道理。"

子綦回答说："大地吐出来的气，名为'风'。风不发作则已，一旦发作，成千上万不同形状的大孔小穴都会随之怒吼起来。你难道没听过长风呼啸的声音吗？山林在大风中摇来荡去，百围大树上的窍穴，有的像鼻子，有的像张开的嘴巴，有的像耳朵，有的像柱上横木的孔，有的像曲木制成的盂盆，有的像捣米的舂臼，有的像深池，有的像浅洼；它们所发出的声响，听起来有的如急流激石，有的好似羽箭飞行，有的像叱咤风云的吼声，有的恍若低微细弱的呼吸，有的似乎是人在高声呐喊，有的又像人嚎啕大哭，有的如深谷发出的深沉慨叹，有的又像哀切的悲鸣。风在前面呜呜地唱着，窍穴在后面紧跟着呼呼地和着。清风徐徐，相和的声音就小；狂风呼啸，相和的声音就大；烈风一停，各种各样的窍穴就都寂静无声了。你难道没有听到烈风已停，可余风拂过时洞穴还在发出细微的声音吗？"

【说庄子】

好一篇精彩的“大风赋”！庄子不愧是文辞瑰丽、想象奇幻的文学大家，一连串的排比句，一气呵成，奔腾直下，把在风的作用下，千姿百态的洞穴发出的千奇百怪的“地籁”，写得酣畅淋漓。不过，庄子写风、写洞穴的真实目的，却不在于描摹风吹山林的自然景象，而是借洞穴隐喻庄子时代“物论”的喧闹，点出貌似惊心动魄、摧枯拉朽的“众窍”不过是随风而应的和声而已，并无来自自身的声音。

战国时代，学派林立，每一派都有自己的领军人物。一旦领军人物发出某一“宏论”，不但自家大大小小的弟子必定随之喧闹一番，就是其他学派的各色人等也不免跟着大做一番文章。无论是“泠风”“飘风”还是“厉风”，“风”吹向万物的力度都是同样的，但由于林中“窍穴”的形状大小、所处位置各异，反响也就大有不同。然而，这真的是“窍穴”自己发出的声音吗？“前者唱于而随者唱喁，泠风则小和，飘风则大和”，原来它们并不曾自己发声，只不过是随着风应声附和而已。“窍穴”深且大，闹出来的动静自然也就大；“窍穴”浅而小，发出的声音自然也就微而弱。

这一幕幕风吹万物、惊心动魄的情景，不就是当时热衷物论的人们竞相喧嚣的真实写照！不过，尽管大大小小的物论制造者可以搅得一时天翻地覆，“拉杂奔腾，如万马奔趋，洪涛汹涌”（宣颖《南华经解》），可一旦“风”停，“众窍”也就一片寂静无声了。可见这些曾经貌似气势磅礴的“众窍”实际上竟腹中空空，并无一物。尤为可笑的是，一些不甘寂寞的洞穴还要在大风停后余风拂过时努力地发出些细微的声音，以显示自己的存在，岂不是太不自量力了吗？

庄子说

子游曰：“地籁则众窍是已，人籁则比竹是已[1]，敢问天籁。”子綦曰：“夫吹万不同[2]，而使其自已也[3]，咸其自取[4]，怒者其谁邪[5]?”

【简注】

［1］比竹：古代的一种排箫，将许多竹管并为一排而吹之。比：并。竹：箫管之类的乐器。

［2］万：指万窍。

［3］自已：自行停止。已：止。

［4］咸：皆，都。自取：自得。

［5］怒者：使万窍发声者，这里指人的“心”，亦即“吾丧我”的“我”。

【今译】

子游说："地籁是各种窍穴发出的声响，人籁指人吹箫管发出的音乐，那么请问天籁又是什么呢？"子綦说："风吹万千洞穴所发出的声音各不相同，而又能使它们自己停下来，这都是由于各种窍穴的形态所致，那么，使它们能够发出声音的又是谁呢？"

【说庄子】

南郭子綦很可能自认为他把人籁、地籁、天籁说得明明白白，颜成子游似乎也听明白了。可从庄子到魏晋只不过几百年的时间，人们却闹不清南郭子綦究竟说的是什么了。

要想明白"三籁"到底指的是什么，我们还得先从人籁说起。

"人籁则比竹是已"，仅此一句，字面意思好理解，但是这一笔带过的话中又透露出怎样的信息，或者说有着怎样的寓意呢？

如果说地籁形象地勾勒出了物论给当时文坛政界带来的群情激昂、鼓噪喧闹的众生相，人籁则是对另一类物论者的素描。"籁"是竹箫，是一种乐器。人籁是人吹竹箫发出的声音，这里指的是取悦听众的演奏。要取悦听众，无论是独奏还是合奏，都得有一定的规则，必须按照既定的乐谱来，不能吹出杂音。庄子在说"物论"时，特意捎带上人籁，实际上隐喻的是一批御用文人。御用文人发声的最大特点，就是无论悲喜都得遵从主办方或听众的意志，迎合听众的口味，是要看人眼色行事的。这一点，人人心知肚明，庄子自然也无需赘言。

与人籁相比，地籁的形式似乎大为不同。由于众洞穴形状各异、所处位置各不相同，随风发出的声音自然也就喧闹纷杂，好像大家都能自成一体，独立发声一样，不需要服从什么总谱。可庄子偏偏一语道破了天机，说这千姿百态的地籁，不过是“前者唱于而随者唱喁，泠风则小和，飘风则大和，厉风济则众窍为虚”的应声之作罢了。一旦风停，一切归零，就什么都没有了。很明显，地籁是当时“百家争鸣”喧闹景象的生动写照。这绝不是庄子所要肯定的。

至此，我们知道庄子的“三籁”中，人籁与地籁都是说物论的。那什么是天籁呢？

要解开这个谜，如何理解“夫吹万不同，而使其自已也，咸其自取，怒者其谁邪”成了关键。仔细琢磨这几句话，确实让人疑惑，难道南郭子綦真的是在解说天籁吗？其实，他仍然没有正面回答什么是天籁，而是继续沿着地籁的话题说下去，来暗示天籁。

这两句话翻译成大白话就是，地籁都是由发声者自己随风而动，自己发声，而又自己止息的，一切受控于心中的“怒者”。这样来说的话，“怒者”究竟是谁就成了解题的关键。至此，我们不妨先回过头来，看看南郭子綦为什么要提到“三籁”。

“三籁”是从“吾丧我”引发出来的。南郭子綦说“三籁”是要解释“吾丧我”。这里的“怒者”应该是呼应“作则万窍怒呺”之“怒”，暗指“怒者”就是每个人心中都有的那个“我”。也就是说，“物论”犹如人籁、地籁，都是人心也就是“我”造出来的。如果人能丧了

"我"，没有了"怒者"，那就是南郭子綦"丧我"之后进入的境界，在外人看来是身如槁木、心如死灰，而在"丧我"者的心中，却是"稀微杳冥，如秋空夜静，四顾悄然"，是一种"无声之声"，也就是没有是非物论的境界，这就是天籁，也是"至人无己，神人无功，圣人无名"的理想境界。

所以说"三籁"代表着三种不同的声音，更准确地说是代表三种不同的境界。"三籁"之间非但不同，而且天籁还是对人籁、地籁的直接否定。只有"无声之声"的天籁才是庄子所推崇的，也才是与自然相通的。这样的境界，不需要通过声音来表达，而是要通过内心的领悟去感受。

庄子说

大知闲闲[1]，小知间间[2]；大言炎炎[3]，小言詹詹[4]。其寐也魂交[5]，其觉也形开[6]，与接为构[7]，日以心斗。缦者[8]，窖者[9]，密者[10]。小恐惴惴[11]，大恐缦缦[12]。其发若机栝[13]，其司是非之谓也[14]；其留如诅盟[15]，其守胜之谓也[16]；其杀若秋冬[17]，以言其日消也[18]；其溺之所为之[19]，不可使复之也[20]；其厌也如缄[21]，以言其老洫也[22]；近死之心，莫使复阳也[23]。

【简注】

［1］知：智。大知、小知以及下文之大言、小言、大恐、小恐等均指参与论辩是非之人。闲闲、间间以及下文之炎炎、詹詹、惴

惴、缦缦等都是形容论辩者在论辩时的样子。闲闲：从容不迫的样子。

[2] 间间：窥视打探、察言观色的样子。

[3] 炎炎：形容言辞火力十足，气势猛烈。

[4] 詹詹（zhān）：形容言之无物，啰嗦繁琐，不得要领。

[5] 其：指所有“物论”的制造者们，包括大知、小知。寐：睡着。魂交：梦中争斗。魂：精神。交：交斗。

[6] 觉：睡醒。形开：形容从“魂交”的噩梦中醒来心神不宁的样子。

[7] 接：指与外界交接。构：图谋，这里指勾心斗角。

[8] 缦：没有花纹、用来遮体的布，或用作车帷不让路人看到车内的人，引申为遮挡、藏起来。者：……的原因。

[9] 窖（jiào）：深穴，指藏于窖穴之中。

[10] 密：谨密，指藏于深山之中。

[11] 惴惴：忧惧不安的样子。

[12] 缦缦：惊魂失魄的样子。

[13] 发：发射，进攻，比喻辩论时带有攻击性的言辞。机：古代箭弩上的发动机关。栝（kuò）：箭栝，箭末扣弦处。

[14] 司：掌控。

[15] 留：留守，指静守以待时机。诅盟：誓约。

[16] 守胜：以守为攻，获得胜利。

[17] 杀：衰败。

[18] 日消：日益衰败，面临死亡。

[19] 溺之：指辩论者沉溺于各种争论之中。溺：沉溺。

[20] 复之：指恢复到常态。

[21] 厌（yā）：压抑，逼迫。缄：绳索，这里指捆绑。

[22] 老洫（xù）：老朽枯竭。洫：败坏，这里指枯竭。

[23] 复阳：恢复生机。

【今译】

“大知”从容不迫，“小知”暗中窥测。“大言”气焰嚣张，咄咄逼人；“小言”则喋喋不休，废话连篇。就是在睡梦中，他们也仍在进行着激烈的交锋；白天醒来，则形体不宁，心力交瘁。他们成天所热衷的就是夜以继日的相互构陷、勾心斗角。他们把自己的想法隐藏得很深自然有他们的原因。怀揣小恐惧的人整天忧心忡忡，而心存大恐惧的人则终日惊慌失措。他们发起进攻时，如同快箭离弦，欲将对方一箭毙命，他们认为自己掌握着是非决断权。处于守势时，他们就像赌过咒、发过誓一样一言不发，他们认为这是在以守为攻，默默地等待着反扑获胜的时机。大知小知们的衰败就像秋冬一样肃杀凋零，他们正在这种残酷的争斗中一天天销蚀着自己的生命。他们终日沉溺于自己的所作所为，其人格之扭曲、行为之变态已经再也无法恢复到生命的本来状态。他们的身心都受到巨大的压迫，就像是被绳索牢牢地捆绑住了一样，再也无法挣脱，他们身心的衰败已经到了无可救药的地步。他们的心已经濒临死亡，却仍执迷不悟，已经再没有什么办法能让他们恢复生机了。

【说庄子】

庄子为我们描摹出了一幅何等讽刺而又生动的文人众生图！

可是有意思的是，在诸多的《庄子》注本中，偏偏这一段文字，注释得相当简单。就连最喜欢借题发挥、最善于消费《庄子》的晋代庄学大家郭象，在他的《庄子注》中也仅仅是简单地疏通了一下文字而已，不像平素那样一说起来便滔滔不绝。为什么会这样呢？这一段文字，虽只是寥寥数语，却直击所有人的灵魂，把人心中那点儿隐藏至深、见不得人的丑陋阴暗的东西都毫不留情地一股脑地抖搂了出来，直接晾在了光天化日之下。

庄子对人心丑陋的认识，对现实社会中人性的扭曲、人格的分裂的洞悉，远远超越于时代。他所关心的不是如何去改变、完善现存的社会制度，也不是通过提倡伦理道德来推动社会的进步，他所思考的不是一个具体的社会、具体的制度，而是在这个世界上，人生存的意义，人的生命的价值。正是由于他是站在人生哲学的高度来看待一切，才会对大知小知的内心世界有着如此透彻的认识与剖析。

在庄子看来，人心中的“己”与“我”是造成种种灾难与不幸的根源。不破除以自我为中心的“己”与“我”，人类就不可能获得真正的解脱。这是庄子思想中一个特别深刻的地方。这种深刻就在于庄子不但看到人活在这个社会，犹如“游于羿之彀中。中央者，中地也；然而不中者，命也”（《德充符》），“方今之时，仅免刑焉”（《人间世》）的社会本质，更特别清醒地意识到人类自身的缺陷也是造成这一切的又一个主要原因，看到人心的扭曲对人自身的残害远甚于“断足”这样的肉体的惩罚。

庄子对人心不古，尤其是对读书人的痛心疾首，首先来自他对大知小知们行为心态的洞悉。

庄子时代的大知小知，与如今网络上坐拥粉丝无数、整天热衷在网上争论不休的“大咖”、网红很有几分相似之处，只不过各自依仗的平台不同罢了。如今的“大咖”

主要凭借的是新媒体平台，他们利用手中资源，整天哗众取宠，故作惊人之语，干的却是见风使舵、忽悠百姓的勾当。而在庄子时代，也有这样一批人，他们或在朝堂之上结成利益集团，或聚集在达官贵人门下，为“东家”执笔操刀，著书立说。表面上风光无限，内心却充满了恐惧与焦虑，活得十分悲催可怜。

大知小知如同参与演出的乐手一样，并没有什么独立的意志，衣食住行靠的都是代言的利益集团。对于他们，唯一要顾及的便是欣赏者、赞助者的喜好。在这样的情况下，大知表现得雍容强势、气宇轩昂，目的无非是大造声势，圈粉更多，吸金更多；而小知则唯马首是瞻，察言观色，作为“水军”跟在大知之后推波助澜，鼓噪响应，闹出阵势来。然而一旦展开争辩，大言立刻气焰嚣张，犹如烈火燎原，大有置对手于死地的狠劲儿；而小言却不得要领，一开口便是喋喋不休，废话连篇。现在我们不难理解，庄子为什么能把“地籁”写得如此详细生动了！风吹万窍发出的千奇百怪的声响，听起来很炫，很博人眼球，实际上肚子里却空无一物，这不就是“大言炎炎，小言詹詹”的真实写照吗？他们表面上整天为孰是孰非争论不休，骨子里却不过是一群没有原则立场、只会闻风而动的应声虫罢了。

然而，人们这样活着的意义又是什么？当人们沉溺于对外在之物的追求，丧失的不仅仅是心境的平和，更重要的是从此陷入了无法解脱的自我折磨、自我摧残、自我奴役的深坑：“其寐也魂交，其觉也形开，与接为构，日以心斗”，这是一种何等恐怖的画面！白天，要全力以赴地揣度谋划，如同在“竞技场”中一样，片刻不停地密切观察对手的动态，寻找着任何一个可以击败对手的机会。夜里，就是在睡梦中也丝毫不敢松懈，无时无刻不在继续着白天惊心动魄的争斗。当人与人之间完全陷入这样相与为敌的关系，就如同打开了潘多拉盒子，必然导致人性丑恶、龌龊的一面恶性膨胀，于是便有了大知小知为达目的不择手段的又一幕恐怖场景："缦者，窖者，密者。小恐惴惴，大恐缦缦。"在他们那里，没有真相，没有人真实的面孔，有的只是深藏不露，绞尽脑汁的相互算计，因而也就不得不保持高度的警觉，随时提防有人突然发难，防备着不知来自何方的明枪暗箭，整天惴惴不安，每时每刻都生活在巨大的恐惧之中。

这，就是庄子看到的人生真相。

在庄子看来，人是不应该这样活着的。人，不应该在争斗与惊恐中度过一生！世界如此之大，人不过是瞬息间的过客。然而，人们却执迷于这些毫无意义的争斗，为人为造成的假象所迷惑。这是何等的可悲、可哀、可叹！

倘若人的一生就是将"是非"争辩视如战场，非攻即守，发起进攻时如快箭离弦，试图将对手一箭毙命；处于防守状态时，则赌咒发誓，结成同盟，力图以守取胜，始终如临大敌，整天琢磨的就是如何害人，又如何不为他人所害，把生命全部消耗在自相残杀的内卷之中，这样的人生，不是很荒谬吗？无论人可以如何地掌控一方，不可一世，这样令人殚精竭虑的人生又能维持多久？面对无限的宇宙，相对历史的长河，人的生命实在是太短暂了。人究竟有没有必要为了孰是孰非而耗尽自己一生的心力？面对人们的痴迷，庄子的心情是格外沉重的，并带有一种无法掩饰的悲凉："其杀若秋冬，以言其日消也；其溺之所为之，不可使复之也；其厌也如缄，以言其老洫也。"你们的衰败就像由秋到冬的变化，日渐肃杀枯竭，你们却还不自省，仍沉溺于其中，无法自拔。你们的身心已如被绳索紧紧捆绑着一样，就要濒临死亡了，却仍执迷不悟，岂非是人生最大的悲剧？在《庄子》一书中，只有对大知小知的暮年，对他们的行将就木，庄子写得如此凄凄惨惨戚戚。这其中当寄予了庄子对读书人误入迷途却不知悔悟的悲剧人生的无尽感慨。

我们知道庄子对人生的思考是多方面、多层次的，也是独一无二的。对庄子来说，这一切是非争斗都是虚幻的，毫无价值的，也毫无意义。人不应该为了这些外在之物而束缚自己、扭曲自己、奴役自己。所以在"宁其死为留骨而贵，宁其生而曳尾于涂中"的选择中，庄子选择了"宁生而曳尾涂中"(《秋水》)，也不屑接受相位之聘去走一条世俗之路。这就是庄子的人生观。然而，面对大知小知在"心斗"中耗尽生命、即将走向死亡的最后时刻，庄子的心中竟然浮现出了一片悲天悯人之情，发出了"其溺之所为之，不可使复之也"的叹息。可见，庄子虽愤激、批判，但他心中其实一直怀抱着对读书人命运的深切关怀。

一个读书人，在月明星稀、四顾悄然的时分，能想起庄子的这段话吗？如果真的想起来了，是否能榨出皮袍下的那个"小"来？

庄子说

喜怒哀乐，虑叹变慹[1]，姚佚启态[2]。乐出虚[3]，蒸成菌[4]，日夜相代乎前，而莫知其所萌[5]。已乎[6]，已乎！旦暮得此，其所由以生乎[7]？

【简注】

[1] 虑：思虑，指对未来的谋划。叹：叹息，感慨，指对往事的反思与悔恨。变：变化，形容犹豫不决，无法作出抉择。慹（zhé）：不动，指执着的处事态度。

[2] 姚：姚冶，轻佻，指贪恋美色。佚：奢华放纵。启：开张，张狂。态：作态，装模作样。

[3] 乐：音乐。虚：中间虚空的各种乐器。

[4] 蒸：地上湿气蒸发。

[5] 其：指上文“喜怒哀乐，虑叹变慹，姚佚启态”。萌：萌生。

[6] 已乎：犹言算了吧。已：止。

[7] 由：原因，缘故。

【今译】

欣喜、愤怒、悲哀、愉悦，思虑、慨叹、多变、执着，轻佻、放纵、贪婪、作态，（这种种情态的）滋生与萌发，犹如乐声产生于中间虚空的乐器，菌类滋生于气体的蒸发一样，日夜不停地交替出现，又有谁知道这一切究竟是怎样萌发的呢？算了吧，算了吧！人们终日沉溺于“喜怒哀乐，虑叹变慹，姚佚启态”之中，人，难道就是为了七情六欲而活着吗？

【说庄子】

这一段承上启下，庄子试图从人每日所体验着的种种不同情绪、情态的变化，揭示大知小知们病态、变态的行为产生的根源，同时也由此推及人类所具有的通病。

“喜怒哀乐，虑叹变慹，姚佚启态”指的就是人所皆有的七情六欲。庄子看到这种种情欲的滋生膨胀就像虚空的器物可以产生乐声，湿气蒸腾就会滋生菌类一样简单平常。在现实生活中，有谁能解释清楚七情六欲产生的根源？又有谁不曾受到七情六欲的折磨？然而，庄子更清醒地意识到这种几乎是与生俱来的原始冲动，是将人引向“其溺之所为之，不可复之也”“近死之心，莫使复阳也”的悲剧命运的最大推手。于是，庄子由大知小知可悲可叹的人生悲剧推及芸芸众生，发出了“已乎，已乎！旦暮得此，其所由以生乎”的人生诘问，认为人的一生不应该仅仅为七情六欲所左右，为七情六欲而活着。

需要说明的是，大多数《庄子》注本都认为这一段仍在描述大知小知，这种理解当与各种版本《齐物论》的分段有关。今日所见《齐物论》版本大都将从“大知闲闲”到“其所由以生乎”合为一段，这样一来，“喜怒哀乐”一段的主语自然就成了“大知小知”。但“近死之心，莫使复阳也”，其实已经为大知小知们的人生画上了句号，从“喜怒哀乐”开始，庄子转而从人所共有的心理现象与行为活动入手，展开对人所皆有的情态与人性的剖析，从人的情态的萌发揭示“我”所产生的根源。同时，也将文章由拷问大知小知的灵魂转而对人是如何在“我”的操纵、支配下，热衷于“心斗”，以至于“日消”，一步步走向毁灭的探讨。

庄子说

非彼无我[1]，非我无所取[2]。是亦近矣[3]，而不知其所为使[4]。若有真宰[5]，而特不得其眹[6]。可行己信[7]，而不见其形，有情而无形。

百骸[8]，九窍，六藏[9]，赅而存焉[10]，吾谁与为亲？汝皆说之乎[11]？其有私焉[12]？如是皆有为臣妾乎？其臣妾不足以相治乎[13]？其递相为君臣乎？其有真君存焉[14]。如求得其情与不得[15]，无益[16]，损乎其真[17]。

【简注】

［1］彼：指上文“旦暮得此，其所由以生乎”句中的“此”，也就是“喜怒哀乐，虑叹变慹，姚佚启态”，指人的七情六欲。

［2］我：指具有七情六欲的个体的人。取：呈现，取得。

［3］是：这。近：接近，差不多。

［4］所为使：做这些事，主宰这一切。使：指使，驱使。

［5］若：你，你们。真宰：指“吾丧我”的“我”，也就是“怒者其谁邪”中的“怒者”，指人“心”。宰：指“心”的动作功能，七情六欲的执行者。

［6］眹（zhèn）：踪迹，端倪。

［7］信：相信、确信，指心中已经形成的看法。

［8］百骸（hái）：指人体大大小小的骨骼。

［9］六藏（zàng）：人的心、肝、肺等器官。

［10］赅（gāi）：完备、全部，指百骸、九窍、六藏齐全。

［11］说：悦，喜爱。

［12］私：偏爱。

[13] 相治：相互治理，管辖。

[14] 真君：指“心”。“真宰”指“心”的功能，人的七情六欲是怎样表现出来的；而“真君”则指“心”在百骸、九窍、六藏中的地位。

[15] 情：指“喜怒哀乐，虑叹变慹，姚佚启态”。

[16] 益：益处，好处。

[17] 损：损害，伤害。真：真性，指人的生命。

【今译】

没有人的心理与情态活动，也就没有了“我”；而没有了“我”，也就无法呈现人的心理与情态活动。这样的看法，已经离问题的实质不远了，只是人还不能理解这一切究竟是谁在主宰并使之发生。你们心中都存在着一个“真宰”，却看不到“真宰”的任何迹象；“真宰”可以让人根据自己的经验去做事，却看不到它的形体；“真宰”是无形的，却“有情”。

百骸、九窍、六藏，都是我身体的组成部分。我和哪一部分的关系最为亲近呢？我对它们有着同等的喜爱还是有所偏心呢？如果是这样的话，它们都是“臣妾”吗？可是“臣妾”之间是不能相互支配的，它们可以轮流做君臣吗？也不可以，因为在它们之中有一个占主导地位的“真君”。人倘若执着于种种欲望的得与不得，只会损伤自己的性命。

【说庄子】

这一段是理解《齐物论》的难点之一。

“难”就难在对“彼”“我”“真宰”“真君”这几个

重要概念的解释历来众说纷纭。仅取这一段的解说来看，貌似各有各的道理，但结合上下文细究，却又难以说通。其中的一个重要原因就是各家首先都立足于字义的疏通，却割裂了此一段与前文“吾丧我”以及下文之间的密切联系。只有沿着“吾丧我”这条线索来看，庄子这段话的思路与论说的对象才会变得比较清晰。事实上，《齐物论》以“吾丧我”开篇后的几段，始终都没有离开过“吾丧我”这个中心论题，无论是说“三籁”“大知小知”还是人的“喜怒哀乐”，都是围绕着“吾”与“我”展开的。

“吾”是七情六欲的具体承受者，是人的肉体；而“我”决定了人的行为，是根据自己的利益去衡量外在一切的决策者。当“我”发挥作用时，“吾”便会去实践，于是“我”便以各种情貌现身于社会。而“大知小知”正是“我”在现实社会中的代表。所以庄子在详细描述了大知小知如何由于“我”的作祟而陷入无力自拔的困境之后，便进一步从人的情态活动、人的本性分析这一切产生的心理原因，认为人所共有的“喜怒哀乐，虑叹变慹，姚佚启态”等七情六欲恰恰是令人执迷不悟、醉心于是非之争的根源。这样一路看下来，不难看出这一段中的“彼”就是上文所说的“喜怒哀乐，虑叹变慹，姚佚启态”，而“我”指的是形形色色、具有“喜怒哀乐”七情六欲的个体的人。

那么，什么是“真宰”呢？“真宰”就是那个让“喜怒哀乐，虑叹变慹，姚佚启态”的心理与情态反复出现的发动者，那个“吾丧我”的“我”的实施者，也是那个“怒者”或者是主宰者。可见“真宰”指的就是人

“心”。虽然“真宰”与“我”都说的是人“心”，但两者之间还是有所区别的。“我”是存在于人心中根深蒂固的成见，是个人根据自己的生活经历得来的衡量外在是非的“标准”，是有着七情六欲的个体；而“真宰”是成见的实施者、标准的衡量者，是将心中无形的思想或欲望化为行动的执行者。

“真宰”与“我”都源自于“心”。“心”对人来说是至关重要的。“心”死了，不仅作为肉体的人死了，“我”也会随着“心”死而死，“真宰”自然也就不存在了。由于“心”是人的观念的形成者，行为、情态的执行者与实现者，当然是人体最为重要的器官了。所以庄子接着便以人的身体各器官之间的关系进一步说明“心”的重要。固然，百骸、九窍、六脏在人体中起着不同的作用，人对自己各个器官的态度是一样的，不会厚此薄彼，而各器官彼此间也是一种相互配合而不是相互隶属的关系，但这不等于其间没有主次之分。在百骸、九窍、六脏之中，“心”支配着人的一切行为，是最主要的器官，因此庄子认为“心”是“真君”。

既然“真宰”与“真君”指的都是“心”，这两者之间的区别就在“宰”与“君”这两个字上。“宰”指主宰、掌控，是指令的执行者而不是决策者。庄子在说到形成“喜怒哀乐”等种种心理与情态活动时曾说“而不知其所为使”，这个“使”者，就是情态的执行者，就是“真宰”。而“其有真君存焉”中“真君”的“君”，是统率“宰”之“君”，强调“君”在“百骸、九窍、六藏”之中所具有的至高无上的地位。可见“真宰”与“真君”分别指出了“心”在人的心理与情态活动中两个不同的侧面:“宰”指的是心的功用,而“君”则指心的地位。

在庄子看来,“心”有这样三方面的作用:其一,“心”是“君”,具有统领身体各个部分的至高无上的地位,负责对事物的判断并作出决策。其二,“心”是产生“我”的根源。一旦“我”形成,人往往以“我”作为衡量是非以及外在世界的一种标准。其三,“心”是“宰”。当凭着“我”的成见或标准去看待事物时,“心”就会“主宰”人的躯体将心中所想变为现实。这是“心”所具有的三种职责与功能,也是“真君”“真宰”与“我”之间的关系。

经过这样一番对人“心”的分析,庄子的结论是,人倘若执着于种种欲望,执着于“得其情与不得”,就会损伤自己的“真性”,也就是人的生命。这里庄子是以反证的方式再次回到他的主题,说明只有“丧我”才可保全“其真”。

庄子说

一受其成形,不忘以待尽[1]。与物相刃相靡[2],其行尽如驰[3],而莫之能止,不亦悲乎!终身役役而不见其成功[4],苶然疲役而不知其所归[5],可不哀邪!人谓之不死,奚益!其形化,其心与之然,可不谓大哀乎?人之生也,固若是芒乎[6]?其我独芒,而人亦有不芒者乎?

【简注】

[1]忘:与“吾丧我”的“丧”同义,指忘“我”。

[2] 物：指除生命之外的一切东西，包括种种欲望及他人。刃：切，砍。靡：磨。“相靡”与“相刃”意思相仿，都指对人的摧残。

[3] 行：奔驰。尽：与“不忘以待尽”的“尽”义同，指生命的尽头。

[4] 役役：辛劳，奋斗。

[5] 苶（nié）然：极度疲惫。

[6] 芒：昏惑，愚昧。

【今译】

人一旦来到这个世上，形成一个个体生命，如果不忘“喜怒哀乐，虑叹变慹，姚佚启态”种种七情六欲，其死亡之期也就指日可待了。在这个充满物欲的世界，人一味放纵自己的欲望，就如同终生在被刀砍，被磨刀石磨一样，并且以奔驰的速度走向死亡，没有任何东西可以阻挡，岂不是太可悲了吗？人一生劳役困顿挣扎却不见成功，疲惫不堪却不知道自己最后的归宿在哪里！这还不足以令人感到莫大的悲哀？这样的人即使不死，活着又有什么意义！他们的形体老了，肉体死了，而那颗始终不停追求物欲的心，也随着肉体的灭亡而去！这才是人生最大的悲哀啊！人来到世上，难道本来就是如此昏惑吗？还是只有我独自感到昏惑，而别人却都并不感到昏惑呢？

【说庄子】

如果说前文的“其溺之所为之，不可使复之也；其厌也如缄，以言其老洫也；近死之心，莫使复阳也”，是庄子对大知小知的人生发出的悲叹，那么这一段则是庄子对所有不能丧“我”、不肯丧“我”的人们发出的振聋发聩的呐喊！

人生是如此不堪，如此不值得！可人们却始终执迷不悟，放不下“我”，放不下对“物”的追求，从一出生，就自觉不自觉地加入一场竭尽全力的人生拼杀之中，就如同今天从幼儿就开始的各种比赛，到一级一级的升学考试，拼死拼活挤进985、211，读研、找工作，而后是一个个的“项目”……有几个人不曾经历过“终身役役而不见其成功”的难堪？不曾体会到“苶然疲役而不知其所归”的悲怆？然而，这一切的一切又究竟是为了什么？

庄子并不想仅仅从对现实的批判的层面去唤醒人们，而是以一位哲人的思考告知我们这一切都源于我们对人生本质的迷茫，具体来说就是有一个“我”在作祟。是“我”使人性有了残缺，使人偏离了人生的意义，使人与世界、与万物出现了分离，走上“与物相刃相靡”却“莫之能止”的不归路。显然，在庄子心目中，这是一个有关人生终极意义的大问题。于是，我们看到，庄子不再沿着从《逍遥游》以及《齐物论》开篇便创立起的逍遥高远飘逸奔腾的路数走下去，而是转而以一种悲天悯人的博大胸怀，要人们从世界的本质、人生的意义、人心的起源去理解什么是“彼”，什么是“我”；谁在“取”，谁又在“使”；何谓“情”，何谓“形”；人们又是因何而“损其真”的。只有站在这样的高度，庄子认为才接近了“道”，懂得了“道”，也才接近了真理与真相。

即便如此，一向清醒的庄子也禁不住产生了一种难以言说的迷惘：是人人都错了？还是只有我一个人错了？“人之生也，固若是芒乎？其我独芒，而人亦有不芒者乎？”在这令人唏嘘的绝望声中，寄寓着何等深切的哀痛！然而，智慧的庄子在骨子里仍然坚信，这一切都源于那个虚假的、不真实的“我”。只有丧“我”、忘“我”，才可能摆脱外物对人的残杀，才是唯一的自我救赎。否则，人们就永远认识不到世界的真相，永远只能被假象所迷惑、所操纵。

庄子说

夫随其成心而师之[1]，谁独且无师乎[2]？奚必知代[3]？而心自取者有之[4]，愚者与有焉。未成乎心而有是非[5]，是今日适越而昔至也[6]。是以无有为有。无有为有，虽有神禹，且不能知，吾独且柰何哉！

【简注】

［1］随：按照，依据。成心：偏见，成见。师：效法，取法，衡量。之：指成心。

［2］且：语助词。

［3］奚：为什么。知代：通晓变化的智者，这里指大知小知之类。代：变化。

［4］心自取者：指凭着成心获取所需的人，这里指有“喜怒哀乐，虑叹变慹，姚佚启态”之情的人。

［5］未成乎心：指成心尚未在人的心中形成。

［6］适：到。昔：昨日。

【今译】

如果依照一己的成心作为衡量是非的标准，那谁没有一个标准呢？为什么一定是“智者”才有成心？其实每个人都有，即便愚者也有。如果有人说他的是非观念不是来自“成心”，那就如同说今天他准备去越国而昨天就到了一样荒谬可笑。这样的说法如同把“无”说成是“有”。如果把“无”说成是“有”，即便神明如大禹，也无法理解，我又能怎么样呢！

【说庄子】

庄子不愧是新概念的创造者！“成心”，又一个如今人们耳熟能详的词语被庄子创造出来了！不过，现代汉语的“成心”当“故意”解，而庄子“成心”的本意却是非他莫属。

什么是“成心”？简单地说，“成心”就是“我”，就是“己”。在庄子看来，人心本来是应该像镜子那样澄澈、空明、一片虚白，容不得半点儿的尘垢。世界是什么样子，心所映照出的就应该是什么样子。心的功能，就像镜子一样，仅仅是真实地映现它所照见的一切，任何东西都不应该在心上留下任何印记。这样的“心”，才是人原本具有的。

然而，当“心”字的前面加上了“成”这个修饰语，“心”便不再纯粹。成，从形成、完成、成就、成为的本义衍生成“心”的修饰语，“成心”便有了特定的含义，指人根据自己的生活经验产生或形成的主观成见。人有了这样的“成心”，就像是戴了有色眼镜看世界，再也无法看清世界的真相，一切都被假象所遮盖。更大的问题是，人非但意识不到自己所看到的都是假象，反而会跟随自己的“成心”对世界作出判断。

“成心”很像是一面被污染、被损害、被扭曲、被打碎的破镜子，映照出来的已经不再是世界的本来面貌，而是一个虚假的、支离破碎的世界，一个被“我”“己”打上了是非印记的世界。这也是为什么庄子在《齐物论》一开篇就提出了“吾丧我”这样一个要人彻底抛弃“成心”的重要概念。

“我”是什么？“我”就是自己，就是那会随着大风吹过而“怒号”作响的千姿百态的洞穴。一旦“我”被鼓动起来，人就失去了原本纯粹虚空的心，而陷入了“与接为构，以日心斗”的死穴。那么，是什么搅动了“我”呢？除了外在的“风”，庄子更注意到人心这个内在的、决定性因素。失去了自然本性的人心，早已不再平静如水，不再像“镜子”那样只是对外在世界的映现，而是像“乐出虚，蒸成菌”那样，无时无刻不在经受着“喜怒哀乐，虑叹变慹，姚佚启态”等种种情态、心绪的搅动。这样的内心活动与“我”彼此互为依存，操纵着人的行为，于是“成心”就出现了。

所以人人都有“成心”。不但智者有，普通人有，就连愚者也有。而那些自以为没有成见与偏心，实际上“成心”根深蒂固的人，却意识不到这样的事实，他们误认为是非美丑等观念是客观的存在。而在庄子看来，这无异于“是今日适越而昔至也。是以无有为有”，完全不合乎逻辑。

这一段文字在行文上十分重要，起着承上启下的作用。它一方面以“成心”之说为“吾丧我”以及“大知小知”一段作结，另一方面，在千比万喻之后，庄子终于切入了《齐物论》的正题，由“成心”转入对“是非物论”的评述，引出“是非物论”都是出于“成心”的论题。

庄子说

夫言非吹也[1]，言者有言[2]，其所言者特未定也[3]。果有言邪[4]？其未尝有言邪？其以为异于鷇音[5]，亦有辩乎[6]，其无辩乎？

道恶乎隐而有真伪[7]？言恶乎隐而有是非[8]？道恶乎往而不存？言恶乎存而不可[9]？道隐于小成[10]，言隐于荣华[11]。故有儒墨之是非[12]，以是其所非而非其所是。欲是其所非而非其所是，则莫若以明[13]。

【简注】

[1] 言：指热衷评判是非者的种种言论，也就是上文所说的“是非”之“言”。吹：承接上文“人籁”与“地籁”而来。

[2] 有言：名言、善言，这里指真理。

[3] 其：大概，或许。特未定：不能确定。

[4] 果：果真，真的。

[5] 鷇（kòu）音：小鸟破壳时发出的叫声，喻幼稚之言。

[6] 辩：辨，区别。

[7] 恶（wū）：何，什么，怎么。隐：遮蔽。

[8] 言：即上文“有言”，指真理。

[9] 可：认可，肯定。

[10] 小成：指人获得的小成就。

[11] 荣华：指荣华富贵。

[12] 儒墨：儒家与墨家，这里泛指所有“是非”论者。

[13] 莫若：不如。以明：以道明之，指以道的境界去看待是非物论。

【今译】

言论出口，并不像一阵风吹过一样。辩论者总是认为他们说的都是真理，其实，或许并没有人能确定这一点。他们说的果真都是真理吗？或许根本就不是真理？或许他们自认为自己的言论不同于将破壳而出的小鸟的啼鸣，可是两者之间有区别吗？也许根本就没有任何区别？

道被什么遮蔽了以至于真伪难辨？真理被什么遮蔽了才有了是非之争？道去了何处，为什么不复存在？真理又在哪里，为什么得不到认可？道被微小的成就所遮蔽，真理被荣华富贵所遮蔽，这才有了儒墨等各家的是非之争。他们各自肯定对方所否定的，否定对方所肯定的。如果要肯定对方所否定的，否定对方所肯定的，那么，不如以空明的心境去看待这一切是非。

【说庄子】

庄子指出“成心”是一切是非物论的根源之后，承接上文的“人籁”“地籁”说人的言论并不完全类似于大风吹过的情景：只要风住了，万籁俱静，那就是“天籁”。而发自“成心”的言论一旦出口，却能将“道”遮蔽，能损害“道”。在论辩的过程中，人人都振振有词，自认为所说都是出于“公心”，都是真理，可实际上谁说的话能算得上是真理呢？这些自以为掌握了真理的辩者认为自己的发声不同于刚出蛋壳的小鸟的啼鸣，可庄子却以一种冷幽默对这样的宣示表示了质疑：你们所说的，与小鸟稚嫩的啼鸣是真的有区别还是根本就没有区别？两者之间有分辨的可能吗？

至此，不知读者是否会有这样的感觉，庄子这里实际上接触到了一个至今人们仍在讨论的“检验真理的标准”的问题。什么样的言论才是真理？谁的看法、见解才称得上是真理？真理究竟应该由谁来决定？衡量真理的标准又是什么？既然人人都不可避免地以自己的“是”去否定他人之“是”，以自己的“非”否定他人之“非”，那到底是“有辩”还是“无辩”？这样的“是非”之争又当由谁说了算？在庄子看来，这实在是个无解的问题。之所以无解，就在于人人都不可能不受到“成心”的支配，不可能超越“成心”的局限分辨出什么才是真理。这样的问题，即使在今天对我们也未尝不是一种困扰。看看如今网上那些针锋相对的争论，那些自以为是的夸夸其谈，那些自打耳光的胡言乱语，还有那些所谓“专家”“教授”只为沽名钓誉的无知妄言，那些毫无底线、颠倒黑白的信口雌黄，其中又有多少不是为了贪图“小成”，不是为了换取“荣华”，不是为了“稻粱谋”？

庄子早在两千多年以前，就预见了人类终是无法摆脱“是非”的纠缠！并就这一切是非争论的无解给我们发出了预警！

既然这一切乱象都产生于“成心”，那么，这个“成心”又是怎么来的呢？在《庄子》内篇中，这是他第一次郑重其事地提出了他有关世界本体、宇宙本原最重要的概念——“道”，不过，此时的庄子还没有为他的“道”下定义，作一个详细的界说，而只是提出了这个概念，并就“道”的丧失发出了一系列的疑问：“道恶乎隐而有真伪？言恶乎隐而有是非？道恶乎往而不存？言恶乎存而不可？”

当然，庄子并不期待我们这些凡夫俗子可以回答如此抽象的人生问题，所以他马上自问自答地指出：“道隐于小成，言隐于荣华。”原来，“道”并没有离开，没有去什么地方，“道”仍然就在那里，只不过被人们热衷的“小成”与“荣华”所遮蔽，不被人所认可罢了，这才出现了种种无法证明孰是孰非的荒谬状况，才有了无休止的是非之争。儒家也好，墨家也好，谁又能证明自己才是真正的“是”，而他人都是“非”？

“道隐于小成，言隐于荣华”，一针见血道出了问题的症结所在！

与其这样“欲是其所非而非其所是”，庄子提出了“莫若以明”的主张，要我们以此来解决是非之争。可是，问题又出在了如何理解“以明”二字上。字面意思比较容易理解，“明”的意思是明白、明亮、明澈、明了。难道庄子只是要人明白、理解对方的是非观念或者看法吗？我们认为王先谦《庄子集解》的解释“此言有彼此而是非生，非以明不能见道”，才是抓住了庄子的本意。这个“明”应该是见“道”的空灵之“明”。也就是说，人只有进入了“道”的境界，才能以空明的心境看待是非问题，看待一切，也就不会再去计较、纠缠孰是孰非的细枝末节。而这个境界，就是“吾丧我”，也就是

"无己"所进入的境界。只有"丧我""无己"，人才可摆脱是非之争而获得大"明"。可见"以明"的"明"是"丧我"、泯灭"成心"之后所进入的境界，是拂去"小成""荣华"的遮蔽之后，"道"重新回归人心的境界。说到底，"莫若以明"其实就是"莫若以道明之"。

庄子说

物无非彼[1]，物无非是[2]。自彼则不见，自是则知之[3]。故曰彼出于是，是亦因彼，彼是方生之说也[4]。

虽然，方生方死[5]，方死方生；方可方不可[6]，方不可方可；因是因非[7]，因非因是。是以圣人不由[8]，而照之于天[9]，亦因是也。

是亦彼也，彼亦是也。彼亦一是非，此亦一是非。果且有彼是乎哉？果且无彼是乎哉？彼是莫得其偶[10]，谓之道枢[11]。枢始得其环中[12]，以应无穷。是亦一无穷，非亦一无穷也。故曰莫若以明。

以指喻指之非指[13]，不若以非指喻指之非指也；以马喻马之非马[14]，不若以非马喻马之非马也。天地一指也，万物一马也。可乎可，不可乎不可。

【简注】

［1］彼：指物的那一面。

［2］是：指物的这一面，或者说是"此"面。"彼"与"是"指同一物的此面与彼面。

［3］王孝鱼《庄子集释》点校本"自是则知之"的"是"作

"知";据严灵峰《庄子章句新编》改。

[4]方生:同时生,一起生。方:一并,一起,同时。生:产生。说:看法,言论,道理。

[5]方死:一起死。

[6]可:是,对。不可:非,不对。"方可方不可,方不可方可"两句指命题的双方肯定与否定是并存、相互转化的。

[7]因:依据。

[8]圣人:指"圣人无名"后进入逍遥游境界的"圣人"。不由:不由是非之途,指圣人看问题时不把同一物的两面对立起来。

[9]照之于天:与上文"以明"同义,指以"吾丧我"后的境界看待万物。

[10]偶:对。

[11]枢:门轴,指关键。

[12]环:门框上下安装门轴的圆洞。

[13]第一个"指"指抽象、概念的"指",这里指"物";第二个"指"指具体的手指。下文"以马喻马之非马"的"马"意思相同。"指""马"都是当时名家的论题。

[14]一:相同,齐一。

【今译】

世上之物都有"彼"的一面,也都有"是"(即"此")的一面。对同一物,从"彼"的那一面看不到"此"的这一面,但是从"此"的这一面去看就知道了。所以说"彼"的那一面是由"此"的这一面产生的,"此"也因"彼"而存在,这就是"彼""此"两面同时产生的道理。

虽然如此,有"生"同时就产生"死",有"死"同时就产生“生”，“死”“生”是相互依存转化的。有肯定（可）同时就产生否定（不可），有否定（不可）同时就产生肯定（可），肯定（可）与否定（不可）也是相互依存转化的。由于有“是”而有“非”，由于有“非”而有“是”，“是”与“非”也是相互依存转化的。所以圣人不以“是”“非”去判断万物，而是以“道”来看待一切。圣人之所以能够如此就是因为这个缘故。

既然每一物都有相互依存的两面，而这相互依存的两面又不可分开，那么，物的“彼”就是“此”，“此”也就是“彼”。如果说物有是非的话，那么，“彼”本身包括是与非，而“此”本身也包括是与非。果真能把同一物的“彼”与“此”分割开来吗？还是根本就分割不开？物的“彼”与“此”双方不相互对立，这就是“道枢”。合乎“道”，就像居于门的轴心一样，就可以顺应无穷。倘若不能“得其环中”，那“是”是无穷的，“非”也是无穷的，是非之争永无止境。所以，不如以“道”明之。

用概念的“指”来说明具体的“指”不是“指”，不如用不是概念的“指”（也就是具体的“指”）来证明概念的“指”不是指。用概念的“马”来说明具体的“马”不是“马”，不如用不是概念的“马”（也就是具体的“马”）去证明概念的“马”不是马。如此，天地就是“一指”，万物就是“一马”。你认为这个主张是对的，自然有对的道理；你认为这个主张是错的，自然也有错的道理。

【说庄子】

庄子的这一段话说得有点儿绕。绕就绕在“彼”与“是”（“此”）这两个概念上。倘若明白了“彼”与“此”指的就是同一物的两面，彼此相互依存，犹如一块布有正反两面一样，这一段的问题也就迎刃而解了。

庄子已经指出“是非之争”都是出自“成心”，而出自“成心”所作出的任何是非判断，都无法反映事物的真相。为什么这样说呢？庄子认为任何事物都有两面，无论是这一面还是那一面，物还是同一个物。而热衷是非之争的人，往往只看到了物的这一面，并没有看到物的另一面，却自以为是，执着于一己之偏见，自然不可能认识事物的真相。庄子用同一物的“彼”与“是”（“此”）两面说明“彼”与“此”的不可分离性，揭示出世上任何命题都存在着既对立又共存的两面，显示了庄子对人类认知局限性的深刻认识。

庄子对物皆有彼此两面的论述，不应该单纯视为类似相对论的看法。庄子实际上已经接触到什么是物的本质与真相的问题。事实上，世上任何事物都具有两面性，生与死，是与非，你与我，大与小，彼与此，凡此等等，彼此之间并不存在一条泾渭分明的界限，双方貌似相互对立，实际却呈现出互为存在、相互转化、同生共存的特点。倘若看到事物的一面，便否定另一面，是永远不可能看到事物的本质与真相的。

庄子的这段话，读起来好像绕口令一般，但通过这一连串循环往复的陈述，庄子特别要我们理解，世上万事万物自身就存在着“彼”与“此”、“是”与“非”这两面，而人们却在那里纠缠不放、喋喋不休地一定要争出个孰是孰非来，岂不是徒劳且荒谬？

由物的“彼”与“此”生发开来，针对先秦诸家都参与的“指物论”还有“白马非马论”的争辩，庄子转而就其中所涉及的物的抽象性与物的具体性加以阐发。庄子不但看到万物都存在着“彼”与“此”、“是”与“非”这两面，而且认识到“抽象”的物与“具体”的物是统一体。然而，无论是抽象的还是具体的物，“以道观之”，这种种表象的不同，仍然是“道通为一”，也就是“天地一指也，万物一马也”。

就这样，庄子以他的大“道”横扫了一切是非之论，把一切争论统统归了零，从根本上否定了所谓“是非”之争。

需要说明的一点是，现行《庄子》版本大都把这段话的最后两句“可乎可，不可乎不可”划入下一节。但我们认为，这两句话不但是对庄子提出的“天地一指也，万物一马也”的总括，而且是庄子不再与是非制造者纠缠下去的表态：你们认为“天地一指也，万物一马也”是对的，那它就算是对的，如果你认为它不对，也无所谓。以后你们爱怎么折腾就怎么折腾吧，对就对，不对就不对，反正这就是事实的真相，本人不再奉陪啦！

读到这里，你是否也认为我们这样的分节方式更好一些？

道行之而成[1]，物谓之而然[2]。恶乎然？然于然。恶乎不然？不然于不然。物固有所然，物固有所可。无物不然，无物不可。故为是举莛与楹[3]，厉与西施[4]，恢恑憰怪[5]，道通为一[6]。

其分也，成也[7]；其成也，毁也[8]。凡物无成与毁，复通为一。唯达者知通为一[9]，为是不用[10]，而寓诸庸[11]。庸也者，用也；用也者，通也；通也者，得也；适得而几矣[12]。因是已[13]。已而不知其然，谓之道。

劳神明为一[14]，而不知其同也，谓之朝三。何谓朝三？狙公赋芧[15]，曰："朝三而暮四。"众狙皆怒。曰："然则朝四而暮三。"众狙皆悦。名实未亏而喜怒为用，亦因是也。是以圣人和之以是非而休乎天钧[16]，是之谓两行[17]。

【简注】

[1] 道行之而成：道运行于万物才成其为道。行：运行。之：指万物。成：成为。

[2] 物谓之而然：万物这样称呼它才如此的。然：这样，如此。

[3] 举莛：可以举起来的小茎。莛：小茎。楹：屋柱。

[4] 厉：丑人。西施：美女。

[5] 恢恑（guǐ）憰（jué）怪：形容离奇怪异的万物。恢：诙，怪诞。恑：诡异。憰：狡诈。

[6] 为一：成为一体。

［7］其：指物。分：分散，解体。成：指一物解体后又用原材料做成了新的器物。

［8］毁：毁灭，指一物原形状的毁灭。

［9］达者：大智慧者，指得道之人。

［10］为是：由于这样的缘故。

［11］寓：寄予。庸：中庸。

［12］几：差不多。

［13］因：因循。是：指“庸也者，用也；用也者，通也；通也者，得也”。已：语助词。

［14］劳：耗损。神明：指精神、心智。为一：指寻求与一己之见相同。

［15］狙（jū）公：养猴子的人。芧（xù）：橡子。

［16］圣人：即上文所说的“达者”。休：止。天钧：指“道枢”。钧：制作陶器所用的转轮。

［17］两行：“是”与“非”都可以，指“和之以是非”。

【今译】

道存在、运行于万物之中而称其为道；物这样称呼它而有了这样的物。为什么是这样的？是这样的是由于人们认为物就是这个样子的。为什么不是这样的？不是这样的是由于人们认为物就不是这个样子的。每一物本来就是这样的，每一物本来也是这样被认可的。万物都有自己的形态，万物都有被如此认可的原因。这也就是小如“举莛”，大似“房楹”，丑若“厉人”，美如“西施”，世间所存在着的种种离奇怪异之“物”，“道”将它们全部贯通为一体。

有了物的分解才有了物的形成，有了物的形成才有了物的毁坏。但凡物是没有所谓旧物的毁坏或新物的形成的，一切都归于“一”。只有得道的人懂得“道”通万物为一的道理。由于这样的缘故，得道之人不会采用把物分为“成”与“毁”的方法，而会处于中间之道（也就是前文论述的“道枢”）。居于“道枢”是为了应用；应用是为了明白万物为一的道理；明白了万物为一的道理，就居于“道枢”了，这样，差不多也就得“道”了。得“道”之后，就可以因循自然，不再去计较万物之所以然或之所以不然的争论，这就叫做“道”。

人们终日争辩，耗尽心智以证明物的是与非，追求看法一致，却全然不理解万物的本质原本就是相同的。这就叫做“朝三”。什么叫做“朝三”？养猴子的人给猴子发放橡子，说：“早上给你们三颗，晚上给四颗。”所有的猴子都大怒。养猴子的人又说：“这样吧，早上给你们四颗，晚上给你们三颗。”所有的猴子都很高兴。名和实并没有改变，猴子的喜怒却因此而不同。由于这样的缘故，所以圣人不以是为是，不以非为非，而是站在不偏不倚的“道枢”立场“以应无穷”。这就是“两行”。

【说庄子】

庄子在以“天地一指也，万物一马也”概括具体之物与抽象之物仍然归“一”之后，来了个“可乎可，不可乎不可”为上文作结，同时又成为过渡到下文的引子，好像是要吊人胃口一样，让那些理解不了“天地一指”“万物一马”的人看看万物究竟是如何为“一”的。

当然，“齐物”不像“齐论”那么容易。一个显而易见的事实是，物有大小之别，形态又多种多样；而人有美丑之分，生死难料，人的心思就更是变幻莫测了。所以，庄子并不急于直接论述如何齐大小、齐形态、齐美丑、齐死生，而是采取迂回策略，从道与物以及万物不同的形态说起。

庄子齐物之论的第一句便是“道行之而成，物谓之而然”。短短十个字，信息量很大。“道行之而成”，“成”了什么？庄子没有说，但是从上下文来看，庄子所说的是道之所以为道的原因，那就是因为道存在于、运行于万物之中，道贯通了万物，成就了万物，万物都是道的体现。物之所以与人对其的称谓分不开，是人给予了物这样的称谓，物就以这个样子与称谓而存在。虽然物的形态有异，人给予物的称谓也大不相同，但物的本质都是一样的，归根结底都是道的体现。《庄子·知北游》中东郭子与庄子“论道”的那一段对话，可以说是对“道行之而成，物谓之而然”的最好注脚。道在万物之中，万物是道的不同形式的表现。既然如此，人们为什么要去争辩物的种种不同呢？

对那些盯着“物”的表象不放的人，喜好以比喻说事儿的庄子幽默地说，万物名称的不同犹如“朝三暮四”，早上是三、晚上是四与早上是四、晚上是三有什么不同呢？名称看起来有别，实质上却没有任何改变，而猴子们的喜怒哀乐却大为不同，正所谓“名实未亏而喜怒为用”。人们整天为“物”的是非不同争论不休，却看不到“道通为一”的本质，不就像“朝三暮四”、喜怒为用的猴子吗？庄子的比喻，未免太毒舌了些，话也说得损了点儿，不过，总的来说，还是话糙理不糙。

所以，小如“举莛”，大似“房楹”，丑若“厉人”，美如“西施”，世间所存在着的各种千奇百怪之“物”，究其实质，其差异不过是“朝三暮四”或者“朝四暮三”而已。倘若人们还要固执地沉溺于中，笃定要争出个孰是孰非来，与那些为“朝三暮四”“朝四暮三”而怒、而喜的猴子又有什么区别？！

庄子说

古之人，其知有所至矣[1]。恶乎至？有以为未始有物者，至矣，尽矣，不可以加矣。其次以为有物矣，而未始有封也[2]。其次以为有封焉，而未始有是非也。

是非之彰也，道之所以亏也。道之所以亏，爱之所以成[3]。果且有成与亏乎哉？果且无成与亏乎哉？

有成与亏，故昭氏之鼓琴也[4]；无成与亏，故昭氏之不鼓琴也。昭文之鼓琴也，师旷之枝策也[5]，惠子之据梧也[6]。三子之知几乎[7]，皆其盛者也，故载之末年[8]。唯其好之也[9]，以异于彼[10]。其好之也，欲以明之。彼非所明而明之，故以坚白之昧终[11]。而其子又以文之纶终[12]，终身无成。

若是而可谓成乎？虽我亦成也。若是而不可谓成乎？物与我无成也。是故滑疑之耀[13]，圣人之所图也[14]。为是不用而寓诸庸，此之谓以明。

【简注】

[1] 知：指人对物的认识。至：达到了最高境界。

［2］封：界域，界限。

［3］爱：指人对物的偏爱，人的私欲。

［4］昭氏：即昭文，战国时期著名乐师。

［5］师旷：春秋时期晋悼公、晋平公两朝的乐官，有着极高的音乐造诣，他常向君主提出治国安邦之策。枝：持。策：策略，谋略。

［6］据梧：身靠梧桐树辩论，与《德充符》中所说惠子“据树而吟”意同。

［7］乎：差不多。

［8］载：记载。末年：晚年。

［9］其：指昭文、师旷、惠子三人。

［10］异于彼：三人之间彼此不同。

［11］坚白：惠子的论题。昧：迷蒙，蒙昧。终：去世，死。

［12］其子：指昭文的儿子。文：指昭文。纶：续，指昭文之子继承父业。

［13］滑（gǔ）疑：纷乱的样子。耀：炫耀。

［14］图：应为“啚（bǐ）”，鄙，鄙视。

【今译】

远古之人，他们对物的认识达到了极致。到了什么程度呢？他们认为宇宙间没有物与物的不同，没有物与“我”的区别。这样的认识已经到了尽善尽美、无以复加的地步了。到了“其次”的时代，人们已经意识到物与物、物与“我”的存在，却还没有开始将万物的界限分别开来。到了再“其次”的时代，人们不仅认识到物与“我”的不同，也了解到物与物之间的分别，但人们尚未有是非功用的概念。

此后，“是非”时代出现了，“是非”观念日渐清晰，人类社会也由此进入了一个亏道的时代。道之所以日渐亏损，是由于人的偏私带来的成心造成的。果真是人的成心亏损了道吗？果真不是人的成心亏损了道吗？

有成心便亏损道，就像是昭文弹琴；没有成心便不亏损道，就像是昭文不弹琴。昭文凭着弹琴，师旷凭着以技干政，惠子凭着据梧论辩而享誉一时。他们的才智已经达到了巅峰，所以能青史留名，享有盛誉到晚年。他们都各有所好、各有所长，因而要显示出自己的与众不同。正因为他们都有自己的所好、所长，他们都想把自己的所好显示出来。众人都不理解惠子的“坚白”学说，然而惠子毕其一生致力于此，结果沉迷于“坚白论”却不知所云。昭文的儿子虽继承父业，也并没能取得像昭文那样的成就。

如果这样都算是有“成”的话，那么，连我也有“成”。如果这不算有“成”的话，那么，物与我也都无所谓“成”。那些迷乱人心的炫耀，都是圣人所鄙视的。人只有怀着顺应万物、不利用万物的心态，站在“道枢”的立场，才能“以道明之”。

【说庄子】

既然万物包括人都是道的具体体现，都是同一的，为什么现在物与物、物与人、人与人之间的差距越来越大、越来越呈分道扬镳的趋势了呢？为了回答这个问题，庄子从远古时期人与物的关系说起，说明不是道与物发生了变化，而是人发生了变化，人对物的认知发生了变化。

庄子把人与物关系的发展划分为四个时代。前三个时代都是道的时代。第一个时代是对一切不做任何分别，把一切都视为一体，没有物与物的不同，没有物与人的区别。物之于人，人之于物，物之于物，在本质上都是相同的，也是相通的，这是一个尽善尽美、无以复加的时代。在第二个时代，人开始意识到物与物、物与人的存在，却还没有将万物的界限分别开来，也不在意物与物或者物与人之间的分别。这时，人对物的认识仍然是朦胧的、混沌的。在第三个时代，人不仅认识到物与人的不同，也了解到此物与彼物的分别，但仍然没有对物做出有用无用、高低贵贱美丑等掺杂着是非功用的判断，因而也就不会以此物为是而以彼物为非。总之，在道的时代，尽管人与物的关系也在悄然发生着变化，人们逐渐意识到了人与物、物与物之间的差异与不同，但始终不曾对物做出价值的判断。

而当人类进入认知发展的第四个时代，也就是庄子所说的“是非”时代，一切都改变了。“是非之彰也，道之所以亏也。道之所以亏，爱之所以成。”一旦有了是非，人有了成心，就如同大河决堤一般，一溃千里，再也无法挽救。从此，人类进入了一个“亏”道、“损”道、“隐”道的时代。

道真的被所谓“爱”以及人的私欲亏损了吗？庄子认为其实没有，道并没有亏损，而是被人的偏私之爱遮蔽起来了。庄子用昭文鼓琴为例来说明这一点。在庄子看来，昭文鼓琴发出的声音对人心产生了不同的影响，这样的影响遮蔽了道，也就有了“成”与“亏”。所以，昭文鼓琴充其量是人籁。我们知道庄子鄙视人籁，嘲讽地籁，崇尚天籁。假如昭文不鼓琴，没有了声音，对人不产生任何的影响，到处一片静谧，那就是天籁，便“无成与亏”了。这才是庄子真正推崇的。

当年昭文鼓琴、师旷以技干政、惠子据梧而辩，都取得了巨大的声誉，但庄子认为这种技能表现得越高超，成就越大，人与道相距得也就越遥远，对道的遮蔽也就越严重。庄子自己是从不稀罕这样的成就的，也从不想自己头上顶上那么耀眼的光环。所以庄子说，如果这三个人都算是有“成”的话，那么人人都可以算是有“成”；如果这三个人不算有“成”的话，那么人人也都无所谓“成”与“不成”。

至此，庄子通过对“古之人”以及是非彰显时代的历史性回顾，对昭文、师旷、惠子几位技艺出众人物的评判，又回到了“道”上，他再一次重复了“以明”的命题：人永远都应该站在道枢的立场去做一切事，应该“寓诸庸”，也就是带着一颗平常心去看待一切，不要追逐那些耀眼的光芒，惟其如此，被亏损了的道才能重新回到它在人心中应有的位置。而不是像昭文、师旷、惠子那样，到死都没有明白人在世上究竟是为了什么。

最后补充一句题外话，庄子还没写完《齐物论》的时候，与他交往了几十年、也斗嘴斗了几十年的惠子已去世。此时，庄子还不忘说惠子“彼非所明而明之，故以坚白之昧终”，可见他与惠子之间说话一向是直来直往的，尽管这在今人看来，未免有失厚道。

今且有言于此[1]，不知其与是类乎[2]？其与是不类乎？类与不类，相与为类，则与彼无以异矣。虽然，请尝言之。

有始也者[3]，有未始有始也者[4]，有未始有夫未始有始也者。有有也者[5]，有无也者[6]，有未始有无也者[7]，有未始有夫未始有无也者，俄而有无矣[8]。而未知有无之果孰有孰无也。

今我则已有谓矣[9]，而未知吾所谓之其果有谓乎[10]，其果无谓乎？

天下莫大于秋豪之末[11]，而大山为小[12]；莫寿于殇子[13]，而彭祖为夭[14]。天地与我并生[15]，而万物与我为一[16]。既已为一矣，且得有言乎？既已谓之一矣，且得无言乎？一与言为二，二与一为三。自此以往，巧历不能得[17]，而况其凡乎[18]！故自无适有以至于三[19]，而况自有适有乎！无适焉[20]，因是已[21]。

【简注】

［1］有言：指庄子自己的言论。

［2］其：指庄子对齐论、齐物的看法。是：指他人的物论。类：相类。

［3］始：开始。

［4］未始有始：没有开始的开始。

［5］有有：有万物存在。第一个有为动词，第二个有为名词，指万物的存在。

[6] 无：指万物产生之前能够孕育万物的一个“存在”。

[7] 未始有无：指孕育“有”的“无”产生之前还有一个“无”存在。

[8] 俄而：顷刻、突然，指时间长河中的某一刻。

[9] 有谓：指自己所发表的有关“有”和“无”的看法。

[10] 之：指上文所说对“有”和“无”的看法。

[11] 秋豪之末：秋天动物毫毛的末端。

[12] 大山：即泰山。

[13] 殇子：夭折的婴儿。

[14] 彭祖：传说中活了八百岁的长寿者。夭：短命早亡的人。

[15] 我：指“人”。

[16] 一：同一，相同。

[17] 巧历：善于计算的人。

[18] 凡：普通人。

[19] 自无适有：从无到有。适：有。

[20] 无适：没有头。

[21] 因是已：到此为止。

【今译】

现在姑且在这儿发表些言论。不知世人是把我的言论看作是与他人的言论同类的呢，还是看作是不同类的？无论是同类还是不同类，既然都是言论，那我的言论就与他人的言论没有什么区别。尽管如此，我还是要尝试着说说我的看法。

时间有一个开始，但在时间开始以前有一个没有开始的时间，在时间没有开始以前的时间之前还有一个时间。有一个万物开始的时间，在万物开始以前还有一个没有万物的时间，在万物开始以前的一个没有万物的时间之前还有一个时间。突然间在时间中产生了“无”，可是不知道这个“无”究竟是“有”还是“无”？这个“无”究竟算不算是一个“有”？

现在我已经发表了我的看法。可是不知道我的看法果真是一种言论呢，还是果真就不是一种言论？

天下万物中没有比秋天动物毫毛末端更大的东西，而泰山却是小的；世上没有人比夭折的婴儿更长寿的，而彭祖却是短命早亡的。天地与人都是道的体现，万物与人本源没有不同。既然天地万物与人本源相同，还需要有什么言论吗？可是既然已经说了天地万物与人本源相同，还能说是没有言论吗？一旦有了“一”和说“一”的言论，就变成了“二”；“二”加“一”就有了“三”。这么推算下去，即便是精于计算的人，也难以算出最后的结果，何况普通人呢。所以从无到有可以推出“三”，何况从有到有的推算呢？既然永远没有终结，还是到此为止吧。

【说庄子】

在探讨“是非”是如何出现的问题上，庄子将人类的认知史追溯到了“古之人”的时代。那个时代虽然物我不分、没有是非，但毕竟有“人”，有“物”。那么，在“古之人”之前，又是一个怎样的时代呢？

这次，庄子把自己的视线投得更远，他试图从宇宙万物以及时空的起源着手，来论证他的“天地与我并生，而万物与我为一”的并非虚妄之言。

在庄子哲学中，“无”并不是简单的什么都没有，它是一个“存在”。在庄子看来，时间无始无终，人意识到有“时间”的存在，时间固然存在；人意识不到时间的存在，时间同样存在。在无始无终的时空中，当人意识到“有”的时候，“有”已经在时空中存在了无限久，但在“有”之前还有一个“无”，“有”就是在这个“无”中孕育出来的，而这个孕育“有”的“无”之前，还有另一个“无”孕育着产生那个“有”的“无”。突然，“有”与“无”就在那么一瞬间出现了，从此“无”中生“有”，有了人，有了物，有了是非，有了一个君主的社会。

庄子对宇宙起源问题的探讨，听起来很玄，但你觉不觉得他的探索与今日宇宙大爆炸的理论已经相当接近了？就这一点来说，给庄子戴上一顶天体物理学家的帽子也不为过！

不过，庄子对“家”这样的名分向来不感兴趣，他探讨宇宙起源，不是要去研究天体物理，而是如同他探索人类认知发展史一样，他的关注点是“人”，是人如何在这个社会生存。为了颠覆人们早已形成的贵贱美丑是非等固有观念，证实“天地与我并生，而万物与我为一”才是这个世界的真相，庄子这才追溯到了人与物产生起点之前的“无”，来证明人与万物都是在一个瞬间产生的，他们都从“无”中来，都是“道”的体现。

由于人们总是痴迷于判断物的是非，庄子还提出了“道行之而成，物谓之而然”来拨乱反正。他的意思是倘若最早称泰山为毫末，称毫末为泰山，称彭祖为殇子，称殇子为彭祖，不也就是“天下莫大于秋豪之末，而大山为小；莫寿于殇子，而彭祖为夭”了吗？这一切的一切，不过都是概念而已。一个概念一旦诞生，便会产生是非，由一引出二，引出三，引出“巧历”也无法计算清楚的是非来。

庄子写《齐物论》的目的是要齐他人之物论，也一并齐了万物。可由于庄子要借“道”说事儿，而“道”又不能开口说话，庄子实在忍不住，只好自己直接发表言论了:“请尝言之”。这样一来，庄子的“为一”命题就成了一家之言，在众多的言论中又别立了一论，岂非自相矛盾？庄子自己一定也意识到了这个问题，于是在提出“天地与我并生，而万物与我为一”的论题之前，他先用幽默却又带着几分自我调侃的口气解释说:“请尝言之”，然后才像说绕口令一样，来了一大串的“有始”“未始”“有”，还有“无”。庄子在这一大串的概念中所体现出的对宇宙万物起源的思考，使他成为了真正的、当之无愧的哲人。能达到这一高度的哲人，在先秦诸子中还真找不出第二个。

庄子说

夫道未始有封[1]，言未始有常[2]，为是而有畛也[3]。请言其畛[4]: 有左，有右[5]; 有伦[6]，有义; 有分，有辩[7]; 有竞，有争，此之谓八德[8]。

六合之外[9]，圣人存而不论[10]; 六合之内，圣人论而不议[11]。春秋经世先王之志[12]，圣人议而不辩[13]。故分也者，有不分也; 辩也者，有不辩也。曰: 何也？圣人怀之，众人辩之以相示也[14]。故曰辩也者有不见也。

【简注】

［1］封：疆界。

［2］言：各种言论、物论。常：指衡量“言”的是非标准。

［3］是：指“道未始有封，言未始有常”。有畛（zhěn）：分出界限。畛：界。

［4］其：指“言未始有常”之“言”，即是非物论。

［5］左、右：指方位、立场。

［6］伦：人伦、纲纪、尊卑、法度等。

［7］分、辩：指人类对周围事物的辨析与认知。

［8］德：道德，品德。

［9］六合：宇宙天地。

［10］论：陈述，叙说。存而不论：对事物或者言行只记录，不加评判。

［11］议：指评议、谈论、分析。

［12］春秋经世：指历史。先王：古代君王。志：记载，记录。

［13］辩：辩论，争辩，辨明是非与对错。

［14］相示：相互显示。

【今译】

道从来没有过疆界，言论却没有一个人所共用的标准。由于这样的原因，才有了评判是非的界定。我试着来谈谈左、右、伦、义、分、辩、竞、争这些标准的界定吧。这就是所谓的八种道德。

宇宙天地之外的事，圣人的态度是保留而不传播；人世间所发生的事，圣人只是陈述，并不分析评判；对于历史记载的先王言行，圣人只是分析先王为什么这样说、这么做，不去评论是非对错。对于万事万物，都存在着“分”与“不分”，“辩”与“不辩”两种态度。为什么会是这样的呢？因为圣人把一切都囊括于胸中，众人则喜欢争辩以显示自己。所以说争辩者的争辩具有很大的局限。

【说庄子】

“道”是庄子学说的精髓。庄子认为，无论物的外在形式如何千差万别，道不但无所不在，而且始终如一。然而，人们的观念、物论是非的标准却是“一与言为二，二与一为三”，以至于“巧历不能得”。针对这种由“一”与“言”引发出的无穷无尽的言论，庄子注意到传统伦理道德是导致人们陷入这样思维困境的根由，因而他的分析也就先从人们熟悉的“德”开始。

庄子认为道是亘古不变且无界无疆的，而人的传统道德观念却没有一个固定的评判标准。庄子选择了“有左，有右；有伦，有义；有分，有辩；有竞，有争”这样四对八个概念展开论述。看上去在“左、右、伦、义、分、辩、竞、争”中只有“伦”“义”与道德有关，其他的都不沾边儿。但这四对八个词，又无一不涉及道德。在庄子看来，这每一个“德”都没有亘古不变的标准，而是随着人的需要、随着时代的变迁而不断改变。

首先是“有左，有右”。左与右用来指方位，可是哪边是左，哪边是右，完全取决于人或物所处的位置与朝向。左右的标准貌似清晰可辨，可是只要一侧身，一转脸，这左右的方位马上就改变了。不但左右的观念“未始有常”，“有伦，有义；有分，有辩；有竞，有争”同样如此。“有伦，有义”说的是社会道德准则。“伦”指人伦、纲纪、尊卑、法度，“义”指合宜的道德或行为准则。现实社会中，纲纪、尊卑、法度又何尝不是伴随着政权的变革、社会的更迭而处于“未始有常”的状态？“有分，有辩”，指人对周围事物的辨析与认知，只需要看看人们对是非物论的争辩就可以知道这也是“未始有常”。在“有竞，有争”中，“竞”指人们为了达到某一目标或者获取某一利益而竞争追逐；“争”有以武力相夺、将物占为己有的意思。在竞争中，哪种手段是对，哪种手段是错？还不是“胜者王侯败者贼”？这“八德”中，哪一个有着永恒不变的标准呢？

可见庄子将左右、伦义、分辩、竞争称为“八德”，而不说左右、伦义、分辩、竞争就是“八德”，实际上是人要以合乎“道”的“德”、站在“德”的立场去看待、处理左右、伦义、分辩、竞争之间的矛盾。那么，“德”的立场又是什么呢？这就是庄子前文一再强调的“寓诸庸”。即站在左与右、伦与义、分与辩、竞与争的中间，不偏不倚地去看待、处理其间的是非矛盾，“处于环中”，以达到“两行”，这样就可以化“畛”为“德”，使矛盾的双方和谐地统一在一起了。

既然“八畛”可化为“八德”，可通过“寓诸庸”的方式将“畛”化为无形无界，化为“德”，那么，具体来说又当如何付诸现实呢？庄子主张“存而不论”“论而不议”“议而不辩”，用这样的方法来看待历史，看待万物，看待一切是非物论。这样就会排除对立，将一切矛盾都化在和谐的境界之中。然而，并非所有人都可以或者说都愿意接受这样的方法。所以庄子说，众人“分”，而圣人“不分”；众人“辩”，而圣人“不辩”。圣人与众人最根本的不同，就在于“众人”面对八畛，非但不能“怀之”，反而热衷于“辩之以相示”，喜欢自以为是地争辩。而圣人却可以以一种博大的胸怀去包容一切，对一切采取一种默认的态度，唯其如此，圣人才可以以“德”化“畛”，化“畛”为“德”。

庄子说

夫大道不称[1]，大辩不言，大仁不仁，大廉不嗛[2]，大勇不忮[3]。道昭而不道[4]，言辩而不及，仁常而不成[5]，廉清而不信，勇忮而不成。五者园而几向方矣[6]。

故知止其所不知，至矣。孰知不言之辩，不道之道？若有能知，此之谓天府[7]。注焉而不满[8]，酌焉而不竭[9]，而不知其所由来，此之谓葆光[10]。

【简注】

[1] 称：叙说，陈述。

[2] 嗛（qiān）：谦，谦逊。

[3] 忮（zhì）：暴力。

[4] 昭：彰显。

[5] 成：成就。

[6] 园：即圆，与“环中”“寓诸庸”意思相似。

[7] 天府：自然之府。

[8] 注：注入。

[9] 酌：舀取。竭：尽。

[10] 葆光：隐藏的光明。

【今译】

大道从不张扬，大辩不需要去争论，大仁不炫耀自己仁爱，大廉不自称廉洁，大勇不用暴力。彰显给人看的“道”不是真正的“道”，争辩之言必定有所不及，仁爱常施就会有所不周，过于清廉就失去了真实可信，勇到暴力伤人就不会成功。以“五者”（道、言、仁、廉、勇）为“圆”而居于其中，就接近于“道”了。

人能在自己不可知的知识前止步，这就是智者的最高境界。谁又能懂得不用语言的辩论，不张扬的道呢？如果有人能懂得这些，这就可以称为如天一样大的府库。无论注入多少东西也不会漫溢，无论撷取多少东西也不会枯竭，没有人知道它的源泉在哪里，这就叫作隐藏着的光明。

【说庄子】

庄子一向低调，厌恶自我标榜。这里他虽借用了人们耳熟能详的道德观念，却赋予了全新的内涵。他说，大道总是默默的，从不张扬；真正的论辩，无需通过言论；最大的仁爱不会炫耀自己的仁爱；最廉洁的人从不自称廉洁；而大勇之人更不会使用暴力来展示其勇。他还说，不称“道”就能让人明白“道”，不辩就能让人知其“言”，不示仁就可以仁及天下，不展“嗛”就能让人了解其廉洁，不现“忮”而使人知其勇力，这才是圣人之所为。

从上文的“六合之外，圣人存而不论；六合之内，圣人论而不议。春秋经世先王之志，圣人议而不辩”，到

“大道不称，大辩不言，大仁不仁，大廉不嗛，大勇不忮”，不难看出，每当庄子谈到现实社会中存在的具体问题时，走的都是“寓诸庸”的路子。所谓“寓诸庸”，换句话说就是“中庸”。而“中庸”恰恰也是孔子的主张。由此，我们是不是多多少少可以看出庄子对孔子思想的借鉴？

在这一段中，庄子还提出了人在知识面前应具有的态度，那就是“知止其所不知，至矣”。知就是知，不知就是不知。这句话可以视为“吾生也有涯，而知也无涯。以有涯随无涯，殆已；已而为知者，殆而已矣”的补充，强调了人只有能在自己不可知的“知”前止步，才是智者最高的境界。假如能够真的做到这一点，其心胸便可与圣人有一比了。用庄子的话说，那心胸广阔得就像是“天府”，无论注入多少东西也不会漫溢，无论撷取多少东西也不会枯竭，没有人知道它的源泉在哪里，连自己都不知道自己这样博大的胸襟是从何而来的！

庄子说

故昔者尧问于舜曰[1]：“我欲伐宗、脍、胥敖[2]，南面而不释然[3]。其故何也？”

舜曰：“夫三子者[4]，犹存乎蓬艾之间[5]。若不释然[6]，何哉？昔者十日并出，万物皆照，而况德之进乎日者乎[7]！”

【简注】

[1] 故：发语词，承上文“天府”“葆光”。

［2］宗、脍、胥敖：尧时的三个小国。《人间世》中亦有尧攻打胥敖之事。

［3］南面：指居于君王之位。不释然：形容内心纠结。

［4］三子：指宗、脍、胥敖三国君主。

［5］蓬艾之间：形容宗、脍、胥敖三国位于偏远之地。

［6］若：你，指尧。

［7］进：意为“过”，超过。

【今译】

尧问舜道：“我欲讨伐宗、脍、胥敖三国，但每当在朝堂上，内心都很纠结。这是什么原因呢？”

舜回答说：“这三个小国的君主地处偏远，犹如生活在蓬草之间。对他们，你还有什么放不下的呢？过去曾有十个太阳并出，普照万物，何况今天你的德的光芒早已超越了太阳呢！”

【说庄子】

庄子在谈论圣人与众人区别时说，圣人的胸怀如同大海，装得下天地宇宙，更何况人世间的种种不同了。可见圣人是道的化身。因此，圣人不会像众人那样，热衷于“辩”，热衷于“言”，热衷于高调行事，而是在不辩不言的和谐境界中包容一切。

在庄子心目中，唯一能与圣人联系在一起的只有尧。于是我们看到《逍遥游》中庄子讲了一个“尧让天下于许由”的故事，来阐释何谓“圣人无名”。按照庄子的标准，最接近“圣人无名”的君主就是尧了。在“让天下”的故事中，尧仅仅是感觉到头上那顶“帽子”有些累赘，为自己徒有其名而惴惴不安，因此一心想让“名”于许由。那时节的尧距离“圣人无名”的“圣人”应该还差着老大一截呢。

尧与圣人究竟差在哪里了呢？

尧对是否要讨伐三个边远小国而迟疑不定这件事，就像镜子一样照出了尧与圣人的差距。这时的尧仍然是那个心怀“治天下之民，平海内之政”的君主，并不具有“天府”般的胸怀，他对疆土之界、帝王之事仍然没有脱离“有左，有右；有伦，有义；有分，有辩；有竞，有争”的思维定势，他那“不释然”的烦恼，也正是心中“无名”与“名”相互博弈的体现。

舜以太阳的光芒比喻尧之德，无疑包含了舜对尧的赞美，但言外之意还是很耐人寻味的。倘若尧之德已经如“十日并出”，普照万物，自然也能照到“蓬艾之间”的三个小国。这样的话，尧为什么还要大动干戈？为什么不拿出“注焉而不满，酌焉而不竭”的圣人胸怀来呢？况且这其中不管有什么是非曲直，大小彼此，任何“不释然”的内心波动都是“劳神明为一，而不知其同也”，并非圣人所为。事实上，“十日并出”的神话在先秦时流传甚广，带来的是“民无所食”的巨大灾害，而“德之进乎日者”给“民”所带来的灾难，恐怕更甚于“十日并出”吧！可见“德之进乎日者”不但与“葆光”背道而驰，而且也陷入了“滑疑之耀”的套路。

这段有关尧欲征讨边远小国的记述，似乎很有些突兀，与上下文的关系也不是那么自然而然。但假如我们倒回去看，不难发现这一段实际是扣着前一段中有关“圣人”的议论而来的。前面，庄子说圣人对“六合之外”的事，“存而不论”；对“六合之内”的事，“论而不议”；而对“春秋经世先王之志”等，则“议而不辩”。并且说，“故分也者，有不分也；辩也者，有不辩也”，原因就在于“圣人怀之，众人辩之”。由此可知，庄子写尧的“不释然”，写他对“不释然”产生的缘由提出疑问，一方面是讲解对历史记载应当如何“议而不辩”，另一方面也指出尧的疑问并不在于解释或证实攻打宗、脍、胥敖三国的必要性与正义性，而在于内省自己的“不知”，呼应前段中的“知止其所不知，至矣”。

庄子说

啮缺问乎王倪曰[1]:“子知物之所同是乎[2]?”

曰:“吾恶乎知之[3]!”

“子知子之所不知邪?”

曰:“吾恶乎知之!”

“然则物无知邪?”

曰:“吾恶乎知之!”

【简注】

[1] 啮（niè）缺、王倪：两人在《庄子》中多次出现。大多注《庄》者认为他们是寓言人物，但由于《庄子》内、外、杂篇并非出自一人一时，啮缺、王倪极有可能与接舆一样都是当时著名的隐者。

[2] 同是：共同认可的标准。

[3] 恶乎：怎么。

【今译】

啮缺问王倪："世上有没有一个衡量万物的标准？"

王倪回答说："我怎么知道。"

啮缺又问："你知道你所不知道的事吗？"

王倪又回答说："我怎么知道。"

啮缺再次发问："那我们无法了解万物，是吗？"

王倪回答："我怎么知道。"

【说庄子】

据说"一问三不知"这个成语出自《左传·鲁哀公二十七年》，说的是荀寅在对战况的开始、发展、结果"三不知"的情况下，便把自己道听途说得来的消息汇报给主将，结果挨了骂的事。《左传》中虽然明确用了"三不知"三字，可这"一问"却不见踪迹。而且"三不知"只是荀寅的自省之言，并非回答谁的问题，这样来看，把"一问三不知"的版权归于《左传》的确可以商榷。

而《齐物论》这段，啮缺一共发了"三问"，可这"三问"围绕着的是一个问题的三个方面，视为"一问"也未尝不可。而王倪却是实实在在地回答了三个"不知道"。两相比较，要说"一问三不知"这个成语出自《庄子》应该也是板上钉钉的事。当然，假如庄子在天有知，知道我们在为他争一个成语发明权，肯定会嗤之以鼻的。我们尊敬的庄老先生连"名""功""己"都统统不要，哪会在乎一个成语的发明权呢？

啮缺与王倪"一问三不知"的对话，承前段"孰知不言之辩，不道之道？若有能知，此之谓天府"的思路而来，目的是进一步阐发何为“知”，如何“知”，以及是否有可作为共同标准的“知”。

啮缺字面上是“三问”，实际上就是一问，那就是万物各异，人究竟应该怎样去认识万物，是不是存在着一个可以衡量万物的共同标准？王倪的回答“我怎么知道”口气上是反问句，其实就是否定句，王倪不是真的不知道，而是用这样的方式把啮缺的问题全给否定了。字面上，王倪否定的是天下万物有共同的判断标准，实际上否定了判断是非标准的存在。这样说，是为“天地与我并生，而万物与我为一”的齐同万物思想的论说进行铺垫。所以这三个连用的“吾恶乎知之”，其实已经明确作出了回答。这就是所谓“不知之知”。结合前面提到的八“畛”，即“左、右、伦、义、分、辩、竞、争”，既然这些早已有了共识的观念都不能成为判断是非的共同标准，也就是“物之所同是”，遑论其他？

庄子说

虽然，尝试言之[1]。庸讵知吾所谓知之非不知邪[2]？庸讵知吾所谓不知之非知邪？且吾尝试问乎女[3]：民湿寝则腰疾偏死[4]，鳅然乎哉？木处则惴慄恂惧[5]，猨猴然乎哉？三者孰知正处？民食刍豢[6]，麋鹿食荐[7]，蝍蛆甘带[8]，鸱鸦耆鼠[9]，四者孰知正味？猨猵狙以为雌[10]，麋与鹿交，鳅与鱼游。毛嫱丽姬[11]，人之所美也；鱼见之深入，鸟见之高飞，麋鹿见之决骤[12]。四者孰知天下之正色哉？

【简注】

[1] 之：指啮缺的问题。

[2] 庸讵：怎么，如何。

[3] 女：汝，你。

[4] 湿寝：睡在潮湿的地方。偏死：偏瘫。

[5] 木处：站在很高的树上。惴慄恂惧：形容十分恐惧的样子。

[6] 刍豢：人饲养的动物。

[7] 薦：草。

[8] 蝍蛆：蜈蚣。甘带：以小蛇类动物为美味。带：小蛇。

[9] 鸱：猫头鹰。耆（shì）：嗜，爱好。

[10] 猵狙：猿类动物。

[11] 毛嫱、丽姬：古代美女。

[12] 决骤：迅速逃走。

【今译】

虽然我说“我怎么知道呢”，但我还是尝试着跟你谈谈。你怎么知道我所说的“知”不是“不知”，我所说的“不知”不是“知”呢？人睡在潮湿的地方会得各种疾病，甚至半身不遂，但泥鳅也会这样吗？人站在高高的树上会恐惧不安，可是猿猴会不会有这样的感觉？在这三者之间，究竟哪一个可作为评判舒适住所的标准呢？人食肉，麋鹿吃草，蜈蚣以蛇为美食，猫头鹰、乌鸦则爱吃鼠，在这四者中，又以哪种口味作为判断美味的标准？麋与鹿可以交配，泥鳅与鱼生活在一起；世人都认为毛嫱与丽姬为美女，可是鱼类见到她们立刻潜入水底，鸟类见到她们马上远走高飞，麋鹿看见她们则迅速逃离，在这四者之中，究竟以谁的观念作为判断美丑的标准呢？

【说庄子】

万物究竟有没有一个共同的是非评判标准，也就是所谓“物之所同是”？王倪虽然这么干脆地来了个“一问三不知”，还接连说了几个“我怎么知道呢”，可憋了半天，最后还是没憋住，站了出来要就这个问题说道说道了。于是，便有了“虽然，尝试言之”的开场白。

对于这样形而上的问题，庄子早已用高度思辨的语言论说过了。既然现在要借啮缺与王倪的对话来作进一步的说明，最好的例证莫过于引用日常生活中最常见最易理解的自然现象了。智慧的庄子果然不管说什么，都可以左右逢源，什么泥鳅、猿猴、麋鹿、蜈蚣、猫头鹰、乌鸦，统统被他信手拈来，从万物住所的不同、食物的不同以及对美色认知的不同三个方面，来证明世上原本就没有所谓“同是”的“知”，没有一个可以为所有人、所有物所认同、接受的绝对标准。

人睡在潮湿的地方会生病，泥鳅却不会；人站高了就感到恐惧，猴子却不这样。可见在现实生活中，人与“物”的立场不同，需求不同，本性不同，对是非的判断也就必然不同。如果只是凭着一方的感受，就做出是非善恶的判断，一定不是世界的真相！

住所如此，饮食也同样。不但人与动物的食物不同，就是有着相同生存需求的人，虽说是“口之于味，有同嗜焉”（《孟子·告子上》），也没有共同的标准。不然的话，“南甜北咸东辣西酸”又从何谈起呢！

审美标准就更是了。唐代美女，今人未必以为然；西方人眼中的东方美女，东方人并不一定认同。即便是同种同族同时代，还可以“情人眼里出西施”呢，这要是争辩起来，双方就是打个头破血流，也不可能争出个是非标准来。更不要说水中游的、天上飞的、地上跑的，见到绝世美女毛嫱丽姬，非但不会欣赏，反而会吓得立马远远躲开。

总之，庄子用令人信服的证据说明万物没有所谓的“所同是”，否定了将万物划分成三六九等，近此疏彼，贵彼贱此的所谓“标准”，指出万物之间并没有什么不同，问题只是出在了人身上，是人将万物功利化、利害化了，才偏离了“举莛与楹，厉与西施，恢恑憰怪，道通为一”的世界本质。

庄子说

自我观之，仁义之端[1]，是非之涂，樊然殽乱[2]。吾恶能知其辩！

【简注】

[1] 端：极端。

[2] 樊然：杂乱。殽：即“淆”，混杂。

【今译】

从我的角度来看，仁义的极端，是产生是非的途径，处处混乱繁杂。我又怎么能够知道孰是孰非呢？

【说庄子】

这一段话历来被视为《庄子》内篇抨击儒家“仁义”观念最为激烈的言辞，也被视为庄子与儒家势不两立的重要证据之一。

这个看法最早应该出自于司马迁。司马迁曾见到十余万字的《庄子》，他认为庄子思想源于老子，并举出《庄子》中的《渔父》《盗跖》《胠箧》为例，说庄子“诋訿孔子之徒”，并说庄子“善属书离辞，指事类情，用剽剥儒墨”（《史记·老庄列传》）。司马迁的这两个看法对后世影响极大，直到宋代苏轼《庄子祠堂记》才对庄子是否反孔提出了质疑。

司马迁用来作为证据的那三篇文章已经被大多数学者证明并非出自庄子之手。所以以此证明庄子反孔自然是站不住脚的。而且，司马迁明确说庄子非议、毁谤“孔子之徒”，而不是孔子本人。那么，出自庄子之手的这几句锋芒毕露的话又当如何解释呢？

对这个问题，我们可以从两个方面来看。

一方面，是从历史背景来看。所谓“仁义之端”的“端”，指的是事物的一端，也就是到了头的意思，这里可解作“极端”。从孔子时代到庄子时代已经过去了二百多年。孔子的“仁义”学说经过其弟子后学以及后世儒家学派的修正与发展，距离孔子思想越来越远。到了庄子时代，儒家的“仁义”学说甚至成为儒士走上仕途的一块敲门砖，其中添加了很多现实需要而原本不是孔子思想的东西。庄子说“仁义之端，是非之涂”，并不是说“仁义”就是是非，而是与司马迁所说的非议“孔子之徒”相似，是针对儒家后学把“仁义”之说搅入“是非”之争而言的。庄子分明说过“大仁不仁”“大勇不忮”，认为“大仁”呈现出来的“仁”才是真正的“仁”，而儒家后学整天挂在嘴边的“仁”并不是真正的“仁”。同样，“大勇”呈现出来的“勇”才是真正的“义”，自我标榜的“义”不是真正的“义”。庄子看到的是将“仁义”当作敲门砖或在“仁义”中夹带私货的人，他们所鼓吹的“仁义”混淆了人们的视听，搅起了是非之争，造成社会的混乱。所以说，“仁义之端，是非之涂，樊然殽乱”是庄子对走到极端的“仁义”的批驳，并非针对孔子的“仁义”学说。

另一方面，应当从“物之所同是”的论说角度来看。“自我观之，仁义之端，是非之涂，樊然殽乱”，如同“民湿寝则腰疾偏死，鳅然乎哉？木处则惴慄恂惧，猿猴然乎哉”等例证一样，这里的“我”，可以指王倪，也可以指王倪所举诸多例子中的人、泥鳅、猿猴、麋鹿、蜈蚣、猫头鹰、乌鸦等等，强调的是假如从“我”的立场看问题，“仁义之端”就是“是非之涂”，是造成社会混乱的根源。可见王倪的“吾恶能知其辩”一句，正是对世上万物不可能有一个公认的判断是非的标准的结语，说明“物之所同是”的论点本身经不起深究，是不可能的。这就是说，站在不同的立场、不同的角度看问题，自然会得出不同的结论。这也是庄子提出“仁义之端，是非之涂”的又一用意。

这也是为什么庄子一再强调对各种各样的是非之争，各种各样的看法，无论与自己的看法相同或不同，都要“怀之”；自己看问题的时候，应该取一条中间的道路，即

“寓诸庸”。如今，在我们每个人都面临着极大生活工作压力的情况下，听听庄子的劝诫，是不是也会感到释然，感到心胸宽广了许多？

这时再回过头来琢磨庄子的这几句话，你还认为庄子是在骂孔子、骂仁义吗？

庄子说

啮缺曰：“子不知利害，则至人固不知利害乎？”

王倪曰：“至人神矣！大泽焚而不能热[1]，河汉沍而不能寒[2]，疾雷破山飘风振海而不能惊。若然者，乘云气，骑日月，而游乎四海之外。死生无变于己，而况利害之端乎！”

【简注】

[1] 大泽：山泽，山林。焚：燃烧。

[2] 河汉：黄河、汉水，这里泛指江河。沍（hù）：封冻。

【今译】

啮缺说：“你不明白利害，难道至人也不明白利害吗？”

王倪说：“至人是常人所无法理解的，天气热到山林焚烧，至人不觉得热。江河湖泊封冻，至人不觉得冷。即便雷霆劈开山岳，飓风掀起滔天巨浪，至人仍可无动于衷。这样的人，乘云气，驾飞龙，游于四海之外。生死的变化都不能对至人产生任何影响，何况利害呢！”

【说庄子】

庄子在《逍遥游》中推出了三种逍遥游者，至人在前，神人居中，圣人殿后，但在解释怎样才是“无己”“无功”“无名”时却又将圣人排在最前面，神人依旧居中，而至人却殿了后。这是为什么呢？这实在是因为“无己”的“至人”是庄子格外关注、给予最大同情的一个群体。清代胡文英说庄子“眼极冷，心肠极热”(《庄子独见》)，这“冷”说的是庄子看透了这个社会，而“热”说的就是庄子对至人的关切了。而“无己”的“己”又被庄子视为修德进入逍遥游道路上的最大障碍，所以庄子在对至人的论述上花费的笔墨也最多。自《齐物论》南郭子綦“吾丧我”开始，庄子说的“丧我”“成心”“真君”“真宰”等等，其实都是围绕着如何“无己”二字展开的，只不过称谓不同而已。

换一个角度看《齐物论》，无论是齐论还是齐物，实际上齐的都是人“心”，齐的是人心中那个“己”字。沿着这条线索读《齐物论》，就不难发现，人们的是非之争来自“己”，将人与物分为三六九等来自“己”，物的不齐还是来自“己”。王倪举了一大串例子说万物没有一个共同的标准，其实仍然在说人心中的“己”如何导致了人们对所谓共同标准的争执。也正因此，才引出了有关至人的这一段问答。

很多人读到《齐物论》的这一段都不免感到疑惑：为什么庄子在旁征博引阐发了“天地与我并生，而万物与我为一”之后会突然插入“至人神矣”一段？其实，庄子从《齐物论》一开篇就一直在说“己”给人带来的灾难与“无己”给人带来的平静愉悦。就是王倪为啮缺讲的许多“物无同是”的例子，也都与“至人”密切相关，这也是为什么啮缺会突然冒出“子不知利害，则至人固不知利害乎”这么一句来。

至人“丧我”之后，外形如槁木，内心则如死灰。多么地形象！这如同“死灰”之心能“死”到什么程度呢？那就是“大泽焚而不能热，河汉沍而不能寒，疾雷破山飘风振海而不能惊”。这么说，当然是极度夸张的。至人并没有金刚不坏之身，不可能真的置身于水火之中还无动于衷，但因为心死如灰，对外界的一切就都可以置若罔闻了。这才是至人修炼到的最高的心灵境界，也是精神的魅力！

庄子《逍遥游》中有一段名句，就是“若夫乘天地之正，而御六气之辩，以游无穷者，彼且恶乎待哉！故曰：至人无己，神人无功，圣人无名”。说至人、神人、圣人三种人达到逍遥游世界的途径有所不同，但所能达到的境界与人格特征都是一样的。为什么在《齐物论》中庄子还要单拎出至人来说上一大通呢？

我们说过，“圣人无名”是圣人有名而不以名为名，“神人无功”是神人有功而不以功为功。相比较而言，至人既无名也无功，有的只是心中那个“己”而已，有谁能心中有己却不以己为己？唯有至人！让圣人无名很难，作为君主谁不想青史留名？让神人无功也不易，天下的文人士子哪个不认为建功立业才是天经地义之事？同样，让至人无己也不是随便说说就能做到的，谁心中还没有个“小九九”呢？但庄子偏偏就是这样寄希望于至人的。在庄子看来，如果人人都能闭上嘴，不再关注是非，不再计较利害，不再在意他人的判断，无论发生什么样的巨变都坦然处之，对世界的一切都采取一种“怀之”的姿态，那就能独享思想的自由，就可以“乘云气，骑日月，而游乎四海之外”了！

顺带提一句，庄子在这里描述的是至人所能达到的一种精神境界，可后世的道士们却把这段描述当成了神仙的标配，他们对庄子的曲解也实在是太离谱了。

庄子说

瞿鹊子问乎长梧子曰[1]：“吾闻诸夫子[2]，‘圣人不从事于务[3]，不就利[4]，不违害[5]，不喜求[6]，不缘道[7]；无谓有谓[8]，有谓无谓，而游乎尘垢之外[9]。’夫子以为孟浪之言[10]，而我以为妙道之行也。吾子以为奚若[11]？”

【简注】

[1] 瞿鹊子、长梧子：人名。瞿鹊子疑为孔子弟子。

[2] 夫子：指孔子。

[3] 务：事务。

[4] 就：趋，迎合。

[5] 违：躲避。

[6] 求：索求。

[7] 缘：沿着，这里意为拘泥。

[8] 谓：指各种说辞。

[9] 尘垢：指人世间的各种俗务。

[10] 孟浪：荒诞不经，不着边际。

[11] 奚若：怎么样。

【今译】

瞿鹊子问长梧子说："我听孔夫子说，'圣人不努力去做人间的什么事，不追求利益，也不躲避危害，不喜欢索求，不拘泥于道，没有说出自己的看法又好像说了，说出了自己的看法又好像没有说，而心却游于人世之外。'孔夫子认为这都是荒诞无稽之谈，可我却觉得这正是妙道的体现。你认为怎么样？"

【说庄子】

这一段话虽然是通过瞿鹊子之口转述的，但其中体现的却是庄子的"圣人观"。

先秦时期，"圣人"几乎是各个流派都推崇的理想人物。不但孔子、墨子、孟子、荀子、管子、韩非子等都反复地谈论圣人，道家代表人物老子、庄子也曾几十次地提到圣人。尽管各家都采用了"圣人"这个名称，但各家"圣人"的面貌、内容却有着天壤之别。

圣人的形象贯穿于《庄子》内篇。庄子在《逍遥游》提出"圣人无名"之后，在《齐物论》中更多次谈论"圣人"。在说到"物"与是非彼此的看法时，庄子认为只有圣人才可以看到同一事物的两面，可以站在"道枢"的立场，对世间一切采取"休乎天钧"的"两行"态度。在对待历史问题上，庄子说圣人对"六合之外"的事"存而不论"，"六合之内，圣人论而不议。春秋经世先王之志，圣人议而不辩"。对有争议的事物，圣人总是"怀之"，或者站在"寓诸庸"的"中枢"立场上。总而言之，在庄子的笔下，圣人有着“注焉而不满，酌焉而不竭”的“天府”般的胸怀。

然而，作为君主的“圣人”在现实社会中又该是怎样的呢？这一段集中回答了圣人在现实社会中的作为。首先庄子说圣人“不从事于务”，但这并不是说圣人不做事，而是说圣人从来不刻意地去做什么，总是以“无名”的心态去做自己应该做的事。而要做事，就必然遇到“利害”，众人往往是“就利”而“违害”，可圣人却不追求利，遇到危害则坦然面对，绝不逃避。圣人还能“求”，却又不喜好索求。庄子还说圣人与众最大的不同是“游乎尘垢之外”，其内心世界早已超越于世俗之外，游于“逍遥游”的境界了。

这段话中有一句话有必要特别解释一下，就是圣人“不缘道”一句究竟是什么意思。所谓“不缘道”，是不是说圣人可以离“道”、叛“道”呢？

当然不是。天下万物都是道不同形式的体现，得了道的圣人也不例外。既然圣人的所作所为都是道的体现，为什么还要“缘道”？如果圣人做任何事，都需要时时检查是否合乎于道，那就不是圣人了。我们知道圣人已经“游乎尘垢之外”了，这样的人自然也就不需要再去刻意“缘道”！

既然“道”决定了圣人做任何事都会站在“寓诸庸”的立场，那为什么庄子在论述圣人时却接连说了一大串的“不”呢？

读这一段时，我们很难不联想到刚刚读过的另一串“不”字：“大道不称，大辩不言，大仁不仁，大廉不嗛，大勇不忮”，这五个“不”与“圣人不从事于务，不就利，不违害，不喜求，不缘道；无谓有谓，有谓无谓”的五个“不”外加两个“无”放在一起，是不是很有一种警醒感？显然圣人不仅在抽象的理论层次上得以“寓诸庸”，而且在具体实践中也采取了“寓诸庸”的立场。庄子之所以用了这么多的“不”字、“无”字，只是因为人们心中原本存在的道早已被“小成”“荣华”所遮蔽，唯有圣人身上显示的与芸芸众生的诸多不同，或许才能让人猛然惊醒！

庄子的“寓诸庸”貌似儒家的“中庸”，但儒家的“中庸”是人为定出来的规矩，要人做事时既不能“左”，亦不能“右”，要走在“八畛”中间，不偏不离，而庄子的“寓诸庸”是化“八畛”为“八德”，调和彼此间的矛盾，使之不再对立。同时，庄子的“寓诸庸”是融化在人的血液中的，已经成为人一种自然而然的本能；而儒家的“中庸”却是要人小心翼翼地遵循“中庸”之道。两者之间有着质的不同。难怪孔子说这样对圣人的描述纯粹是“孟浪之言”，荒诞不经。不过，儒家的圣人也是要“治四海之民，平天下之政”的，与庄子理想社会的“使物不疵疠而年谷熟”有相同之处。就这一点来说，庄子并不完全否定儒家的圣人，儒家的圣人只要忘了那个“名”，走出这一步，那就是庄子理想的“圣人无名”的圣人。从某种意义上说，庄子的圣人比孔子儒家的圣人门槛儿要高得多，可是也率性得多，逍遥得多，不是吗？

长梧子曰:“是黄帝之所听荧也[1],而丘也何足以知之[2]!且女亦大早计[3],见卵而求时夜[4],见弹而求鸮炙[5]。

予尝为女妄言之[6],女以妄听之。奚旁日月[7],挟宇宙[8]?为其脗合[9],置其滑涽[10],以隶相尊[11]。众人役役[12],圣人愚芚[13],参万岁而一成纯[14]。万物尽然,而以是相蕴[15]。

【简注】

[1]黄帝:泛指古代圣王。听:考察。荧:疑惑。

[2]丘:孔子,名丘。

[3]大早计:意为操之过急。大:太。

[4]卵:鸡蛋。时夜:报晓的公鸡。

[5]弹:射鸟用的弹丸。鸮:一种像斑鸠的鸟,其肉为美食。炙:烧烤。

[6]妄言:谬言,意思是随便说说。

[7]奚:为什么,如何。

[8]挟:怀藏。

[9]脗(wěn)合:吻合,合为一体。脗:没有分别的样子。

[10]置:任凭。滑:混乱。涽(hūn):昏暗。

[11]隶:地位低贱之人。

[12]役役:劳役忙碌。

[13]愚芚(chūn):无知愚钝。

[14]参:意为糅合一起。万岁:万年。纯:纯粹,精纯。

[15]相蕴:相互蕴含。

【今译】

长梧子说：“连三皇五帝听了这样的话都会感到疑惑，孔子又怎么会理解呢！况且你也太操之过急了。这就像你刚见到鸡蛋，立刻就想得到报晓的公鸡；刚刚见到弹丸，就想马上吃到烤好的美味一样。

现在我就姑妄言之，你姑妄听之。圣人为什么能与日月同辉，胸中装得下宇宙天地？是因为圣人将自己与宇宙万物合为一体。天下有万物，有各种纷乱不一的言论，但圣人可以将这一切包容于胸中，而且不分人世间的尊贵卑贱，统统视之为一。世上众人一生都在劳碌，圣人看似无知愚钝，胸中却装得下上下古今，能将上下古今与天地万物融合成一体。万物都是一样的，因而互相包容，蕴含于一齐。

【说庄子】

“道”无所谓“妙”，也无所谓“不妙”。道就是道。人一旦对道有了“妙”的念头，道就被蒙上了帐幔，圣人也就不再是“圣人无名”的圣人了。瞿鹊子所谓“夫子以为孟浪之言，而我以为妙道之行也”，只不过表达了他“久在樊笼中”初次听到这种独特行为方式后的歆羡。实际上瞿鹊子并不了解圣人，他对圣人的理解仅是皮毛，远远谈不上对道的认识，可他却忍不住要出来“辨之”。在长梧子看来，这就像是“见卵而求时夜，见弹而求鸮炙”一样可笑。

《齐物论》从“夫道未始有封，言未始有常”开始，一直在说圣人当如何以“寓诸庸”的立场看待争辩不休的物论。到这一段，可以说庄子已经基本完成了对圣人的详尽论述。一个“圣人无名”的圣人形象已经完整地立在了读者面前。

不过，回顾《齐物论》中有关圣人的论述，总会有一个绕不开的疑问，这就是为什么庄子要再插入一段尧对攻打三个边远小国感到“不释然”的叙述。此刻的尧仍纠缠于名利之中，与“圣人无名”的圣人又有什么关系呢？

如果把这段叙述放到内篇特别是《逍遥游》与《齐物论》对“圣人”的论述背景中去，可以说庄子是刻意用这一段对儒家最完美的圣人与“圣人无名”的圣人作一番比较。字面上看，舜说尧的德“进乎日”，与长梧子说圣人“旁日月”确实有相似之处，但庄子说圣人与日月同辉，强调的是圣人与日月之辉融为了一体，与圣人胸中拥有整个宇宙，与宇宙相合为一同义，而不仅仅限于儒家圣人如“时雨”、如“日月”的“德”如何惠及天下这一层含义。所以像尧所盘算的是否要攻打那三个边远小国这样的君王之事，庄子的圣人是根本连这样的念头也不会有的。这就是儒家圣人尧与庄子“圣人无名”之圣人间的差距。

同时，尧的故事也为这一段长梧子与瞿鹊子的对话作了铺垫。尧被视为儒家圣人是因为他做的都是关乎国计民生的事，而庄子“圣人无名”的圣人同样也并不仅仅游乎尘垢之外，“旁日月，挟宇宙”，也做君主之事。但与尧最大的不同在于，庄子圣人奉行的是“不就利，不违害，不喜求，不缘道；无谓有谓，有谓无谓”，一切都在自然中发生，在自然中进行，一切顺从自然，因此也就从来不会有“不释然”的时刻。而且，庄子圣人待人、待物完全没有高低贵贱之分，一视同仁，万物一齐。这恐怕也是尧这位儒家圣人望尘莫及的。

有意思的是，先秦诸子几乎人人都谈圣人，但出人意想的是，圣人出现频率最高的竟然是《庄子》！内篇中，至人出现过八次，神人四次，圣人却高达近三十次。而且，每当写到“圣人无名”的圣人，一向对现实社会冷眼相向的庄子总是难掩内心深处的激情。问题是为什么庄子如此醉心“圣人”？只要我们将《庄子》内篇中谈及圣人的全部文字都放到一起，就不难看出庄子的圣人胸中装的并非自己的那点儿权力，也不是自己头顶上的那点儿名，而是宇宙天下，是所有的人。当庄子按照“圣人无名”的标准在人世间寻找这样的圣人的时候，他意识到，只有儒家标举的圣人尧与他“圣人无名”的圣人距离相对最近。所以在《逍遥游》中，庄子充分肯定了尧治理天下的功绩：“治天下之民，平海内之政”，使四海晏然，这不正是有时吃不上饭、饿着肚子借粮还要受奚落的庄子（《外物》）所希望的太平盛世吗？然而庄子的伟大在于他并不满足于尧式的盛世，他要做的是从人的内心深处、从根本上改变、消除人与人、人与物、物与物之间这种种不“齐”、不平的现象。所以庄子认为仅仅有一个尧的太平盛世还不够，还必须忘“名”。庄子所说的忘名并不是尧“让天下于许由”那样的忘名，这样的忘“名”，还免不了为攻打那三个小国而“不释然”，还会出现乱世。只有上了藐姑射之山，“杳然丧其天下”的君主，才能真正成为“圣人无名”式的圣人。这也是为什么庄子在谈及圣人时，常常以尧作为对比。一方面称颂尧的治理，另一方面又指出尧的缺陷与不足。这足以说明，庄子在从根本上否定现实社会的同时，仍把改变这个世界的希望寄托在君主身上。只不过，庄子构想的圣人君主人设要比儒家的尧高许多：“旁日月，挟宇宙，为其脗合，置其滑涽，以隶相尊。众人役役，圣人愚芚，参万岁而一成纯。万物尽然，而以是相蕴。”这，就是庄子理想世界中的君王，是一个视万民与己一“齐”的君王。

庄子说

予恶乎知说生之非惑邪[1]！予恶乎知恶死之非弱丧而不知归者邪[2]！丽之姬[3]，艾封人之子也。晋国之始得之也，涕泣沾襟；及其至于王所，与王同筐床[4]，食刍豢[5]，而后悔其泣也。予恶乎知夫死者不悔其始之蕲生乎[6]！

【简注】

［1］恶乎知：怎么能够知道。说：悦。惑：迷惑，困惑。

［2］弱丧：指年幼背井离乡的人。

［3］丽之姬：即前文丽姬，丽戎国艾地守封疆人之女，古代有名美女，嫁于晋献公。

［4］筐床：方正而安适的床。

［5］刍豢：指牛、羊、犬、猪等家畜。

［6］蕲：祈求。

【今译】

我怎么知道贪生不是人的一种困惑呢？我又怎么知

道恶死不是流落他乡的游子不知返回故乡的心态呢？丽姬是丽戎国艾地守封疆人的女儿。当她被晋国迎娶的时候，泪水湿透了衣襟。但当她住进了晋王的宫殿，与晋王同睡舒适的大床，餐餐美味佳肴，非常后悔当时为什么要哭。我又怎么知道人死后不会后悔当初不该贪恋生呢！

【说庄子】

生与死，可以说是困扰人类的一个最常见、最难解而又最让人恐惧的人生问题。相比较而言，齐论、齐物似乎比齐生死要容易得多。不管怎么说，齐论、齐物都更像纸上谈兵，只有文人士子才对这个话题有兴趣，而齐死生就不一样了。生与死是人人都看得见、体会得到的一种人生经历，生老病死随时随地都在自己、家人、周围人身上发生。要把生死说成一体，说得透彻，还能让人信服，还真是不容易。不过，我们的庄子太知道如何牢牢抓住人心了。当他转入谈论齐生死这个话题的时候，一上来就提出了两个人人都渴望获得答案的问题：我怎么知道贪生不是人的一种困惑呢？我又怎么知道恶死不是流落他乡的游子不知返回故乡的心态呢？

对这样的问题，谁能不关心，不想知道答案？

孟子有辩论高手的美誉，他在论辩时擅长给人下套，让人钻进去就出不来。可跟庄子相比，孟子的论辩技巧终逊一筹，特别像对齐死生这样几乎不可能完满解答的人生难题，庄子居然做到了。庄子本来就是讲故事的行家，这次他讲的是人们耳熟能详的丽姬出嫁的故事。

丽姬是丽戎国被晋国打败后作为战利品送给晋献公

的。她在背井离乡去陌生的晋国的时候，心中充满恐惧悲伤，禁不住涕泪沾襟。万万没有想到，丽姬真的到了晋国，享受的是奢华尊贵，她睡宽敞方正的大床，每天享受美味珍馐，以至于对自己出嫁时悲哀地哭泣感到十分后悔。庄子就这样抓住世俗世界中人们的普遍心态，透过丽姬出嫁前后想法变化的巨大落差，说明人不能预测自己的未来，虽然人对未知的世界会产生莫名的恐惧与担忧，但真正进入未知世界之后，才能产生焉知非福的感受。这就是庄子所说的“予恶乎知夫死者不悔其始之蕲生乎”的含义。

丽姬出嫁前就如同是人的生，而出嫁后就像是人的死。出嫁时丽姬哭湿了的衣衫，就像人多么不想死，多么留恋生！这是人生的常态。然而出嫁后的境遇证实了出嫁时的恐惧完全是庸人自扰。所以庄子才发出了这样的诘问：我怎么知道贪生悦生不是一种困惑？我又怎么知道死后不会后悔当初不该贪生？真是石破天惊！有必要指出，庄子将死说得如此轻松自在，目的不是要人们舍生就死，而是告诉人们不必恐惧死，以至影响生活，所谓“矫枉过正”是也。活，就轻轻松松地活；死，就轻轻松松地死。既然“人生如梦”，那为什么不“视死如归”呢？况且，那还是一个“忘年忘义，振于无竟”没有四时之事的逍遥游世界。

死与生是先秦诸子大都不愿触及的话题。即便被问到，也大都采取回避的态度。例如孔子的弟子问到死的时候，孔子马上一改平日温文尔雅的态度，板起面孔说，连生都还没有搞清楚，怎么能谈论死呢（《论语·先进篇》）。老子更坦直一些，谈死生也谈得相对多一些。老子视生死为一种自然现象，提出了“出生入死”的看法。不过，老子在分析人的死生现象时，注意得更多的还是为什么长寿的人只有十分之三，短命早死的占十分之三，而自己寻死的又占了十分之三，他是在探索人死的原因（《老子》第五十章）。而庄子不同。庄子不但把死视作游子还家，还把死后的生活描述得令人向往，这绝对是对传统死生观的一个彻底颠覆。别看庄子使用的都是问句，那一个个“予恶乎知”实际上都是一个个“我绝对知道”，似乎他刚刚从死亡世界体验了一把死后的愉悦生活。特别是那句“予恶乎知恶死之非弱丧而不知归者邪”，不仅把死后的世界写得十分温馨，而且把人们的怕死比作年幼遭丧乱离家寄居在外的游子不知归乡，直指人们对死的误解。

至此，人们至少已经开始感觉到死并不那么恐惧，怕与不怕，人都得死，与其怕，还不如坦然面对，痛痛快快地死，死后或许还会像丽姬那样为死前的无知感到后悔。当然，仅仅是一个丽姬的故事、一个弱丧不知归乡的比喻，还无法让人彻底相信死生一齐，死是生的继续。那么，除此之外，庄子还能以什么论据进一步齐死生，令人彻底相信死是生的继续呢？

庄子说

梦饮酒者，旦而哭泣[1]；梦哭泣者，旦而田猎[2]。方其梦也，不知其梦也。梦之中又占其梦焉，觉而后知其梦也[3]。且有大觉而后知此其大梦也[4]，而愚者自以为觉，窃窃然知之[5]。君乎[6]，牧乎[7]，固哉[8]！丘也与女[9]，皆梦也；予谓女梦，亦梦也。是其言也[10]，其名为吊诡[11]。万世之后而一遇大圣，知其解者，是旦暮遇之也。

【简注】

[1] 旦：早上醒来。

[2] 田猎：打猎。

[3] 觉：醒。

[4] 大觉：指得道觉悟。

[5] 窃窃然：明察的样子。

[6] 君：君主，指高贵者。

[7] 牧：放牧之人，指卑贱者。

[8] 固：固陋，浅陋。

[9] 女：你。

[10] 是其言：这些话。

[11] 吊诡：奇特，怪异。

【今译】

夜里做梦饮酒作乐的人，早上醒来却可能会哭泣；梦中哭泣的人，白天却可能会高高兴兴地出去打猎。在梦中，人们不知道自己是在做梦，而把梦境当成了现实。有时候人还会在梦中梦见自己做梦，甚至请人占卜自己的梦是吉是凶，直到梦醒才知原来都是梦。只有大觉悟的人，才能明白人生是一场大梦，而那些愚昧无知的人却自以为是清醒者，自以为已经洞察一切。不论尊贵者还是卑贱者，在对生死、梦觉这样的问题上都表现出同样的固陋浅薄。孔子还有你与孔子谈论的事，其实都是在做梦啊。现在我跟你谈论梦的事，其实也是一场梦。我说这些话，在世人看来是荒诞不经的。也许要到万世之后偶遇一位‘大圣人’，唯有他才能将其间的道理解释清楚。

【说庄子】

这一段长梧子继续为瞿鹊子讲解生死。

视死如游子归乡也好，以丽姬出嫁前后的变化说明死不足惧甚至可能意味着美好新生活的开始也好，都写得精彩生动，也有相当的说服力，但仍不足以彻底解除人们对死的莫名的困惑与恐惧，特别死后究竟是个什么样子，人死之后要到哪里去，毕竟从来没有人死而复生，没有人可以回答死后的世界是什么样子。要把生死一齐的问题说深说透，庄子得另辟蹊径。

于是，庄子想到了梦与觉这一古代难以解释得清却是人人都熟悉的现象。

先秦时人，还无法科学地理解梦的产生，却有一些人自以为可以解梦，于是冒出了无数的解梦书与占梦师。不管是民间还是朝廷，遇到不寻常的梦，总少不了要请占梦师讲解一番，以占凶吉。梦与现实，展示出了两个十分不同的世界。智慧的庄子从人的这一生理现象中获得了灵感，竟然想出以梦觉来解释生死，这在那个时代，绝对算得上是一个发明。

梦与醒之间，原本是有着清晰的界限的。但是，人在梦中，由于处于一个迷幻恍惚的状态，往往无法分清这一界限，从而颠倒了梦与醒。由此，庄子感受到死生的体验很可能就像梦觉一样，彼此之间并没有一条清晰的界限，就像人在梦中分不清梦与醒一样，人在醒着的时候，也同样分不清醒与梦。有谁可以确切地知道何时是醒，何时是梦？为什么醒不是梦的继续，或者梦是醒的继续？梦究竟是生还是死？而醒又究竟是死还是生？是人经历了死又回到了生的世界，还是人经历了生又回到了死的天地？抑或原本醒是死，而梦才是生，还是原本梦是死，而醒才是生？

醒也罢，梦也罢，生也罢，死也罢，死生梦觉都是人生不可或缺的组成部分。“梦饮酒者，旦而哭泣；梦哭泣者，旦而田猎。”梦与觉或者生与死，究竟哪一个更真实，哪一个更虚幻？抑或两者都真实，两者都虚幻？庄子要告诉我们的就是，死死生生、生生死死，就像是白天与黑夜的循环往复一样，无始无终、永不停息。人们“醒”时所体验到的种种喜怒哀乐，几乎都可以在入梦时重现。在某种程度上，正是梦的不可知性、不确定性，以及梦的难解和虚幻，使庄子从“梦”与“醒”的体验中发现了梦醒与生死之间的相似之处：梦中可以十分快乐而醒来却可能沉浸在悲哀之中，反之亦然。而人的生死，不亦如此？如果生让人感到愉悦，死同样也可以让人感到愉悦；如果死让人感到悲痛，生同样也可以让人感到悲痛。而人之所以痴迷于生，厌恶于死，说到底，是因为“方其梦也，不知其梦也”。

原来，人生不过是一场大梦而已。无论是在梦中畅饮还是痛哭，无论白天是寻欢驰骋田猎还是伤心落泪，甚至不论是与孔子畅谈圣人之所为还是这两位在这里大谈梦与醒，一切的一切都只不过是一场大梦。如果一切都是虚幻的梦，生或死还有什么区别吗？还有什么可值得人痴迷执着的吗？先秦时代，再没有人能像庄子这样坦然地谈死，又坦然地面对死了。他是先秦时唯一的，也是第一个为人解说死，说透死，又能坦然面对死的哲人。

庄子就这样颠覆了世俗的生死观，他的言论必然被认为是“吊诡”，荒诞不经，无法为世俗所理解。对此，庄子自己也预见到了。所以他说也许要到万世之后偶遇一位“大圣人”，唯有他才能将其间的道理解释清楚。庄子相信，这样的“大圣人”迟早会出现在这个世界上。

“人生如梦”这句充满哲理的名言，不但齐了死生两极，而且在中国文学文化史上产生了巨大影响。如果说，中国文学史上有一条“梦文学”长河的话，那么，其源头就在庄子这里。

庄子说

既使我与若辩矣[1]，若胜我，我不若胜[2]，若果是也[3]，我果非也邪？我胜若，若不吾胜，我果是也，而果非也邪[4]？其或是也[5]，其或非也邪？其俱是也[6]，其俱非也邪[7]？我与若不能相知也，则人固受其黮暗[8]，吾谁使正之[9]！使同乎若者正之？既与若同矣，恶能正之[10]！使同乎我者正之？既同乎我矣，恶能正之！使异乎我与若者正之？既异乎我与若矣，恶能正之！使同乎我与若者正之？既同乎我与若矣，恶能正之！然则我与若与人俱不能相知也，而待彼也邪[11]？

【简注】

[1] 若：你。

[2] 不若胜：即不胜若、不胜你。

[3] 果：一定。是：对。

[4] 而：尔，你。

[5] 或：指辩论中的一方。

[6] 俱是：辩论的双方都对。

[7] 俱非：辩论的双方都不对。

[8] 黮暗（tǎn àn）：暗昧不明。

[9] 正：评判。

[10] 恶（wū）：怎么，如何。

[11] 彼：指“道”。

【今译】

假使我与你辩论，你胜了我，我没有胜你，你就一定对，我就一定不对吗？假使我胜了你，你没有胜我，我就一定对，你就一定不对吗？我们两人间是否只有一人对，一人不对呢？还是我们两人都对，或者都不对？我与你彼此之间无法弄清真相，我们两人固然都受到蒙蔽而搞不清楚。我请谁来评判是非呢？请与你看法相同的人来评判，他已经与你相同，又怎么能够评判！请与我看法相同的人来评判？已经与我相同，又怎么能够评判！请与你我看法都不同的人来评判？他既然已经与你我都不同，又怎么能够评判！请与你我看法都相同的人来评判？他既然已经与你我相同，又怎么能够评判！我、你还有其他人都无法得知究竟谁是谁非，这样的话，还可以等待谁呢？

【说庄子】

庄子在这里提出了一个很有意思的问题，那就是评判是非的标准是什么？这个问题与现代人讨论的什么是检验真理的标准是不是很相似？原来，庄子早在两千多年前就接触到这个问题，并意识到这个问题的难解了。

庄子的看法是，对人们争辩的是非而言，在当下是不可能找到一个评判对错的评判者的。无论站在这边还是那边，或者两边都不站，又或者两边都站，只要评判者有自己的看法在，那就不可能得出一个公正的结论。这话把所有的可能性都囊括其中了，貌似很有道理，意思是说辩论的输赢是无法判断的，可实际上，庄子真是这么想的吗？其实，庄子这是在为自己打马虎眼。既然人们的言论都是无法判断的，那谁又能评判庄子的言论？为了避免人们对自己的看法加以评判，惹出又一场“是非”之辩，庄子采取的是先发制人的战术，他的招数是用“是非”本无标准为自己背书。可以说，这一气贯下的“恶能正之”把所有人的嘴都堵得严严实实，再没人可以站出来反驳他“万物一齐”“道通为一”的学说了。

庄子果真也认为其学说是“恶能正之”的吗？不是。庄子说的只是在他生活的时代，他的学说是不会得到他人认同的。但得不到认同或者暂时“恶能正之”并不等于就不是真理，就不是事实的真相。虽然庄子看到自己的学说在当下无解，但他还是把希望寄托在了未来的评判者身上。这位评判者是谁？应该就是“而待彼也邪”中的那个“彼”。

“彼”是谁？不是“我”，不是“你”，也不是“我与若与人俱不能相知”的第三方，而是一个站在既不同于“我”又不异于“我”，既不同于“你”又不异于“你”的独特立场的评判者。这位评判者身处“寓诸庸”的“中枢”，可以站在“道”的立场看待一切。这位评判者只可能是“万世之后而一遇大圣，知其解者，是旦暮遇之也”的“大圣”。也就是说，这位“而待彼也邪”中的“彼”就是“大圣”。

庄子齐论、齐物、齐人、齐死生，在他同时代的人看来无疑是呓语，这也是庄子活着的时候备受冷落的原因之一。他的好友惠子就曾以揶揄的口气说庄子的言论“大而无用，众所同去”；荀子批评庄子“蔽于天而不知人”（《解蔽》），这样的评价都在一定程度上代表了那个时代精英阶层对庄子之“论”的批评。事实上，庄子也并不期望得到同时代人的认可与理解，他屡次说到验证他的理论是否正确需要等“大圣”出现，甚至预见到有可能需要等上“万世”。既然如此，还需要徒劳地去辩、去论吗？这就是为什么庄子只能以姑妄言之，姑妄听之的办法，要人们在无法找到答案或不能验证所立之“论”是否正确的情况下，将问题搁置下来，不必“万窍怒号”，而是等待时间来解决、证实一切眼下解决不了的问题。假如一时一世还是解决不了，那就等二世三世，哪怕是等上“万世”，总有一天会得到正确的解答。

搁置争议，将暂时解决不了的问题留给后人，这是庄子留给我们的一份宝贵遗产，当我们面对无法达成一致的争议时，为什么不双方各退一步，将争议暂时搁置下来，求同存异呢？

何谓和之以天倪[1]？曰：是不是，然不然。是若果是也[2]，则是之异乎不是也亦无辩；然若果然也，则然之异乎不然也亦无辩。化声之相待[3]。若其不相待，和之以天倪，因之以曼衍[4]，所以穷年也。忘年忘义[5]，振于无竟[6]，故寓诸无竟[7]。"

【简注】

[1] 之：指长梧子与瞿鹊子讨论的两个话题。天倪：指"寓诸庸"的是非观。

[2] 若：你。

[3] 化声：化解是非争辩之声。待：等待。

[4] 因：任。曼衍：变化。

[5] 忘年：忘却生死。忘义：忘却是非。

[6] 振：畅。竟：境。

[7] 寓：寄。

【今译】

什么叫做和之以天倪？就是说以'是'调和'不是'，以'然'调和'不然'。'是'假如果真是'是'，那这个'是'一定不同于'不是'，也就无须辩论；'然'假如果真是'然'，那这个'然'一定不同于'不然'，也就无须辩论。化解是非之声以待未来。假如辩论双方不愿等待，在目前情况下，就只能'和之以天倪'，顺从于生死的变化，尽享天年。忘却生死是非观念，以在无穷的境界中畅游，这样，就可以把自己置于无是无非的

‘逍遥游’境界之中了。”

【说庄子】

为什么长梧子与瞿鹊子在讨论圣人与死生一齐、人生如梦的时候，突然冒出来这么一段话？是不是有点儿丈二和尚摸不着头脑的感觉？

不错，这是读《齐物论》的又一个难点。对此，自古以来就有很多种说法，甚至有不少庄子学者认为其中有错简问题，于是重新编排了语句的顺序。可问题是，这一段真的错简了吗？

要真正理解这一段，有几个问题首先需要解决。第一，“和之以天倪”的“之”代指什么？第二，“天倪”是什么意思？第三，怎么理解“化声以相待”？第四，“振于无竟”的“竟”指的究竟是什么？疏通这几个问题之后，我们再来看所谓“错简”之说。

第一就是“和之以天倪”的“之”。长梧子与瞿鹊子重点讨论的问题有两个。其一与“圣人”有关，也就是所谓“圣人不从事于务，不就利，不违害，不喜求，不缘道；无谓有谓，有谓无谓，而游乎尘垢之外”。其二是由“万物尽然，而以是相蕴”引出的有关“人生如梦”的话题：“予恶乎知夫死者不悔其始之蕲生乎？梦饮酒者，旦而哭泣；梦哭泣者，旦而田猎。方其梦也，不知其梦也。梦之中又占其梦焉，觉而后知其梦也。且有大觉而后知此其大梦也”。对这两个问题，庄子说得很清楚：“既使我与若辩矣，若胜我，我不若胜，若果是也，我果非也邪？”也就是说这两个问题都很“吊诡”，没有人能证明孰对孰错。既然现在说不清楚，最好的办法就是“待彼"，也就是等待万世之后那个"大圣"出现，那时再作判断。可见这里的"之"指的是"圣人"与"人生如梦"这两个问题。

第二是"和之以天倪"的"天倪"。这一句的语境其实是很清楚的。庄子上来就说"什么叫做'和之以天倪'"？"和"就是"调和"。而下面一句"是不是，然不然"是对"和之以天倪"的解释。显然"天倪"指的是调和长梧子与瞿鹊子所争论的两个问题的方法，也是调和所有争论的方法。其具体内容就是"是不是，然不然"，也就是庄子一向主张的搁置矛盾、暂且不议的"寓诸庸"方法，站在"中庸"或者"道枢"的立场来对待一切争辩。

第三是"化声之相待"。这个"声"与"和之以天倪"的"之"用法相似，指的是是非争辩之声，也就是对物论是非的看法。具体来说，就是长梧子与瞿鹊子所探讨的两个中心话题："圣人"的特征与死生一齐的"人生如梦"。关于圣人，瞿鹊子与孔子、瞿鹊子与长梧子、长梧子与孔子之间已经发出了不同的声音。在"人生如梦"的问题上，长梧子、瞿鹊子以及其他人的看法也很不相同，更不要说"齐论""齐物"之声了。更何况，庄子"齐死生""人生如梦"本身也是一个极大的是非之"声"。面对这一片争论之声，庄子认为既然当下不可能分辨出真相来，最好就是"相待"，意思是大家都别争了，还是等万世之后的"大圣"吧。故而也才有了"若其不相待，和之以天倪，因之以曼衍，所以穷年也"这样的话。说白了，庄子就是要大家各退一步，从此海阔天空。

第四是“故寓诸无竟”的“竟”。要理解“竟”，必须把这个词放在上下文的语境之中。“故寓诸无竟”的前提是什么？是“忘年忘义”。“忘”与《齐物论》开篇“吾丧我”的“丧”同义。“年”指的是人的寿命，也就是死生；“义”指“是非”。“忘年忘义”是要论辩各方都忘掉死生之虞以及所有的是非之争，这样才能“振于无竟”，畅游于无穷的境界之中。这个无是无非的境界是一种什么样的境界呢？那就是“无声之声”的“天籁”，也就是“乘天地之正，以游无穷的“逍遥游”境界。所以“振于无竟，故寓诸无竟”的“竟”就是无穷尽的“逍遥游”。

“何谓和之以天倪”这一段其实是长梧子为堵住瞿鹊子的嘴而说的。长梧子深知这样的辩论继续下去又只会是一场毫无意义且旷日持久的是非之争。再者，长梧子已经把自己想说的话，都用“姑妄言之”说完，现在到了不给瞿鹊子之流回嘴机会的时候了。所以他说你们愿意辩个不休就接着辩吧，我反正是可以“振于无竟”，要去逍遥了。

至此，你还认为这一段存在着由于错简而造成的语义混乱的问题吗？

庄子说

罔两问景曰[1]：“曩子行[2]，今子止；曩子坐，今子起；何其无特操与[3]？”景曰：“吾有待而然者邪[4]？吾所待又有待而然者邪？吾待蛇蚹蜩翼邪[5]？恶识所以然[6]？恶识所以不然？”

【简注】

[1] 罔两：影子的微影。景：影，影子。

[2] 曩：以前，刚才。

[3] 特操：独特的操守，指影子独立的意志、行为。

[4] 待：依靠。

[5] 蛇蚹：蛇腹下赖以爬行的鳞皮。蜩翼：蝉的翅膀。

[6] 恶识：怎么知道。

【今译】

影子的微影问影子："刚才你行走，现在你停了下来；刚才你坐着，现在你又站了起来，为什么你这样没有独自的操守？"影子回答："我是因为有所依赖才这样的吗？我所依赖的形体又有所依赖才这样的吗？我所依赖的就像蛇行动时依赖腹下的鳞皮、蝉行动时依赖翅膀吗？我怎么知道是这样的？我又怎么知道不是这样的？"

【说庄子】

庄子原本可以从长梧子与瞿鹊子对话中的"化声之相待""忘年忘义，振于无竟"直接"化"到"蝴蝶梦"的恍惚之境中去，与"物化"的主题融为一体，可是为什么又要加入这一段"罔两问景"呢？

《齐物论》的结构颇有些像一部大型音乐作品。万物一齐、"寓诸庸"是整部作品的主旋律，其中又穿插着各段变奏乐章，相互呼应，又相互独立，共同展现着同一个音乐主题。而"罔两问景"这一段就是围绕着"寓诸庸"展开的一段回旋曲。

罔两问影子为什么总是伴随着他人行动，甚至随着他物的消失而消失，丝毫没有自己的操守。影子虽然没有正面回答这个问题，而只是提出了一连串的反问，但其中却透露出了物与物之间存在着这样几层关系：罔两与影子、影子与其所待之形、其所待之形与其所待。影子之所待的是“物”，“物”的“影”产生罔两。而“物”有影子却是由于光的存在。有光，才有影子，才有影子之罔两。无光，影子及罔两就都看不见了。有光是白昼，无光则是黑夜。白昼，影子随物，罔两随影子。黑夜，物、影子与罔两都看不见，但这并不等于它们都不存在。庄子在这里真正要说的是光与物、物与影子、影子与罔两之间的关系，也就是白昼与黑夜、有形与无形之间的关系。而长梧子与瞿鹊子刚刚讨论的梦与醒、生与死，与物与影子与罔两的关系一样，都是一种自然现象，物、影子与罔两都是由于自然的变化而变化，它们的行动都不能以自己的意志为转移。由此来看，任何人都没有必要纠结于死与生的问题，这就像物、影子与罔两，白天与黑夜，梦与醒一样，都是非人力可以改变的。与其纠结于心，于事无补，还不如顺其自然。

罔两指责影子的“何其无特操与”，其实就像瞿鹊子指责长梧子的“和之以天倪”“化声之相待”一样，是因为他们不理解“和之以天倪”“化声之相待”的“寓诸庸”，才是在无法判定孰是孰非的当下能平息各种是非的唯一方法。

理解了罔两与景的意义，我们也就不难看出这段小故事与长梧子的长篇大论以及蝴蝶梦之间的关系了。物与影子、有形与无形之间的差异不就如同白昼与黑夜、梦与觉、死与生之间的差异？

罔两问景的小故事把长梧子“人生如梦”的幻境更向深推进了一步。梦与觉通了死生，可梦依旧是梦，醒也依然是醒，醒与梦就像白昼与黑夜一样泾渭分明。但在罔两问景的故事中，一切都变得模糊不清了，通过那一连串的“待”与“所待”，似乎整个世界都变得恍惚迷离了。人的一生，究竟谁在待谁？死待生还是生待死？谁在前？谁在后？这个过程不正应了庄子有关生命随时处于“方生方死，方死方生”的变化过程？死与生是随着自然的变化而变化的，就像梦与觉，白天与黑夜一样周而复始，循环往复，无始无终，此时称为“生”，彼时称为“死”，其间并不存在实质的不同。对于死与生，就像物与影子一样，相互依存，为什么要分得那么一清二楚呢？

显然，罔两问景的故事在文章结构上，是由死生梦觉的话题转到“蝴蝶梦”描述的过渡，或者说，是将“人生如梦”“死生一齐”的主题推向高潮的一个重要铺垫。清刘凤苞《南华雪心编》说：“末段推倒物之化而为一，无可齐也。借罔两之问，引起庄周之梦，以类相从，幻出一片化境。罔两为影外之影，行坐起止，其理轻微而可征妙道。胡蝶为身外之身，梦境变化，其道融合而全无滞机，归重在‘物化’依据。胡蝶与庄周，意境两不相同。当其觉也，各适其适，固不得谓之无所分。而当其梦为胡蝶之时，则不知蝶之为周，周之为蝶，蝶与周合而为一。”

正是有了罔两问景，最后“蝴蝶梦”的化境高潮才显得更加恍惚迷离，格外令人向往。

庄子说

昔者庄周梦为胡蝶，栩栩然胡蝶也[1]，自喻适志与[2]！不知周也[3]。俄然觉[4]，则蘧蘧然周也[5]。不知周之梦为胡蝶与，胡蝶之梦为周与？周与胡蝶，则必有分矣[6]。此之谓物化[7]。

【简注】

［1］栩栩然：欣然自得、轻快舒畅的样子。

［2］喻：觉得。适志：合乎心意，得意。与：欤。

［3］不知：指忘记。

［4］俄然：顷刻间，一会儿。觉：醒。

［5］蘧蘧然：惊疑惶惑的样子。

［6］分：区分。

［7］物化：物的自然转化。

【今译】

过去庄周梦见自己是一只蝴蝶，蝴蝶翩翩起舞，感到自己所向往的正是这样一种与个人心志完全相适的惬意的境界。在梦中，庄周感觉自己就是一只蝴蝶，完全忘了自己是庄周。突然从梦中醒来，庄周感到惊异惶惑，不知道是庄周梦见自己成了蝴蝶，还是蝴蝶梦见自己成了庄周。庄周和蝴蝶必定是有分别的。这就是所谓的“物化”。

【说庄子】

庄周梦为蝴蝶，蝴蝶梦为庄周。庄周不知道自己是蝴蝶还是庄周，蝴蝶也不知道自己是庄周还是蝴蝶。这种物我浑然一体的感受，也是梦境的真实再现。沉浸于“栩栩然胡蝶也”，与此前的“梦饮酒者”与“梦田猎者”相比是不是更多了几分诗情画意？倘若把这三个梦连接在一起，展现在我们面前的俨然就是一幅人在另一个世界市井生活的长卷。

蝴蝶梦的化境是庄子对生命的一种充满诗意的理解。尽管是“自喻适志与”，多么惬意，又多么自适，然而，梦终究是梦。庄周醒来时，那种“则蘧蘧然周也”的感受，不也是每一位梦中人醒来时所经历的那种瞬间的惊惧与迷幻？

噩梦醒来是早晨，美梦醒来也许是噩运。“梦饮酒者，旦而哭泣；梦哭泣者，旦而田猎。”人生有苦有乐，有喜有悲，梦中世界又何尝不是如此！对比梦与觉，很难说庄子究竟更倾向于哪一个，虽然“蘧蘧然”三字还是隐隐约约地透露出了庄子的心迹，似乎他对另一个世界更为留恋。那么，“蝴蝶梦”所要传达的最重要的信息究竟是什么呢？那就是“周与胡蝶，则必有分矣”的“分”，也就是“物化”。“分”字面上似乎说的是庄周是庄周，蝴蝶是蝴蝶，而“分”的灵魂却在于说有不同才有“物化”，“物化”才是“分”的必然与终结。

“物化”是庄子的又一个独创且颇具魅力的概念。所谓“物化”其实就是“道通为一”“万物一齐”学说的又一具体体现。人与物，物与物之间有所谓界限吗？有，也没有。貌似对立的双方就像是梦与觉，虽有分别，却又在不断地相互转化。“物化”才是“万物一齐”的决定性因素。万物之间无时无刻不在“化”：是与非在“化”，生与死在“化”，庄周与蝴蝶也在“化”。当人们整天忙不迭地陷于孰是孰非的争执之中，谁又不是在做着一场虚幻的梦？甚至包括庄子所说的这一切，又怎么知道哪些是真实的，哪些是梦境？庄子用“物化”作为《齐物论》的结语，不但是“万物一齐”的一个生动美妙、令人信服的证明，也流露出庄子对人们热衷于是非物论的无奈：各种各样的是非物论都可以休矣！处于“物化”之境，就像我无法分清自己是蝴蝶还是庄周一样，你们也是永远无法争出个所以然来的。

蝴蝶梦写得十分凄美，美到没人意识到这是庄子在写死后的世界。庄子是否真的做过这么一个恍惚迷离的梦，我们不知道，但可以确定的是，这的的确确是庄子创作出来的一个梦。做梦是自打有人开始就有的生理现象。而记梦、说梦、解梦这个行当也由来已久，可是为了阐述自己的学说去创作梦、写梦，而且做出如此凄美的千古一梦，却是从庄子开始的。

自从庄子创作梦，梦便离开了预兆人生吉凶祸福的传统领域，而被赋予了新的生命与意义。首先是庄子所表述的“视死如归”“人生如梦”的人生观对后世产生了极大的影响，演绎出了各式各色的悲喜剧，其中既有英雄豪杰的慷慨赴死，也有人像苏轼那样从“大江东去，浪淘尽，千古风流人物”的感慨中悟出了“人生如梦”的哲理。有意思的是，这一切却都不是庄子的本意，甚至可以说与庄子毫无关系。他们只是借用庄子的文字，演绎自己的人生信念。

以“人生如梦”“梦如人生”阐释人的生与死比任何一种比喻或者抽象的论说都更形象，更生动，也更简单易于理解，所以庄子特别喜欢写梦。在先秦诸子中，大概没有人比庄子写梦写得更多了。三十三篇《庄子》中共记述了十几个梦，仅内七篇，就有《齐物论》《人间世》《大宗师》三篇写到或涉及梦，而《齐物论》中的三个梦——“梦饮酒者”“梦哭泣者”以及“蝴蝶梦”，更是对中国传统文人心态的形成，对中国文化、文学的发展产生了极大影响的著名之梦。

《齐物论》以“蝴蝶梦”作结，呼应南郭子綦开篇时的“吾丧我”以及对“天籁”的描写，似乎是在告诫人们，请“丧我”进入“无声之声”的“天籁”境界吧，一切都是“物化”而已，其中是无所谓是与非的。

养生主

题解

以篇义命题。

中国人重视“养生”由来已久。两千多年前的庄子就提出了“养生”的概念。自古至今，历朝历代，从皇帝到百姓，几乎人人热衷养生，一代更胜一代。看看当下，广播电视报刊互联网自媒体，哪里不充斥着令人眼花缭乱的养生品与养生活动的广告？随之而来的，还有为数颇为壮观的所谓“养生大师”，足以证明养生观念之普及。可是有多少人知道今人的“养生之道”与庄子的“养生”是截然不同的两个概念呢？

“养生”一词早已是妇孺皆知，可“养生主”究竟是什么意思，知道的人就不那么多了。梳理一下古今庄子学者的说法，“养生主”的解读大致有这么两种。其一，“养生主”的“养生”二字连读，修饰“主”，“主”是宗旨的意思。其二，“生主”二字连读，“生主”义同《齐物论》中的“真君”“真宰”，指人的灵魂，偏重于精神，“养生主”就是“养人的灵魂”。然而，按照庄子自己的解释，“善哉！吾闻庖丁之言，得养生焉”，可知庄子自己并没有把“养”与“生”断开，而是把“养生”二字连在一起的。

庄子虽然明确提到“养生”，却从未将“养生主”三字连用，自然也不可能给“养生主”的内涵作一个界定了。所谓“养生”，庄子说得还是很清楚的，那就是如何在乱世中“保身”“全生”“养亲”“尽年”。按照庄子一贯的思想，“养生”既包含养人的身体，也指养人的精神。那么，这个“主”指的又是什么呢？最可靠的，当然还是回到《养生主》中有关“养生”那句话去寻找答案。

文惠君是从庖丁的话中获得启示，认为自己“闻庖丁之言，得养生焉”。所谓庖丁之言，就是庖丁说的解牛之道，也就是他“缘督以为经”的解牛方法。《养生主》中另外几段故事也都是围绕着养生的方法而谈的。所以，“养生的宗旨”与“养人的灵魂”都不如“养生的方法”更浅显易懂，也更切合庄子的原意。

从《齐物论》到《养生主》，很像是从魔幻陌生的太空回到了坚实可感的大地上一样。《养生主》

中，不再有那么多玄而又玄的对宇宙起源的思索，没有“天下莫大于秋豪之末，而大山为小”那样深奥的哲理思辨，也没有违背常人思维定势的“予恶乎知恶死之非弱丧而不知归者邪”的惊人之语，有的只是普普通通的有关“生”以及如何“养生”的议论。其议论紧紧围绕着人当如何在黑暗危殆的社会中活下去的主题，而不再是那个“自喻适志与”的梦幻世界。问题是为什么庄子在《齐物论》中已经打破了生死界限，彻底颠覆了人们对死的恐惧，甚至流露出对死亡世界的歆羡，却又在《养生主》中大谈起“生”以及“养生”的重要？如此说来，《养生主》的主旨是否与《齐物论》所阐述的生死观相抵触呢？显然不是。

《养生主》的出现，与庄子在现实世界所感受到的极度悲哀与绝望、他与现实世界之间无法调和的对立密切相关。庄子思考的是，假如无论如何也无法逃脱这样一个四处隐藏着“机辟”与“网罟”的乱世，人究竟应当怎样活着，怎样才能不伤性命地活下去。庄子在《齐物论》中有意把死说得十分轻松惬意，死后的人不“累”，也不会因“终身役役”，“苶然疲役”而“损乎其真”。死，这么轻松，自然不需要“养”，也不存在“养”的问题。而“生”，相对于“死”却要复杂得多，也困难得多了。在庄子看来，“生”需要养，不养就无法为“生”，就无法在这个“方今之时，仅免刑焉。福轻乎羽，莫之知载；祸重乎地，莫之知避”（《庄子·人间世》）的社会中活下去。当人的生命随时随地处于被吞噬的黑暗中，庄子在他的《养生主》中为人们指出了一条可以保全自己性命、让人活下去的路。这便是《养生主》出现的背景，也是其价值与现实意义。

庄子说

吾生也有涯[1]，而知也无涯[2]。以有涯随无涯[3]，殆已[4]；已而为知者[5]，殆而已矣。

【简注】

[1] 生：指人的个体生命。涯：也写作“崖”，边际，极限。

[2] 知：知识。

[3] 随：追随，追求。

[4] 殆已：极度疲困、危殆。

[5] 已：既，如此。为知：穷究“知”。

【今译】

人的生命是有限的，而“知”却是无限的。以有限的生命去追求无穷无尽的“知”，那是很危险的啊。既然已经知道是这样，还要去追求无穷的“知”，那就更加危险了。

【说庄子】

“吾生也有涯，而知也无涯”，这两句话多少年来一直都被中小学老师用来作为鼓励学生用功学习的座右铭，可是这并不是庄子的本意。庄子的意思与老师们的诠释恰恰相反。庄子要告诫人们的是，人的生命有限，人不应该一辈子都去求“知”，越求知，就会觉得自己越“无知”。人若一辈子都花费在求知的路上，那是很危险的。明知如此还要执意这样做，那就是自作死，不可活了。

这样看来，庄子似乎不但反对人求知，而且连“知”也一起反了。事实果真如此吗？其实，庄子并不反对所有的“知”，也不反对人求知，他看重的是人与知的关系，以及人对知的态度。在《逍遥游》中，庄子说，“瞽者无以与乎文章之观，聋者无以与乎钟鼓之声。岂唯形骸有聋盲哉？夫知亦有之”；在《齐物论》中他赞扬古之人时说“其知有所至矣”；在《大宗师》中他对古之真人的真知更是倍加推崇。这样的“知”显然都是庄子所肯定的。

而“知”“无涯”，人对待“无涯”之“知”的态度应该是“止于不知”，而不能“以有涯随无涯”。一旦“以有涯随无涯”，人求“知”的行为就要伤生，就要有危险了。由此可知，庄子反对的不是“知”，而是人在求“知”时伤及生命的行为。

《养生主》说的是养生的方法，可是庄子为什么开篇先说一番“知”呢？而且庄子在《齐物论》中已经将“知”与人的关系说得明明白白了，这里为什么又要重复这个话题？

我们以前说过，《庄子》内篇原本是一篇鸿篇巨制，是汉代刘向将这篇大文分为七篇并为每一篇命名。刘向在切割这篇大文时，如果将这段话放在《齐物论》的结尾，肯定会有损“蝴蝶梦”意味悠长的意境，所以这一段话就被安在了《养生主》的开头。不过，假如把内七篇看作是一篇文章的话，这几句正好是连接《齐物论》与《养生主》的过渡段。“知”的话题上接《齐物论》，从《齐物论》中对“知”的描述而来，而“生”的论述又下启了《养生主》。这也从文章结构上证明，《庄子》内篇原本就是一篇结构完整严谨的大文。

庄子说

为善无近名[1]，为恶无近刑。缘督以为经[2]。可以保身，可以全生，可以养亲[3]，可以尽年[4]。

【简注】

[1] 为善：做善事。

[2] 缘：沿着。督：中间。经：常。

[3] 亲：父母。

[4] 尽年：尽享天年。

【今译】

做善事不要做到接近出名，做恶事不要做到触犯刑法。沿着中间道路处世，并以此作为常法，就可以保全自己的形体，可以终生不受伤害，可以侍奉双亲，可以使他们尽享天年。

【说庄子】

这一段中最深奥的就是“缘督以为经”这一句，我们不妨先从这里说起。

“督”的意思是中间，具体到这句话，哪条路才算是中间呢？根据上下文来看，“缘督以为经”指的应该是“为善无近名，为恶无近刑”中的“善”与“名”、“恶”与“刑”之间的那条“路径”，也就是“庖丁解牛”中所说的盘根错节的牛体中“彼节者有闲”的那个“间”，《齐物论》中“枢始得其环中，以应无穷”的“环中”，以及“彼是莫得其偶”的“道枢”。所以，“缘督以为经”，说白了，就是在夹缝中走一条不碰壁还能“游刃有余”的中间路线。

懂得了什么是“缘督以为经”，回过头来再看“为善无近名，为恶无近刑”似乎就好理解了。第一句是说做善事做得不要出名，出头的椽子先烂，这是很多人都懂的处世秘诀。但第二句是什么意思？“为恶”？难道庄子是要人做恶事吗？王叔岷《庄子校诠》是这么解说的：“上句犹易明，下句最难解，似有引人为恶之嫌。”出于为尊者讳，他把这两句解成“善养生”与“不善养生”了。

其实，庄子说得十分直白。“善”与“恶”相对，“名”与“刑”相对。第一句说人要做善事，但又劝人做善事千万不要图出名，也别做到尽人皆知、名声在外的地步；第二句劝诫做“坏”事的人做“坏”事时一定得悠着点儿，千万别触犯刑律，遭受刑罚。

这里我们必须把庄子生活的时代背景交代一下。先秦时，人动不动就触犯了刑律，被砍掉一只脚比如今判个一年半载还常见，“踊贵屦贱”绝不是危言耸听。对当时社会的黑暗与罪恶，庄子是有着十分独特而又深刻的认识的。在庄子看来，既然人的生命随时处于被杀戮的险境，在这样的情况下，侈谈扬善惩恶的道德又有什么意义？况且，善恶观念本身难道不是像所谓“是非”一样，完全是人为地强加于人的吗？什么是“为恶”？谁可以规范恶的定义，划定善恶的界限，作出量刑的决定？对这样的问题，普通老百姓是没有话语权的。如果善恶观念本身就是荒谬的，不合理的，庄子“为恶无近刑”这种极端的说法，不正显示了他对所谓善恶观的彻底否定？体现了他对现存社会的极度愤激与绝望，同时也反映了他对人的个体生命的高度关注？

所以说，庄子的“为恶无近刑”并不是要“引人为恶”，而是防患于未然，劝诫人做事一定要谨慎，不要遭受刑罚，同时也借此告诫那些不得不与恶人相处的人，例如《人间世》中不得不做暴虐的卫灵公太子傅的颜阖，当如何自保。这才是“为恶无近刑”的正解。

“缘督以为经”与“为善无近名，为恶无近刑”是互为解释、相互发明的。“缘督以为经”的具体实施，就是“为善无近名，为恶无近刑”；而做到了“为善无近名，为恶无近刑”，自然也就做到了“缘督以为经”。这三句应该说是“养生”之“主”的经典概括。

那么，“为善无近名，为恶无近刑。缘督以为经”的目的是什么？当然就是“养生”。具体来说，就是“保身”“全生”“养亲”“尽年”。

“保身”“全生”“尽年”都好理解，可是对“养亲”的理解还存在争议。一些庄学家认为《养生主》只讲“养生”，不讲“养亲”，这个“亲”指的是“生”而非父母。但庄子在《人间世》中明确提出：“子之爱亲，命也，不可解于心……是以夫事其亲者，不择地而安之，孝之至也。”庄子不愧是个大孝子，对侍奉父母，他是十分重视的。因此，将“可以养亲”解作可以奉养父母是符合庄子思想的。

这一段话前三句是因，后四句是果。倘若人都能做到“为善无近名，为恶无近刑。缘督以为经”，不仅可以保全自己的形体，终其一生不受伤害，而且还可以侍奉双亲，使他们也能享尽天年，不至于因自己做善事出名或做恶事受刑而受拖累。

庄子说

庖丁为文惠君解牛[1]，手之所触[2]，肩之所倚，足之所履[3]，膝之所踦[4]，砉然响然[5]，奏刀𬴂然[6]，莫不中音[7]。合于《桑林》之舞[8]，乃中《经首》之会[9]。

【简注】

[1] 庖丁：名丁的厨师。文惠君：即梁惠王。解：切宰。

[2] 触：接触，碰到。

[3] 履：踩。

[4] 踦（yǐ）：抵住。

[5] 砉（huà）然响然：形容解牛时牛骨肉分离的声音。砉：象声词，骨肉分离时发出的声音。响：响。

[6] 奏刀：进刀。𬴂（huō）：象声词，刀在解牛时发出的声音。

[7] 中（zhòng）音：合于音乐的节奏。

[8] 桑林：商汤时音乐名。

[9] 经首：尧时音乐名，是《咸池》乐中的一章。会：音节。

【今译】

庖丁为文惠君宰牛，他手所碰的、肩所倚的、脚所踩的、膝所抵的，各处都发出有节奏的解牛声响，进刀霍霍有声，声声扣在音乐的节拍上；他的动作合乎《桑林》之舞，声音同于《经首》的节奏。

【说庄子】

庄子哲学是人生哲学，主要探讨的是人如何处世，如何生存。“为善无近名，为恶无近刑”式的“缘督以为经”作为养生之主，尽管比抽象的“得其环中”“寓诸庸”“道枢”简明得多，也形象得多，但具体怎么操作，特别是如何去“缘”，“督”又在何处，“缘督”又怎么“以为经”，仍不十分明了。于是，庄子就推出了这篇著名的“庖丁解牛”。

与写逍遥游先写鲲鹏掀起的惊涛骇浪与扶摇羊角的壮观场面，写物论先展示地籁摧枯拉朽、呼啸而来的气势十分相似，写这样一个平常无奇甚至带点血腥气的屠牛，庄子先大肆渲染的是充满音乐感、画面感，且动感十足的屠牛舞剧。只见庖丁的手、肩、足、膝，每一处都调动了起来，动作娴熟优美，节奏鲜明顿挫，甚至连骨肉分离的声音也变得悦耳动听起来了，如果不是庖丁手中那把旋转进出的厨刀，你怎么会想到他干的竟是血淋淋的活计？

这就是庄子文字的魅力！

现在的人，有谁会把解牛当成一场艺术“盛宴”来欣赏呢？可庄子不同，他笔下的文惠君也与众不同。他们不但从头至尾观赏了这场“盛宴”，还由此而引发出对什么是“缘督以为经”的处世之道的深度探索。庖丁固然是“缘督以为经”大戏的主角，但你也别小看了配角文惠君的作用。他话虽不多，但是这一声喝彩，一个问题，一句总结之语，却对“养生”主题起着画龙点睛的作用。

庄子说

文惠君曰:“嘻,善哉!技盖至此乎[1]?”

庖丁释刀对曰[2]:“臣之所好者道也,进乎技矣。

【简注】

[1] 技:技术。盖:何。

[2] 释刀:放下刀。

【今译】

文惠君说:“哎呀,太妙了!你解牛的技术怎么能达到这种境界?”

庖丁放下刀答道:“我所崇尚的是道,道已融入了我的技艺。

【说庄子】

“庖丁解牛”的看客文惠君即梁惠王。庄子拉上一位君主出场观看宰牛,并借文惠君之口对庖丁的宰牛技艺大加赞赏,似乎很不合乎情理。但这不过是庄子力图达到的类似广告代言或者是站台效应。代言的人地位越尊贵,才越容易取信于人。看来就是一向孤高傲世的庄子有时候也不能免俗!显然,这里的文惠君就是庄子的“托儿”。如果没有了文惠君,庖丁那一番宏论又从何说起呢!

文惠君的喝彩并不出人意料,问话也中规中矩。庖丁“臣之所好者道也,进乎技矣”的回答,听起来有些故弄玄虚,却也合情合理。不过,这貌似寻常的一问一答中似乎隐藏着什么玄机。

首先庖丁说的这个“道”指的是什么？最早研究庄子的大家郭象与成玄英都说此“道”为“养生之道”（见《庄子注》《庄子疏》）也就是养生的方法。“进乎技”的“进”作“超过”解。从字面上看，这种解释好像没毛病。

如果“道”真的是指方法的话，“臣之所好者道也，进乎技矣”就很让人费解：庖丁重视方法超过了技艺。可是这养生的方法与技艺难道不应该是一个完美的统一吗？

庄子主张“道通为一”，世间万物都是道的体现。一个人总是琢磨方法，把方法看得过重，那便是有“机心”。有“机心”的人庄子是不待见的。庄子在《齐物论》中把大知小知骂得体无完肤，就是因为他们的机心太重。况且，庄子主张“筌者所以在鱼，得鱼而忘筌；蹄者所以在兔，得兔而忘蹄”（《外物》），他又怎么能把方法看得重于技艺与结果呢？我们认为，庖丁所说的这个“道”应该不是宰牛的方法，而是庄子“道通为一”的“道”，是无所不在、能包容一切却又无踪无形的“道”。

确认“臣之所好者道也”的“道”是“道通为一”的“道”，那么，“进乎技矣”的“进”就不能作“超过”解了。否则，“道”就是“道”，“技”就是“技”，“道通为一”的意思就被彻底抛弃了。所以，这里的“进”应该是“进入”的意思。

这样的话，“臣之所好者道也，进乎技矣”，就是我最爱好的是“道”，是“道”进入了“技”。通俗地说，就是我解牛之所以如此出神入化，是因为“道”与“技”

融为了一体。就像我们在《庄子的世界》中说过的那样：“如此，原本各自独立的‘道’与‘技’便以‘进’为途径，融合在一起，实现了‘道’‘技’为一，道升华了技，而技又展现着道，于是庖丁才能‘以无厚入有闲，恢恢乎其于游刃必有余地矣，是以十九年而刀刃若新发于硎’。总之，这个‘道通为一’的‘大道’才是使庖丁得以出神入化地解牛的根本所在。”

那么，“道”进入“技”，也就是“道”与“技”融为一体之后会发生什么？会产生什么样的结果？会有什么样的神奇景象出现？

庄子说

始臣之解牛之时，所见无非全牛者。三年之后，未尝见全牛也[1]。方今之时，臣以神遇而不以目视[2]，官知止而神欲行[3]。依乎天理[4]，批大郤[5]，导大窾[6]，因其固然[7]。技经肯綮之未尝[8]，而况大軱乎[9]！

【简注】

[1] 尝：曾。

[2] 遇：接触牛体。

[3] 官知：人体器官对外界的感知。官：器官。

[4] 天理：牛体的自然结构。

[5] 批：劈。郤（xì）：筋骨间的间隙。

[6] 导：引，入。窾（kuǎn）：骨节之间的空隙。

[7] 因：循，缘，顺着。固然：指牛体本来的样子。

［8］技经：牛体经脉连接之处。技：枝。肯：紧附在骨上的肉。綮（qìng）：筋肉盘接处。

［9］軱（gū）：大骨。

【今译】

我开始宰牛时，所见无非是一头完整的牛。三年之后，见到的就不是完整的牛了。现在，我仅用心神与牛接触而不需要用眼睛去看。感官停止了活动，只是心神在运行。依照牛天然的生理构造，把刀劈入筋骨间的空隙，导向骨节的相接处，顺着牛体的本来结构运刀，刀刃连经络骨肉交错的地方都不曾碰到，何况大骨头呢！

【说庄子】

庖丁令人惊叹的解牛技艺原来并非一日之功！他也经过了三个阶段，才把“道”“进乎技”练到出神入化的地步。

在“始臣之解牛之时”的第一个阶段，庖丁同众人一样，眼前不过是一头完整的牛而已。到了“三年之后”的第二个阶段，他才开始以心去感知牛，不再视眼前之物为物了。而到了“方今之时”的第三个阶段，庖丁就完全进入了心的世界，他心中的“道”已经完美地融入了他的“技”，他只需要凭着自己的感觉、心神的自然运行，就可以“依乎天理，批大郤，导大窾，因其固然”，毫不费力地运刀于牛体的缝隙间，“技经肯綮之未尝，而况大軱乎”。此时，庖丁的解牛之技已臻于化境！这也是“缘督以为经”所要达到的境界。当庖丁眼中、心中不再有一头具体的完整的牛，不再有物的存在，庖丁与厨刀与牛与道统统自然融合为一体，于是，庖丁的每一步骤都成为道的完美体现，这才有了他的每一个动作都“合于《桑林》之舞”，发出的每一个声响都“中《经首》之会”了。

显然，庄子渲染庖丁解牛的神技，并不只是要让人们享受这样一出融合着多种艺术元素的精彩绝伦的表演。庄子首先是要以这样的“解牛”表演形象地说明只有好“道”，并以“道”进乎“技”的人，才可以不受现实中物的局限，才可能超乎于现实之外，专注于“道”，视万物为一体，进入人、刀、牛与道合一的“化境”，这种“化境”是在人认识到“道”与“物”原本一体之后才会进入的境界。

其次，庄子通过这种高度的夸张与渲染，暗示人的生命原本是可以如此美好神奇的。只要掌握了如同庖丁解牛一般的“养生”之道，人就可以在“技经肯綮”盘根错节的黑暗社会中，凭着一步步的体验与领悟，最终在社会的夹缝中寻出一条让人“游刃有余”的活路来，就可以进入“道技合一”的化境，就能“保身”“全生”“养亲”“尽年”。

庄子说

良庖岁更刀[1]，割也；族庖月更刀[2]，折也[3]。今臣之刀十九年矣，所解数千牛矣，而刀刃若新发于硎[4]。彼节者有间[5]，而刀刃者无厚[6]；以无厚入有间，恢恢乎其于游刃必有余地矣[7]，是以十九年而刀刃若新发于硎。

【简注】

［1］岁：年，一年。更：换。

［2］族庖：技艺一般的庖丁。族：众。

［3］折：劈砍。

［4］发：磨出。硎：磨刀石。

［5］节：骨节。间：间隙。

［6］无厚：没有厚度，形容刀刃锋利。

［7］恢恢乎：形容空间宽绰。游刃：运转刀刃。

【今译】

好的厨工，一年换一把刀，因为他们是在割肉；更多的厨工一个月就要换一把刀，因为他们是在劈砍牛骨。如今我的刀已经用了十九年了，宰杀过数千头牛，而刀刃还像刚刚磨出来的那么锋利。牛的骨节间有空隙，而刀刃却锋利得几乎没有厚度。以没有厚度的刀刃进入有空隙的骨节间，运转起来自然回旋有余地。这就是为什么我的刀用了十九年还像刚刚从磨刀石上磨出来的一样。

【说庄子】

如果说，庖丁从“始解牛”“三年之后”到“方今之时”是对自己“道”“进乎技”的纵向比较，意在说明人是可以在不断的修炼过程中逐步达到“缘督以为经”的道技合一的境地，那么，这一段庄子是通过对庖丁与众多厨工的横向比较，说明“以无厚入有间，恢恢乎其于游刃必有余地矣，是以十九年而刀刃若新发于硎”的可操作性，特别强调了像“族庖”“良庖”的刀那样由于

“割”“折”而造成对人生命的严重危害。

庖丁说话是很有艺术，也很有技巧的。当他夸耀自己的解牛之技时，只说自己曾经历过见全牛、未尝见全牛的阶段，却绝口不提自己在两个阶段，是否也曾像“良庖”与“族庖”那样“割”牛、“折”牛。其实，庖丁所说的“良庖”很可能就是他自己解牛三年后的亲身经历，也是需要一年换一把刀的；而“始解牛时”的庖丁想必更是跟他所说的“族庖”一样，只知道用刀砍筋剁骨，一个月就得换一把刀。只不过，大多厨工在成为“良庖”后便止步不前，而庖丁却在解牛过程中逐渐领悟了“道”，悟出了“缘督以为经”的秘诀，从此不再拘泥于眼前之“物”，甚至全然不见眼前之“物”，而是凭着“神遇”去感受“彼节者有闲”的“闲”。因此他手中的刀才可以丝毫不被牛的筋骨肯綮所损伤，反而感觉是“以无厚入有闲”，可以游转自如地在骨节中运行，以至于用刀“十九年而刀刃若新发于硎”。

庄子很擅长利用纵向、横向的比较来说理。庖丁之刀便是其中著名的一例。此外，《人间世》中颜回的成长，《德充符》中申徒嘉十九年的修德经历以及与郑子产的对比，还有《大宗师》中古之真人的发展与今之真人的比较，都采用了类似的写作手法。可以说，庖丁解牛的寓言，拉开了全面展示庄子处世哲学的序幕。此后那一个个“兀者”以及一系列处世高人的遭遇与经历，都在庖丁解牛的故事中便已埋下了伏笔。

虽然，每至于族[1]，吾见其难为，怵然为戒[2]，视为止[3]，行为迟[4]。动刀甚微，謋然已解[5]，如土委地[6]。提刀而立，为之四顾，为之踌躇满志[7]，善刀而藏之[8]。”

文惠君曰：“善哉！吾闻庖丁之言，得养生焉。”

【简注】

［1］族：筋骨盘结交错的地方。

［2］怵：谨慎。戒：小心。

［3］视为止：目光专注。

［4］行：解牛的动作。迟：慢。

［5］謋（huò）：象声词，描述牛骨肉分离发出的声音。解：解体，分解。

［6］委：堆。

［7］踌躇：从容自得的样子。满志：心满意足。

［8］善：犹拭，擦拭干净。

【今译】

虽然如此，每到筋骨盘结之处，我见其难解，仍得小心谨慎，目光专注，行动缓慢，运刀轻微。终于，霍啦啦牛被分解开来，犹如一堆土散落在地上。这时我才提刀站立，环顾四方，为此踌躇满志，把刀擦拭好收藏起来。”

文惠君说：“好啊！我听了庖丁这番话，懂得养生的道理了。”

【说庄子】

庖丁解牛的技艺虽然已经如此高超，但每当遇到筋骨盘结难解之处，他仍然十分谨慎小心，几乎是敛色屏气，全神贯注，不敢有丝毫的懈怠。只是当庖丁完成了他的最后一个动作，数百斤牛肉“霍啦啦”散落在地时，庖丁才得以重新恢复他“踌躇满志”的得意。

这一段写的是庖丁的谨慎。在回答文惠君问题初始，庖丁曾把自己解牛的技艺吹得天花乱坠，此刻他却不得不实话实说了。所谓“怵然为戒，视为止，行为迟。动刀甚微”，明着说只是在遇到难解之处才不得不如此，实际上很可能庖丁无时无刻不处于这样小心谨慎的状态，也正因如此，他的刀才用了十九年而丝毫无损，他也才能吹出“以无厚入有闲，恢恢乎其于游刃必有余地矣”的大牛来。

看“庖丁解牛”，大多数人欣赏的都是庄子的文采以及其中所表达的顺应自然的道理，却不知庄子对庖丁“怵然为戒，视为止，行为迟。动刀甚微”的描述，才是这篇寓言的精华，也是最具有现实意义的部分。黑暗无光的牛体犹如阴森恐怖的社会，游刃于筋骨肯綮纵横交错的牛体，犹如游走于处处暗藏着“机辟”与“网罟”的现实世界，稍有不慎便会遭遇刑罚杀戮之灾。虽然盘根错节的骨节间的确存在着缝隙，但又有多少人可以像庖丁一样，修炼到“神遇而不以目视，官知止而神欲行”那样得心应手、运作自如的地步？尽管庄子声色并茂地渲染了庖丁如何潇洒自如地运刀解牛，在牛“謋然已解”“如土委地”之后如何得意地“提刀”“四顾”“踌躇满志”，但最值得注意的一幕还是，即便庖丁的解牛之技已臻于化境，每当遇到难解之处，他同样不能掉以轻心，也会立刻怵然谨慎起来，动作放缓，神情专注，小心翼翼，直到牛“謋然已解”。这就是说，游走于这个危机四伏的社会，求生存是如此艰难，就连技艺高超的庖丁，都不敢有丝毫的懈怠，更何况像“族庖”那样大刀阔斧、硬碰硬主动出击，或者像“良庖”那样一块块努力切割的了。这里，庄子再次强调了在社会的夹缝中求生存，必须千方百计避开各种各样的社会矛盾，最大限度地保住自己的身家性命。

尽管当庖丁“提刀而立，为之四顾”时，他的确是神气十足，大有藐视一切的架势，但从行文的角度来说，这几句仍只是欲抑先扬的铺垫，仍不是重点，真正的重点落在了最后一句上：“善刀而藏之”。“善刀”就是“养刀”，“养刀”也就是“养生”。庄子从中告诫人们，游走于社会的空隙间，人一定要善待“刀”，才能保证“刀”不至因“割”、因“折”而受到损害，才能让刀历经十九年、解数千头牛之后仍然如同新磨出的一样完好无损。

庖丁解牛由文惠君的问话起，也以文惠君的评论收，“吾闻庖丁之言，得养生焉”是一句点睛之笔，直接点明庄子写“庖丁解牛”的目的。庄子时代的社会环境是极为恐怖的：“今世殊死者相枕也，桁杨者相推也，形戮者相望也。”（《在宥》）“游于羿之彀中。中央者，中地也；然而不中者，命也。”（《德充符》）那些“殊死者”“桁杨者”“形戮者”不就像是族庖、良庖手中的“刀”一样吗？问题是，刀可以换，而人的命却是没的换的！

从《逍遥游》的至人神人圣人的“乘天地之正”“游

无穷”，到《齐物论》南郭子綦的“身如槁木，心若死灰”、“蝴蝶梦”的“物化”，再到《养生主》的庖丁解牛，我们可以清楚地看到，庄子的心路是如何从对理想世界的憧憬向往，一步步走向现实，如何从“彷徨乎无为其侧，逍遥乎寝卧其下”的“无何有之乡”走进“缘督以为经”的现实世界。

庄子说

公文轩见右师而惊曰[1]：“是何人也？恶乎介也[2]？天与[3]，其人与？”

曰：“天也，非人也。天之生是使独也[4]，人之貌有与也[5]。以是知其天也，非人也。”

【简注】

[1] 右师：官名；春秋时一些诸侯国设有六卿，右师为六卿之长。

[2] 恶（wū）乎：如何，怎么。介：独足。

[3] 与：给予。

[4] 是：此，指人的形体。独：一只脚，古代称受刖刑之人为“独”。

[5] 貌：相貌，外形。

【今译】

公文轩见到右师很是吃惊：“你是什么人？怎么断了一只脚？这是天生的还是人为的？”

右师说：“这是天赋的，不是人为的。是天让我只有一只脚。人的形貌是天赋予的，因此知道这是天赋的，而不是人为的。”

【说庄子】

《养生主》的主旨是说人一旦能够“缘督以为经”，不但能使自己可以“保身”“全生”，而且还可以“养亲”，使父母“尽年”。一篇“庖丁解牛”已经把如何“缘督以为经”的养生之道阐释得淋漓尽致了，为什么庄子紧接着又要写这样一段“公文轩见右师”的故事呢？

这是因为在现实社会中，像庖丁这样的人并不具有代表性。试想我们周围有几个人能活得像庖丁手中的“刀”那样，在黑暗中仅仅凭着“神遇”，就可以“批大郤，导大窾”，“以无厚入有闲”，还感觉“恢恢乎”游刃有余呢?！现实中，更多的人是“良庖”“族庖”，他们的人生就像是手中的刀一样，总是在“割”或“折”的挣扎中不断地被损伤，不断受到伤害。

这便是右师的意义。

右师是位居六卿之长的高官，但他却曾受到过刖刑！从公文轩劈头极不客气的一句“是何人也”，还有“恶乎介也？天与，其人与”的一连串惊异，足见这在当时是件不可思议的事。可是身居高位的右师却表现得十分淡定，几乎连想都没想便脱口说道这是天赋的，不是人为的，并解释说这是“天之生是使独也”。这里最值得注意的是那一个“使”字，说明右师的“独”不是从娘胎中带来的，而是由于外力造成的。所以，右师紧接着强调说“人之貌有与也。以是知其天也，非人也”。意思是这一切都来自天命，并非人为。天命注定我只有一只脚，而人的形貌又是天赋予的。从这个角度来看，我只有一只脚是天注定的，人力无法改变。

庄子把右师受刖刑而成为独足归因于天而不是人，目的并不在于透露右师是如何成为独足的，而是要通过写右师对此事的态度回到“养生”的主题上来。

受过刖刑而身居右师之位的人凤毛麟角，可是因受刖刑而独足的人却满大街都是。在庄子看来，受没受过刖刑并不重要，重要的是受刑后如何让自己活下去的心态。《德充符》中的申徒嘉曾说过他受刖刑之初的感受：“人以其全足笑吾不全足者多矣，我怫然而怒。”可是又能怎么样呢？与申徒嘉不同，右师是以一种“安之若命”“依乎天理”“因其固然”的坦然从容的态度来看待自己所遭遇的一切的。在某种意义上，右师之介的故事，是不是更像是庄子为那些尚不得不“岁更刀”甚至“月更刀”的人指出的一条“全生”之路？庄子要说的是，即便由于“折”与“割”而导致形残，假如从此将人为的遭际归之于天意，领悟到“天之生是使独也，人之貌有与也”的自然之道，人也仍然可以重新回到“缘督以为经”的轨道，仍可养生。

庖丁解牛说的是人如何将道与技合一以求“保身”，而右师之介说的是伤身之后如何“全生”。这应该就是庄子在“庖丁解牛”之后安排“右师之介”的用意吧。

庄子说

泽雉十步一啄[1]，百步一饮，不蕲畜乎樊中[2]。神虽王[3]，不善也。

【简注】

［1］泽雉：生活在水泽地里的野鸡。

［2］蕲：祈，祈求，希望。畜：豢养。樊：笼子。

［3］王：旺，旺盛。

【今译】

生活在泽地的野鸡走十步才能啄上一口食，走百步才能饮上一口水，但不希望被豢养在笼中。关在笼中，虽然神态旺盛，却并不自在。

【说庄子】

泽鸡的故事是庄子从又一个角度对养生问题的进一步阐发。这一次庄子仍然用的是对比的手法：一边是生活在自然界中的野鸡，一边是关在笼中的野鸡。

同样是野鸡，由于生活环境不同便有了区别。泽地里的野鸡，生活艰辛清苦，却自食其力，不受制于人，想做什么就做什么，活得自由自在。而关在笼子里的野鸡就不同了，它衣食无忧，外表很是风光得意，实际上却并不怎么样。的确，在物质上，笼中野鸡是有所得的，拥有了表面的锦衣玉食，可是精神呢？个体生命的自由呢？却全都失去了。显然，庄子向往的是泽鸡那样的生活，这也是为什么当年楚王以重金聘庄子为相，庄子说他宁肯像头小猪在烂泥中拱食，也不愿被供奉在庙堂之上。

不过，右师供职于朝堂之上，不就像是野鸡被关在笼子里吗？为什么庄子没有否定右师却否定了笼中的野鸡呢？

关键在于他们不同的人生态度。无论是遭受刖刑还是身居朝堂之上，右师的心态都是："天与，非人与"。意思是说，独足也好，做右师也好，这都是天的安排，与人的过错或者努力无关。天让我失去一只脚，那就失去一只脚；天让我做右师，那我就做右师。右师的人生态度是"知其不可奈何而安之若命"（《德充符》）。这才是庄子所推崇的。

而关在笼子里的野鸡不是。在此，我们有必要先了解一下"神虽王，不善也"的含义。绝大多数庄学家的理解是"精神虽然旺盛，却并不是什么好事"。这么说貌似合理。可是令人费解的是为什么要用"精神旺盛"来形容被豢养于樊笼的泽雉？从语境上来看，这里的"神"指的应该不是"精神"而是"神态"。"神虽王"是说关在笼中的野鸡享有锦衣玉食，心高气傲，其"王（旺）"是做给人看的；而"不善"，不是说失去自由"不善"，而是指关在笼中的野鸡自以为风光得意，却有违养生之道的"不善"。

人生总是有很多的"不可奈何"，人往往没的选择。在这样的情况下，为了生存，为了活下去，庄子说要"知其不可奈何而安之若命"，也就是既不因顺境而自我陶醉，显出一副"王"的神态，也不因逆境而愁眉苦脸，怨天尤人："吾生于陵而安于陵，故也；长于水而安于水，性也；不知吾所以然而然，命也。"（《达生》）这才是庄子的态度。

所以，如果说"右师之介"的故事是要人以忘形安命的方式保生、养生的话，那么"泽雉之神"则强调了随遇而安、自由自在的生活对养生的重要。

庄子说

老聃死[1]，秦失吊之[2]，三号而出[3]。

弟子曰:“非夫子之友邪?”

曰:“然。”

“然则吊焉若此[4]，可乎?”

曰:“然。始也吾以为其人也[5]，而今非也。向吾入而吊焉[6]，有老者哭之，如哭其子；少者哭之，如哭其母。彼其所以会之[7]，必有不蕲言而言[8]，不蕲哭而哭者。是遁天倍情[9]，忘其所受[10]，古者谓之遁天之刑。

【简注】

[1] 老聃（dān）：即老子，姓李，名耳，字聃。

[2] 秦失：老子之友。吊：吊唁。

[3] 号：大声呼叫。

[4] 焉：之，他，指老子。

[5] 其人：指老聃、秦失一类人。

[6] 向：刚才。

[7] 彼：他们，指哭老子者。会：聚集。

[8] 不蕲：不期，不想。

[9] 遁：违逆。倍：背，违背。

[10] 所受：受命于天。

【今译】

老聃死了，秦失前去吊唁，只大呼了三声老聃的名字便出来了。

秦失的弟子问："老聃不是老师的朋友吗？"

秦失答："是的。"

"作为老聃的朋友，可以像这样吊唁吗？"

秦失答："是的。起初我以为前来吊唁的人都与我和老聃一样，现在看来并非如此。刚才我进去吊唁的时候，见到有老者哭老聃，就像哭自己死去的儿子；有年轻人哭他，像哭自己死去的母亲。他们聚集到这里哭老聃，一定有人本不想说话而说话的或者本不想哭而哭的。他们这样做，是违逆天性，有悖真性情的，忘记了人的生死都是受命于天。古人称这是违背天性的刑罚。

【说庄子】

"庖丁解牛""公文轩见右师""泽雉"说的都是"养生"。而这里却写到了死。难道庄子写死也是为了养生吗？

答案是肯定的。我们知道庄子谈"养生"，并不是追求人的长生不老、长命百岁，而是要人在"有涯"的一生中，摆脱一切桎梏，去顺应自然。因此，如何对待生的终结——死，也就成了谈"养生"所无法回避的问题。于是，《养生主》的最后一段顺理成章地回到了如何对待"死"上。

围绕着老聃的死，庄子提到了三种人。

第一种人是秦失。秦失是老聃的朋友，他吊唁老聃的方式十分特别，他只是在灵前大呼了三声老聃的名字，好像在说："老聃，我来给你送行了。"请注意，这里"号"不是"痛哭"，而是大声呼唤。如果是"痛哭"，秦失弟子就不会质疑他是不是老聃的朋友了，同时秦失也就没有资格责备那些真哭或假哭的吊唁者。面对死，秦失与老聃是同类，他们都把死看作是游子归乡，或者只是周而复始的生命旅程的另一段开始。

第二种是发自内心为老聃之死而痛哭的吊唁者。他们对老聃之死感到痛彻心扉的悲哀，因此而痛哭。就像老人哭自己刚刚死去的儿子，少年哭自己刚刚去世的父母一样。

第三种人是那些不得不来的吊唁者。他们在灵前只是迫不得已地随着众人说些言不由衷的话，挤出几滴并不情愿的眼泪，以附和那些“如哭其子”“如哭其母”的吊唁者。

秦失这样的人自然与庄子的心是相通的。而后两种人，无论是真哭还是假哭的，都是“遁天倍情，忘其所受”，有悖于“养生”之道。在庄子看来，人之生死受命于天，生不足喜，死不足悲。无论是发自内心的悲痛还是强做出来的悲痛，都违背了人的自然本性，不是人的自然秉受。这两种人也就是古人所说的因违背自然天意而遭受“遁天之刑”的人。

那么，人究竟应该如何看待亲人、师长之死呢？

庄子说

适来[1]，夫子时也；适去[2]，夫子顺也。安时而处顺，哀乐不能入也，古者谓是帝之县解[3]。”

指穷于为薪[4]，火传也，不知其尽也。

【简注】

[1] 来：指生。

[2] 去：指死。

[3] 帝：指自然。县解：即悬解，把被倒吊着的人解救下来。

[4] 指：脂。穷：尽。

【今译】

该来的时候，老聃顺应自然而生；该去的时候，老聃顺应自然而死。安于时运，顺乎自然，哀乐之情便不会产生了。古人把这叫作自然解除倒悬。”

油脂作为炷薪有燃尽的时候，可是火种却传了下去，没有穷尽。

【说庄子】

理解秦失有关老聃之死的这段言论，首先得搞清楚“帝之县解”究竟说的是谁。因为庄子的确说过“以生为附赘县疣，以死为决肒溃痈”的话（《大宗师》），要是一不留神，把老聃之死当作是解除倒悬，那可就大错而特错了。

按照庄子的说法，人的一生是这样的：该来的时候来，该走的时候走。生死都顺应自然，既不必为生喜，也不必为死悲。活着的人更不必因为看到自己的家人、师长、朋友生就快乐，目睹死就悲伤。如果人真的顺应自然，安于时运，那哀乐之情自然也就不会侵入人心。这在古人看来就是获得了悬解。所以，生不是悬解，死也不是，只有把人的心结从因生死而引发的哀乐之情中解救出来，从此“哀乐不能入”，这才是“县解”。不幸的是，大多数前来吊唁老聃的人，真哭也好，假哭也罢，终究是由于心被哀乐所系，为人情世故所羁绊，所以无法理解生命是一种自然状态，也就不懂得生或死不过是一种自然现象而已。

对此，庄子再次指出："指穷于为薪，火传也，不知其尽也。"多数庄学家认为这里的"指薪"比喻人的形体，"火"比喻人的精神。这句话说的是人虽死，精神却会永远传下去。这种解释字面上虽然说得通，但却与庄子的生死观不尽相同。庄子认为死生是一个周而复始的循环，并不涉及人死精神相传的问题。《齐物论》中的人生如梦、梦如人生以及蝴蝶梦都很清楚地说明死不过是人换了一种形式继续存在，就像梦与醒、蝴蝶与庄周的关系一样，形式变了，生命却始终如一。就像庄周与蝴蝶之间，并不是肉体与精神的不同，而是由于"物化"带来的形貌的不同。蝴蝶与庄周，正如生死一样，只是同一个生命呈现出的两种不同状态而已。

有必要指出的是，"指穷于为薪"的确指的是人，却并不仅仅是肉体的人，也包括人的灵魂、人的精神。人的肉体与精神（灵魂）是同时存在的。人在，精神在；人死，精神亦死。就像庄子《德充符》中"㹠子食于其死母者"的故事所说的那样，母猪死了，其精神也就随之死了。所以，所谓"指穷于为薪"一句是比喻人的死，而"火传"一句则比喻人的新生命的开始，"不知其尽也"是说这样的生死循环是无穷无尽的。"指薪"穷而"火"相传，可以说概括了在这一世界中"养生"的最后一个环节。同时，这三句话也为《养生主》全篇画上了一个完满的句号。

人间世

题 解

以篇义命题。

与内篇其他六篇文章的篇名相比，《人间世》看起来最简单：说的不就是人世社会？似乎不像《逍遥游》《齐物论》《养生主》那样有那么多的说道。可仔细琢磨一下，这三个字中，“人间”与“人世”意思相仿，难道这仅仅是简单的语义重复？

于是，庄学界就有了对“人间世”的多种解释。其中最具代表性的有这样几种：

第一种认为“世”与“代”同。“人间世”就是“人间的时代”。时代会变，而庄子的处世方法不会变。(郭象《庄子注》)

第二种看法是对第一种的发展。认为“人间”是从“横向”来谈的，而“世”则着眼于“纵向”，指过去、当今与未来。“人间世”的意思是纵向看人间的处世方法。(刘武《庄子集解内篇补正》)

以上两种看法意思比较接近。但《人间世》篇末的“接舆之歌”说“来世不可待，往世不可追”，强调的既不是过去，也不是未来，而是“方今之时”如何生存，因此这种看法并不能说明“人间世”作为篇名的准确含义。

第三种看法认为“世”指社会，“人间世”的意思是“人间社会”。(陆德明《经典释文》) 然而，“人间”是社会，“人世”同样也是社会，这样解释仍有同义反复之嫌，其中的“世”字也还是没有着落。

第四种看法来自王夫之。他认为“人间世”就是人世社会，但他又说:“人间世无不可游也，而入之也难。”意思是“人入人间世”很难。(《庄子解》) 虽然他对“人间世”这三个字的解释并无新意，但他提出的“入”字却给了后人很大的启发。于是流沙河提出“人间世”的“间”当读为动词“jiàn”，意思是介入、参与，“人间世也就是人处世”(《庄子现代版》增订本)。“间”在先秦的确有介入、参与的意思。如《左传·庄公十年》的“肉食者谋之，又何间焉!”杜预注就将“间”直接解作“参与”。

《人间世》一共写了七段故事。前三段说的是文人士子如何入世，如何与君主、同僚相处而求得生存；后四段说的是人入世之后如何在满是荆棘的社会中“自处”。相比较而言，将“人间世”解作“人处世”，不但解决了“人间”与“世”意思重复的问题，而且高度概括了《人间世》的主要内容，应该是更准确的理解。

庄子说

颜回见仲尼[1]，请行。

曰："奚之[2]？"

曰："将之卫。"

曰："奚为焉？"

曰："回闻卫君[3]，其年壮，其行独[4]。轻用其国而不见其过。轻用民死，死者以国量乎泽[5]，若蕉[6]，民其无如矣[7]！回尝闻之夫子曰：'治国去之，乱国就之。医门多疾。'愿以所闻思其则[8]，庶几其国有瘳乎[9]！"

【简注】

[1] 颜回：孔子弟子。仲尼：孔子。《人间世》中的颜回与孔子，不能完全视为寓言人物。

[2] 奚：何。之：往。

[3] 卫君：出公辄，卫国第二十九代君主，前492—前481年在位，卫后庄公蒯聩之子。出公八年（前485年）孔子到卫国，次年返回鲁国。

[4] 独：独断专横。

[5] 量：满。

[6] 蕉：草芥。

[7] 无如：无路可走。

[8] 则：法则，准则。

[9] 庶几：恐怕。瘳（chōu）：病愈。

【今译】

颜回拜见孔子，向他辞行。

孔子问："你打算去哪里？"

颜回说："将去卫国。"

孔子问："去做什么？"

颜回答："我听说卫国君主，正值壮年，做事独断专行，处理国事十分轻率，从来看不到自己的过错。他滥用民力，轻率地置民于死地，卫国的沟泽中到处都是死去的百姓，如同草芥一般，百姓已经无路可走了。我曾听老师说：'政治清明的国家可以离开，混乱衰败的国家应该前去救治。就像医生的诊所应当开在病人很多的地方。我想以老师说的话作为行动准则去帮助卫国，或许这个国家还能治理好吧。"

【说庄子】

颜回是孔子最器重的学生。孔子与颜回都是儒家最重量级的人物。有意思的是，这两个人不但也成了《庄子》内篇的主角，而且《庄子》内篇中的孔颜关系与《论语》中的几乎没有什么不同。倘若我们把这两部书中有关颜回的段落与句子拎出来作一个对比，不难发现这两个颜回有着惊人的相似之处，就连孔子对颜回的评价，也用了相似的词语。这能说仅仅是一个巧合吗？孔子死后，儒家分为八派，《庄子》内篇中对颜回的记述是不是为其中失传的"颜氏之儒"留下了可供后人研究的蛛丝马迹？

很多庄学家认为，《庄子》内篇中的颜回与孔子不过是寓言人物，是庄子虚构出来的。然而，庄子笔下各种各样的寓言人物俯拾皆是，不光是千姿百态的动植物，还有众多诸如南郭子綦、长梧子、支离疏、哀骀它、兀者王骀等虚构人物，他们都可以为庄子开口代言，庄子为什么偏偏选上了两个历史上实有其人，且在当时名头如日中天的孔子与颜回作为自己的代言者？庄子真有必要把自己独特的思想精华贴在两位真实的历史人物身上吗？

我们的看法是，《庄子》内篇中的孔子与颜回并非寓言人物。倘若我们沿着这条思路将《人间世》这一大段有关孔子、颜回的故事一口气看下去，就不难发现庄子所写的就是颜回的成长史，也是历史上失传的“颜氏之儒”的发展简史，属于一份可贵的历史资料。

这里的颜回是一位血气方刚的青年才俊。此时，他已跟随孔子多年，自认为可以施展自己救国救民的抱负了。当他听说卫国君主残暴独行，民不聊生，于是便向孔子辞行要去拯救卫国百姓于水火之中。

历史上，孔子、颜回与卫国的关系的确非同一般。孔子先后居卫国多年，虽未获得重用，却受到卫灵公的厚待。在春秋时期的诸侯国君王中，孔子对卫灵公的评价颇高。卫灵公去世，卫出公即位。从此，卫国便江河日下。对一个曾居住长达十年之久的国家的衰败，想必颜回感同身受，无法置之不理。因此才决定遵循孔子的教诲，亲赴卫国拯救百姓于水火之中。“颜回请行”是不是历史真实，今已无考。但是庄子选择这样一个故事作为《人间世》的开篇，显然认为颜回“请行”在这个时代极具代表性，一个充满抱负、一心一意救国救民的文人士子，可以说是积极向上的有志青年的典型。然而，这样的青年面对的是一个什么样的社会，他应该怎样与这个黑暗残暴的社会相处，如何应对现实中的种种难以预料的危机，这才是庄子最为重视，也思考最多的问题。

在颜回对卫国的这几句描述中，庄子已经为我们定下了“人间世”的基本色调：残暴血腥、尸横遍野、黑暗罪恶、压抑沉闷，人们已经没有了喘息的空间。这便是庄子所面对的真实的人世，现实的社会。这里没有鲲鹏展翅腾飞九万里的空间，没有“栩栩然胡蝶也”“蘧蘧然周也”般的梦幻，也没有“砉然向然，奏刀騞然，莫不中音”的视觉盛宴，这里只有四处弥漫着死亡气息的“死者以国量乎泽，若蕉，民其无如矣”的恐怖现实。置身于这样一个社会，庄子会怎样为人们支招？怎样教人生存下去呢？

庄子说

仲尼曰：“嘻[1]，若殆往而刑耳[2]！夫道不欲杂[3]，杂则多，多则扰，扰则忧，忧而不救。古之至人，先存诸己而后存诸人[4]。所存于己者未定，何暇至于暴人之所行[5]！

【简注】

[1] 嘻：感叹词。

[2] 殆：恐怕。刑：遭受刑戮。

[3] 杂：杂念。

[4] 存诸己：充实自己，立己。存诸人：充实他人，立人。

[5] 何暇：哪儿有时间。

【今译】

孔子说："唉，你去了恐怕会遭受刑戮啊。心中的道应当纯粹，不宜掺有杂念，假如有杂念，就会关切过多，关切过多就会有困扰，假如困扰重重，就会忧患丛生，忧患丛生连自己都救不了，怎么还能救别人！古时的至人，都是先自立然后才去扶助他人。现在，你自己心中的大道尚未立稳，又怎么可能去改正恶人的暴行？

【说庄子】

当颜回满怀一腔热血，决定去拯救卫国百姓于卫君的暴政，想不到得到的却是孔子兜头一瓢冷水："嘻，若殆往而刑耳！"听起来犹如当头棒喝。孔子正言厉色地告诫颜回，倘若你就这样去卫国的话，等于是去找死！

孔子深知颜回此次出行所面临的巨大危险，他对颜回的性命安危极为担忧，知道颜回如此贸然地前往卫国，必然遭遇危及生命的灾祸，所以他不得不出面阻止。话说得是重了些，甚至有些危言耸听，但其中却饱含着老师对自己最器重弟子的关爱、对他性命安危的极度担忧，同时又夹杂着对他勇气与志向的隐隐赞许。

孔子清楚地知道，颜回还没有准备好，他手中并没有拯救卫国的灵丹妙药，还担不起如此的重任。而最重要也最关键的是，这种以身殉道的悲壮之举非但挽救不了到处充满杀戮的卫国，帮不了生灵涂炭的卫国百姓，还只会白白葬送了自己的性命。

孔子首先告诫颜回"道不欲杂"。"道"中倘若掺杂了其他东西，这"道"就变了味儿。而杂质越多，操心的事也就越多；操心的事越多，困扰也就越多；困扰越多，忧患也就越多；忧患太多不要说救不了别人，就连自己也救不了，终究必定是事与愿违。那么，究竟应该怎样做呢？

孔子为颜回推出的榜样是“至人”。“至人”是心中“无己”的人，无论面对什么样的人或事，至人都没有偏见，不会试图用自己的看法去改变别人。唯其如此，一个人的内心才能真正强大起来，“大泽焚而不能热，河汉冱而不能寒，疾雷破山飘风振海而不能惊”（《齐物论》）。况且，颜回在卫国将要面对的复杂局面并不亚于“大泽焚”“河汉冱”“疾雷破山飘风振海”，就颜回眼下的心态而言，他一定做不到“不能热”“不能寒”“不能惊”。所以，孔子要颜回首先去除自己心中的“杂”，“先存诸己而后存诸人”。在自己的内心尚未强大到至人的程度，在自己都还没有立足之地的情况下，仅仅凭着一腔热血，如何去面对这样一个性格乖戾、“轻用民死”的暴人？如何去解救“民其无如”的卫国百姓？

其实，颜回“治国去之，乱国救之”的志向未必不是庄子本人的志向。只不过，庄子比同时代的任何人都更清楚地意识到人与这个社会之间的尖锐对立。所以他尽管说要“先存诸己而后存诸人”，实际上却认为这个社会早已是“忧而不救”了，在他看来，没有人可以挽救这个世界的堕落，人们可以做的仅仅是安时处顺地保命而已。

庄子说

且若亦知夫德之所荡而知之所为出乎哉[1]？德荡乎名，知出乎争。名也者，相轧也[2]；知也者，争之器也[3]。二者凶器，非所以尽行也。

且德厚信矼[4]，未达人气[5]；名闻不争，未达人心。而强以仁义绳墨之言术暴人之前者[6]，是以人恶有其美也，命之曰菑人[7]。菑人者，人必反菑之，若殆为人菑夫。

【简注】

［1］荡：溢，满。

［2］轧：倾轧。

［3］器：工具。

［4］信：诚实守信。矼（gāng）：确实。

［5］人气：指了解程度、范围。

［6］绳墨：喻规矩、准则。术：述，陈述。

［7］菑（zāi）：灾，害。

【今译】

你知道人们为什么要炫耀一己之‘德’，把‘知’外露出来吗？炫耀‘德’是为了出名，外露‘知’是为了争胜。人们为了名而相互倾轧，而‘知’则成了相争的工具。‘名’与‘知’都是凶器，是不可能赖以长久的。

虽然你内心道德纯厚，诚实守信，但是别人并不了解；虽然你不求名声，却很难让人相信你的初衷。如果你勉强在暴君面前讲述仁义道德，那一定会被认为是在当面揭露他的恶行以彰显自己的美德。这样，有恶行的人必定认为你是在害他。一旦被认为你是在害人，那别人一定也会反过来害你。最终恐怕你要为人所害了。

【说庄子】

孔子不愧是循循善诱的老师。一席话，语重心长，却又句句扎心，直击问题的关键，令人不能不服。

孔子一眼就看出颜回的症结出在对“德”与“知”这两个关键问题的认知上。孔子告诫颜回，彰显自己完美的道德，只会让人觉得你想为了出名而抢占道德高地，就必然会带来相互倾轧与争夺。而为了证明自己的能力而求“知”，“知”终究也只会成为一种争胜的工具。无论你意识得到还是意识不到，“名”与“知”都是致命的凶器。人如果不能摆脱“名”与“知”的束缚，非但不能达到“瘳”国之“疾”的目的，反而还会害了自己。

当然，孔子也深知颜回“德厚信矼”“名闻不争”，但是一个外来户到了卫国，你又怎么能让“人气”“人心”都了解你的真实意图，都相信你的初衷？一旦自己的“德”“知”显露出来，马上就会让人感受到你对他们的威胁。更何况，对卫君这样的一个暴人，是没有可能以礼法、仁义道德去改变他的。任何这样的企图都只能被理解为是以暴露他人的恶行来显示自己的美德，被视为是害人。而害人者，必定难逃被害。孔子对这个社会已经看得十分透彻。任何救世的幻想都必然被黑暗所粉碎，任何入世救民的企图都不可避免地会遭遇灭顶之灾。因此，对于文人士子来说，眼下唯一可做的，就是“先存诸己”，在“存于己者未定”之前，放弃一切“瘳”国之疾、“瘳”民之疾的企图。

可知“菑人者，人必反菑之，若殆为人菑夫”绝不是危言耸听，而是这个社会的真相。

庄子说

且苟为悦贤而恶不肖[1]，恶用而求有以异[2]？若唯无诏[3]，王公必将乘人而斗其捷[4]。而目将荧之[5]，而色将平之[6]，口将营之[7]，容将形之[8]，心且成之[9]。是以火救火，以水救水，名之曰益多。顺始无穷，若殆以不信厚言[10]，必死于暴人之前矣！

【简注】

［1］苟：如果。不肖：坏人。

［2］恶用而：何必用你。而：你。

［3］若：你。诏：争辩，诤谏。

［4］王：指卫君。公：指卫君臣子。乘：凭借。人：指颜回。捷：胜。

［5］荧：眩惑。

［6］平：平和。

［7］营：营救。

［8］形：迁就。

［9］成：顺从。

［10］厚言：忠言直谏。

【今译】

假如卫君喜欢贤能之人，厌恶不肖之徒，为什么还需要你去显示与众不同呢？到了卫国，你除非缄口不言，否则的话，卫君一定会抓住你的把柄进行狡辩而取胜。在这种情况下，你必将眼目眩惑，面容还得佯作平和，口中忙于为自救而辩解，态度变得卑恭，内心也开始屈从迁就于卫君了。这样的做法无异于以火救火，以水救水，这就叫做'帮凶'。倘若从一开始你就顺从卫君，那以后就不可能停下来。假如从一开始卫君就不相信你的忠厚直言而你却一味谏诤，你一定会死在暴人面前。

【说庄子】

这里展现的是一幅荒谬却又带着悲悯，讽刺却又不乏黑色幽默的画面：

作为典型的热血青年，颜回的志向是要以一己之"德"、一己之"知"去医治卫国的痼疾，阻止暴君的恶行，拯救百姓于死亡的深渊，这难道不也是孔子所追求、向往的吗？可是为什么孔子竟一而再、再而三地为颜回敲响警钟？他先警告颜回说"若殆往而刑耳"，又说"菑人者，人必反菑之，若殆为人菑夫"，现在索性彻底否定了此行的意义。理由是，假如卫君真能从善如流，近贤臣、远小人，还用得着你去进谏吗？只怕你到了卫国，整天忙着跟"王公"之流"斗其捷"，自己就先头晕目眩起来，脸色也不对了，可还得装作若无其事，嘴上只顾忙不迭地为自救而辩解，现出一副恭顺卑谦的样子，内心也开始迁就屈从于恶人的主张。无论初心是什么，到了这个地步，你所干的就是以火救火，以水救水，为虎作伥啊。倘若换一种做法，从一开始就顺从暴人，那以后一定停不下来。倘若一开始暴人就不相信你的德行，而你还要一味谏诤，那就必定会死在暴人面前！

孔子的这一番重话，绝非故作惊人之语。孔子深知，假如颜回就这样冒冒失失地到了卫国，他将面对的只有两个结局：第一是在卫国君臣的夹击下，迅速堕入卫国君臣股掌之中，不但违背了自己的初衷，还可能会为了自救而顺从，不可避免地与卫君之流同流合污。上了贼船的颜回，只怕是再也下不来了。第二是坚定自己“愿以所闻思其则”的信念，固守初衷，为将卫国百姓从“死者以国量乎泽，若蕉”的境地解救出来，不惜以死进谏。然而，倘若果真这样做的话，颜回“必死于暴人之前矣”。总之，无论颜回怎样做，都是徒劳的，都免不了被摧残、被扼杀的命运。这就是当时最真实的社会现实，也是任何一位文人士子所无法逃脱的命运。

应该说，孔子提出的这个问题很有现实意义。孔子，毋宁说是庄子，已经清醒地看到，假如只是凭着出于好意的进谏就可以改变一个本质残暴的暴君的话，这个世界何至于如此黑暗罪恶，而人却无论如何难以自保。且看这一副“目将荧之，而色将平之，口将营之，容将形之，心且成之”滑稽荒诞的样子，人的尊严早已丧失殆尽，哪里还有一丁点儿“愿以所闻思其则，庶几其国有瘳乎”的抱负与志向的影子！这样的颜回，还是那个“一箪食，一瓢饮，在陋巷，人不堪其忧，回也不改其乐”的颜回吗？

有必要一提的是，庄子笔下的孔子固然不是《论语》

中那个“知其不可而为之”的孔子，但庄子也并不仅仅是借孔子为自己发声。事实上，《论语》中孔子的言行并不总是与庄子思想截然对立的。在不同时期、不同情境下，孔子也不时流露出与庄子相近的心态与感慨。特别是孔子晚年回归故里，潜心授徒之后的言行，以及孔子对曾点、颜回的称许，都可以见出孔子思想并非一成不变。《庄子·寓言》中记述的一段庄子与惠子谈及孔子的对话非常值得注意，庄子对惠子说：“孔子行年六十而六十化，始时所是，卒而非之，未知今之所谓是之非五十九非也”，还说“已乎已乎！吾且不得及彼乎！”从庄子在这段话中所流露出的由衷感慨与赞叹，可知庄子是非常推崇尊敬孔子的，他所记述的有关孔子的言行也有相当的可信度，不能完全视为虚构的寓言。

庄子说

且昔者桀杀关龙逢[1]，纣杀王子比干[2]，是皆修其身以下伛拊人之民[3]，以下拂其上者也[4]，故其君因其修以挤之[5]。是好名者也。

昔者尧攻丛枝、胥敖，禹攻有扈[6]。国为虚厉[7]，身为刑戮[8]。其用兵不止，其求实无已。是皆求名实者也。而独不闻之乎？名实者，圣人之所不能胜也[9]，而况若乎[10]！

【简注】

[1] 关龙逢（páng）：桀时贤臣，因忠谏被杀。

[2] 比干：纣王叔父，因忠谏被剖心而死。

[3] 是：指关龙逢、比干。伛拊（yǔ fǔ）：爱怜。

[4] 拂：违背，违逆。

[5] 修：善。挤：排挤，打击。

[6] 丛枝、胥敖、有扈：尧、禹时期的小国。

[7] 虚：废墟，指国家变为一片废墟。厉：厉鬼，人死变为厉鬼。

[8] 身：指三国国君。

[9] 胜：战胜。

[10] 若：你。

【今译】

过去夏桀杀关龙逢，商纣杀王子比干，都是由于关龙逢和比干注重自身修养，以人臣之位抚恤君王的百姓，居人臣之位却违逆君王的意志，使得君主忌恨他们的道德修养而打击他们。关龙逢和比干最终遭到刑戮，就是因为他们看重追求‘名’啊。

过去尧攻打丛枝、胥敖国，禹攻打有扈国，使这些国家沦为废墟，百姓变为厉鬼，国君遭受刑戮。他们仍穷兵黩武不止，且贪得无厌，这都是为了追求名利啊。你难道没有听说过吗？连尧、禹这样的大圣人都战胜不了名利的诱惑，更何况是你呢！

【说庄子】

夏桀与商纣是历史上两位最为残酷的暴君。而关龙逢与比干都是因为直言进谏而被害才成了名扬千古的忠臣。然而，他们的死，除了赢得了青史留名以外，对改变这个社会、拯救百姓于苦难究竟产生了什么样的作用？

孔子很懂得以历史为鉴，他清楚地知道，颜回赴卫，是在重蹈关龙逄、比干的覆辙，更重要的是颜回的骨子里仍然没有摆脱“文死谏”的传统信念与使命，仍然是抱着赢得所谓忠臣之“名”的目的而赴卫的。更何况，与关龙逄、比干相比，颜回连他们所拥有的进谏资格都没有。仅仅凭着一个士子的身份赴卫国，除了被认为是图“名实”以外，卫君会在乎沟壑草泽之中再多一根并不起眼的“蕉”吗？

再说，即便是尧、禹这样已经名满天下的君主，仍然会为了“名实”去征伐远在天边的几个小国，而从未建功立业的颜回，又怎么能做到在诱人的名利面前无动于心呢？无论颜回说得多么义正辞严，孔子仍然担心在他的潜意识中是无法彻底抛弃“功”“名”“实”的诱惑的！所以才有了如此语重心长的忠告：“名实者，圣人之所不能胜也，而况若乎！”虚名，实利，岂止在庄子时代是对人的巨大诱惑，两千多年来，何时不是人们所耿耿于怀的呢！

这两段先是以关龙逄与比干之死从正面论说“名”对人性命的危害，甚至把两位历史上的“忠臣”都算作是“好名者”，然后又以历史上公认的两位圣人尧、禹为例，从反面说明即便是好“名”也同样会给人带来巨大灾难，这充分显示了庄子对“名”的彻底否定。就是说，无论是臣子不惜死谏以示对国之忠诚，还是圣人打着讨伐暴君的善名造成他国生灵涂炭，抑或像颜回那样凭着“德厚信矼”“名闻不争”去履行自己的使命，最终的结局必然是“德荡乎名”，必然不可避免地陷入“名也者，相轧也”的深坑。这世上，还有谁有像庄子这样犀利敏锐的眼光，一语道出“名”的实质！

虽然，若必有以也[1]，尝以语我来[2]。”

颜回曰：“端而虚[3]，勉而一[4]，则可乎？”

曰：“恶！恶可！夫以阳为充孔扬[5]，采色不定[6]，常人之所不违[7]，因案人之所感[8]，以求容与其心[9]，名之曰日渐之德不成，而况大德乎！将执而不化[10]，外合而内不訾[11]，其庸讵可乎[12]！”

【简注】

[1] 有以：有原因，有办法。

[2] 尝：试。语我：告诉我。

[3] 端：端正。虚：谦逊。

[4] 勉：勉励行事。一：专一。

[5] 阳：刚猛。充：满。孔：非常。扬：张扬。

[6] 采色不定：形容喜怒无常。

[7] 不违：不敢拂逆。

[8] 案：压制，压抑。

[9] 容与：自快，放纵。

[10] 将：如果。执：固执，顽固。

[11] 外合：表面上附和。訾：诋毁。

[12] 庸讵：岂，何。

【今译】

尽管如此，你一定有你的想法，不妨说出来听听。”

颜回说：“我行为端正，内心谦逊，勉励行事，意志专一，这样可以吗？”

孔子说："不可以！一定不可以。卫君骄横跋扈，喜怒无常，没有人敢违背他的意志，他也容不得任何的劝告，只求自己内心舒畅。像卫君这样的人，以德逐渐感化他都行不通，你怎么还希望用大德去改变他的暴行呢？如果你固执己见的话，去卫国之后，你在表面上会附和卫君，而内心也不再谴责他，你的方法怎么可以呢！

【说庄子】

虽然孔子对颜回赴卫的打算给予了严辞警告，却并没有剥夺颜回说话的权利，而是说，你既然要去，自然有你的想法，不妨说来听听吧。这种让人说话的态度，还是很值得令人借鉴的。当然，也不能排除孔子有"引君入瓮"之嫌。

针对孔子前文指出的"杂""多""扰""忧""不救"的问题，颜回提出了"端而虚，勉而一"的解决方案。"端"与"勉"指做事行为端正勤勉，不授人以柄；"虚"与"一"则指兼容并蓄一切，内心纯粹专一。"虚"与"一"都是庄子思想中的重要概念，可是为什么颜回话音刚落，就遭到了孔子的断然否定呢？

原因就在于颜回的"端"与"虚"、"勉"与"一"之间是相互矛盾的。"端"与"勉"都是做给人看的，是为了争"名实"而摆出来的一种姿态，或者说是有意克制自己，是在作秀。而"虚"就是"一"，"一"也就是"虚"。"虚"或"一"是人的精神所可进入的一种境界，是内心空无一物，博大无垠，"注焉而不满，酌焉而不竭，而不知其所由来"（《齐物论》）。因此，有了"虚"与"一"就不会人为地去"端"、去"勉"，也用不着去

"端"或"勉"。"虚"或"一"是纯粹的、空静的，而有了"端"、有了"勉"就不会有"虚"、有"一"，也不会是"虚"或"一"。现在颜回试图把"端"与"虚"、"勉"与"一"拼凑在一起，幻想在两者中寻求平衡，这样一来，颜回的"虚"与"一"就完全失去了庄子"虚"与"一"的原本含义，实际上成了"杂""多""扰""忧"的又一种表现形式。其结果虽然不至于丢了性命，但颜回仍不可避免地被裹挟进去，最终非但不能改变卫君，拯救卫国百姓于水火，反而自己会被环境所改变。这一次，孔子说话的口气终于没有以往那么重了，只是用"你的方法怎么可以呢"加以否定。

有必要说明的是，这一段中"外合而内不訾"这一句的主语究竟是谁，在庄学研究界是存在两种不同看法的。一说是颜回，另一说则指卫君。我们这里采用了颜回说。理由是，假如这句真的是指卫君表面上附和颜回的话，这与卫君"暴人"的身份似乎相矛盾，甚至孔子一次次强调的"必死于暴人之前"也有言过其实之嫌。既然孔子预见到颜回赴卫只有遭刑戮或成为暴君帮凶这样两种结局，"外合而内不訾"应当指的是颜回不仅在表面上会附和卫君，而且在内心也不再谴责卫君的暴行了，意思是颜回最终不但会违背自己的初衷，甚至还会与卫君沆瀣一气，所以孔子才说他"其庸讵可乎！"

庄子说

"然则我内直而外曲[1]，成而上比[2]。内直者，与天为徒[3]。与天为徒者，知天子之与己皆天之所子[4]，而独以己言蕲乎而人善之[5]，蕲乎而人不善之邪？若然者，人谓之童子，是之谓与天为徒。外曲者，与人之为徒也。擎跽曲拳[6]，人臣之礼也，人皆为之，吾敢不为邪！为人之所为者，人亦无疵焉[7]，是之谓与人为徒。成而上比者，与古为徒[8]。其言虽教，谪之实也[9]，古之有也，非吾有也。若然者，虽直而不病[10]，是之谓与古为徒。若是则可乎？”

仲尼曰：“恶！恶可！大多政法而不谍[11]。虽固[12]，亦无罪。虽然，止是耳矣[13]，夫胡可以及化[14]！犹师心者也[15]。”

【简注】

[1] 内直：内心正直，坚持原则。外曲：表面附和卫君。

[2] 成：成说。上比：上比于古人。

[3] 天：自然。徒：同一类。

[4] 天子：君主。天之所子：自然之子。

[5] 蕲（qí）：求，希望。善：称赞。

[6] 擎（qíng）：执，指上朝时臣子手中执笏。跽（jì）：跪拜君主。曲拳：抱拳鞠躬，大臣相见时所行之礼。

[7] 疵：诽谤，非议。

[8] 古：古人。

[9] 谪：诤。

[10] 直：直率。病：毛病，瑕疵。

[11] 大：太。政：正。法：法则。谍：当。

[12] 固：固陋，浅陋。

[13] 止：只。

[14] 化：感化。

[15] 师心：以成心为师。

【今译】

“那么我就内心正直而表面上委曲附和，引用成说上比于古人。所谓内心正直，就是把人看作与自然同类。把人看作与自然同类就是说，天子与我，同为自然之子。我为什么希望别人称赞我，又何必在乎别人指责我？像这样的人，人们称之为‘童子’，这就是‘与天为徒’。所谓‘外曲’，就是外表上与众人一样，上朝叩头，拱手作揖，行人臣之礼。既然人人都这样做，我又怎么能不这样做呢？做与众人相同的事，别人也就不会指责我与众不同。与众人相同，这就叫做‘与人为徒’。所谓‘成而上比’，就是与古人同类，他们的言辞虽有教训的作用，我却可以用作谏诤之言，这些话古已有之，并非我的独创。像这样做，我所说的话虽然直率，却不致招来忌恨，这就叫做‘与古为徒’。这样的方法可行吗？”

孔子说：“不行，仍然不可行。你干预的法则太多也不够妥当。不过，虽然浅陋，却还可以免罪。可是，也仅此而已，这又如何谈得上感化卫君呢？你的办法只能说明你在按照自己的成心做事。”

【说庄子】

在颜回“端而虚，勉而一”的方法又被孔子否定之后，颜回又想出了一套新的方案，那就是“内直而外曲，成而上比”。其基本策略就是保持内心正直，不与卫君同流合污；表面上顺从卫君，委曲求全，该进谏时不直抒己见，而是以借古喻今的方式表达出来。

“内直而外曲，成而上比”这一招，较之“端而虚，勉而一”，从自我保护的角度来看，的确更完善，也更安全了。所以在颜回看来，他已经为此行做好了充分的准备：从保持内心的正直，到亦步亦趋混同于众人，再加上借古讽今地发表政见，颜回自以为是胜券在握。可这一切在庄子看来仍不过是颜回一类有志青年不切实际的幻想而已，仍陷在“犹师心者也”的思维误区之中，所以孔子说，你这个办法充其量也就是能保全小命而已，离完成赴卫的使命连边儿都沾不上呢！

从颜回最初得知卫君“轻用其国”“轻用民死”，决心“愿以所闻思其则”，到后来在孔子的教诲下，改为采取“端而虚，勉而一”的行事准则，再到现在退而求其次，决定走“内直而外曲，成而上比”的道路，可以看出颜回的思想是越来越偏离“瘳”卫国之疾的初衷，越来越倾向于自保求生。如果说，“愿以所闻思其则”是颜回试图救治卫国最符合传统文人士子精神、最理想的方案，而“端而虚，勉而一”仍浸透着“愿以所闻思其则”的“进取”精神的话，那么，到了“内直而外曲，成而上比”似乎更多的只是表示了在不同流合污的基础上努力进言而已。意想不到的是，这第三个方案却得到了孔子相对来说最高的评价：“虽然，止是耳矣，夫胡可以及化！”然而，假如颜回卫国之行的最好结果就是“胡可以及化”，与颜回的初衷虽说不上是大相径庭，却也相距甚远。那么，庄子写了这么多，究竟是想透露点儿什么呢？

至少，在这里我们看到的是以颜回为代表的“颜氏之儒”的一段心路发展历程。

“愿以所闻思其则，庶几其国有瘳乎”，表达的是孔子与孔门绝大多数弟子所怀有的远大志向。但经过“若殆往而刑耳”现实环境的修正，孔门弟子各自走上了不同的发展道路。在孔子引导下，颜回开始寻求内心的修炼，于是便有了“端而虚，勉而一”的第二套方案。比起犯颜直谏，这套方案虽然仍记挂着“端”与“勉”，但“虚”与“一”已占据了相当重要的地位。可惜的是，这条路在现实中仍旧行不通，于是便有了“内直而外曲，成而上比”。较之“端而虚，勉而一”，这第三套方案的锋芒大大收敛了，代之以顺其自然，也几乎不再有任何“强以仁义绳墨之言术暴人之前”的痕迹。只是在这时，孔子才不再发出类似“若殆往而刑耳”的警告，认为颜回总算是可以在卫国保住性命了。

颜回提出的这三个方案，实际上代表了颜氏之儒发展的三个阶段。至此，虽然颜氏之儒的精华“心斋”还没出现，但颜氏之儒作为一个思想流派却已具雏形。尽管孔子认为颜回的第三个方案仍然有待完善，但其处世方法，却在很大程度上得到了庄子的认同。《人间世》中此后讲述的“叶公子高使齐”“颜阖傅卫灵公太子”，实际上采用的都是这样的一种“虽固，亦无罪”的处世方式，用庄子的话来说就是“知其不可奈何而安之若命”，是“德之至也”。

庄子说

颜回曰：“吾无以进矣[1]，敢问其方。”

仲尼曰：“斋，吾将语若[2]！有心而为之，其易邪？易之者，皞天不宜[3]。”

颜回曰：“回之家贫，唯不饮酒不茹荤者数月矣[4]。如此，则可以为斋乎？”

曰：“是祭祀之斋，非心斋也。”

回曰：“敢问心斋。”

仲尼曰：“若一志[5]，无听之以耳而听之以心，无听之以心而听之以气[6]！听止于耳，心止于符[7]。气也者，虚而待物者也。唯道集虚。虚者，心斋也。”

颜回曰：“回之未始得使[8]，实自回也；得使之也，未始有回也，可谓虚乎？”

夫子曰：“尽矣！

【简注】

［1］无以进：没有更好的方法。

［2］语：告诉。若：你。

［3］皞天：指自然，上天。

［4］茹：吃。

［5］一志：心志专一。

［6］气：指心无杂念后进入的“虚”的境界。

［7］符：合。

［8］得使：得到教诲。

【今译】

颜回说：“我没有更好的方法了。请问先生有何赐教？”

孔子答道：“你斋戒之后，我再告诉你。你怀着成心做事，会那么容易吗？假如什么事都那么容易，上天也认为不合适啊。”

颜回说：“我家贫穷，不饮酒不吃荤已经几个月了。这样可以算作是斋戒吗？”

孔子说：“这是祭祀的斋戒，不是心斋。”

颜回说：“请赐教什么是‘心斋’。”

孔子说：“你得用心专一，摒弃杂念，不用耳去听而用心去感悟，不用心去感悟而以气去体会。耳仅限于听外在声音，心仅限于映现外在事物，而气却是以虚空包容万物。惟有进入‘虚’的境地，道才能显现其中。所谓‘心斋’，其实就是‘虚’。”

颜回说：“在我没有听说‘心斋’时，觉得颜回无时不在，现在我理解了什么是‘心斋’，顿时觉得世界上再没有我自己了。这样的境界，可以称之为‘虚’了吗？”

孔子说：“你已经完全领会心斋了。

【说庄子】

孔子从颜回心中的“杂”也就是“成心”说起，历数颜回这样仓促赴卫必定遇到的种种不测，现在终于切入正题，提出了“心斋”这个重要的概念。

所谓“心斋”，正如孔子所解释的，与传统的祭祀之斋不同。祭祀之斋斋的是肠胃荤腥，斋的是肉体，目的是不亵渎神灵，所以斋在一时。而“心斋”斋的是心，斋去的是“己”，目的是“斋”出一个可包容一切，不滞留一物的纯粹的、虚静的“心”，所以斋在一世。

“心斋”的结果很美好，可是“心斋”的过程却并不容易。孔子说得很清楚，心斋是人对外在世界的感悟，是一个过程，其中包括三个层次。第一个层次，是放弃目视而代之以耳闻。人们最相信的往往是自己的眼睛，可世上很多事物却偏偏不是可以用眼睛看到或感受到的，所以应该闭上眼睛只用耳闻。第二层次是用心。耳对外界的感悟进入到心，由“心”的认知功能，对外在事物进行第二次的去伪存真。不过，由于耳或心都会或多或少受到“成心”的影响，在感知世界时，往往会有所选择，因此不一定能够感悟到世界的真相。第三层次用的是“气”。“气也者，虚而待物者也”。所谓用气去感悟世界，就是站在“寓诸庸”的立场，心中一片空灵，将自己与自然天地万物融为一体，用自然的心去接受外在的一切:“唯道集虚。虚者，心斋也。”当人的内心世界呈现一片虚空，没有了一“己”，也没有了自我，还有什么不可以接受，不可以放弃的呢？以这样的心态待人接物，就进入了心斋的最高境界。

孔子把进入“心斋”的过程说得貌似很玄，其实却很简单，关键就在于是“未始有回”还是“实自回也”。“回”就是“我”，就是“己”，就是“有心”。“未始有回”就是“无心”“无己”“无我”，也就是“虚者”，就是“心斋”的境界。人一旦进入“心斋”，心中一片虚空，没有了自我，不再戴着有色眼镜看世界，也不再想着为了一己之“名实”而“相轧”，也就摆脱了现实世界的种种束缚，进入了一个“无己”的自由世界。

至此，颜回终于领悟了何谓心斋，心中也再没有一己的观念。按说，孔子的目的已经达到了，颜回也可以返其“陋巷”继续去过“一箪食，一瓢饮”的日子了。可是，孔子说了这么半天，难道真的仅仅是要颜回领悟了“心斋”，就此了事吗？

庄子说

吾语若：若能入游其樊而无感其名[1]，入则鸣[2]，不入则止，无门无毒[3]，一宅而寓于不得已[4]，则几矣[5]。绝迹易[6]，无行地难。为人使易以伪，为天使难以伪。闻以有翼飞者矣，未闻以无翼飞者也；闻以有知知者矣，未闻以无知知者也。

瞻彼阕者[7]，虚室生白[8]，吉祥止止[9]。夫且不止，是之谓坐驰[10]。夫徇耳目内通而外于心知[11]，鬼神将来舍，而况人乎！是万物之化也，禹、舜之所纽也[12]，伏戏、几蘧之所行终[13]，而况散焉者乎[14]！”

【简注】

[1] 樊：藩篱。其樊：指卫国。

[2] 入：听得进去。

[3] 门：门派，这里指派系。毒：危害，伤害。

[4] 宅：居处，指心灵所居之处。

[5] 几：差不多。

[6] 绝迹：没有踪迹，这里指不走路。

[7] 瞻：看。阕：空，指“心斋”的境界。

[8] 室：指心。

[9] 止止：止于止处。

[10] 坐驰：人虽然坐着，心却在奔驰。

[11] 徇：使。外：排除。心知：心机。

[12] 纽：枢纽，关键。

[13] 伏戏、几蘧（qú）：传说中上古君主。所行终：终身奉行的准则。

[14] 散焉者：指没有成就的普通人。

【今译】

我现在告诉你，假如你能游于卫君左右，一定不要为名利所动。他听得进去，你就说，否则就不说。不参与门派，便不受伤害。用心专一，只有万不得已时才做事，这样或许就没有太大问题了。不行路容易，行路不留痕迹却难。为欲望所驱使容易造假，为自然所驱使却难于造假。只听说过有翅膀才可以飞，没听说过没有翅膀也可以飞。只听说‘有知’才可以认知事物，没听说‘无知’也可以认知事物。

‘心斋’之后内心光明一片，吉祥毕现。如果不能进入这样的境界，就会心骛八极，这种状态叫做‘坐驰’。若能摒除耳目受外界干扰而产生的各种杂念，鬼神都会前来依附，何况人呢！如此便可以感化万物，这是禹、舜所掌握的关键，也是伏戏、几蘧终身行事的准则，更何况普通人？”

【说庄子】

读到这里我们才恍然大悟。原来孔子一而再、再而三地说颜回到了卫国注定无法成功，还很有可能会丢掉性命，并不是要颜回望而却步，回到陋巷中去，而是要颜回通过“心斋”，让自己的心“虚”起来，空无一物，进入一个“虚室生白，吉祥止止”的境界，以一个全新的面貌出现在卫国。

自然，孔子最为关注的还是颜回自身的安危。即便在颜回领悟了“心斋”的真谛之后，孔子仍反复叮嘱他到了卫国应当如何行事，甚至包括如何跟随卫君左右，具体到如何得机会则谏，没机会则罢，不参与卫国君臣的党派之争，“一宅而寓于不得已”等等，字里行间饱含着孔子对自己最器重弟子细致入微的关爱与深深的担忧。

在孔子这一系列的叮嘱中，最耐人寻味，也最为重要的是“一宅而寓于不得已”一句，说到底就是给自己留有后路。卫君残暴终有恶贯满盈的一天，那时节，追随在卫君左右的人不想受到惩罚都难，所以孔子才如此告诫颜回。在孔子看来，这个“不得已”是真正发自内心的，不是作秀。如果“不得已”太过，卫国君臣不会轻易放过你；如果入戏太深，秋后遭到算账必不可免。所以孔子叮嘱颜回“为人使易以伪，为天使难以伪”。人在做，天在看，谁也逃不脱恢恢天网。孔子说，这“不得已”能用到恰到好处，就要靠颜回的“知”发挥作用了，“闻以有知知者矣，未闻以无知知者也”。

如果一味悲观，那不是孔子。“知其不可而为之”(《论语·宪问》)，才是孔子的悲剧英雄性格。即使他深知颜回赴卫将会遇到多大的风险，但他仍然相信只要颜回可摒除耳目受外界干扰而产生的各种杂念，进入“虚室生白”的境界，就连鬼神都会前来依附颜回，何况是人呢！在孔子看来，颜回只要保持“虚”就可以容纳万物，天地万物与我为一，“独与天地精神往来”。凭借着颜回的人格魅力与“注焉而不满，酌焉而不竭，而不知其所由来”(《齐物论》)的胸襟，他终究会在卫国获得一个栖身之地。

在孔子的谆谆教诲下，颜回的心斋完成了，他们的对话也结束了。历史上的颜回终生未仕，在他的陋巷中终其一生。但是颜氏之儒的形成，却是在孔子门下发轫的。这里孔子所说的颜回在心斋后到卫国能完成他的愿望，只不过是孔子对颜回的期望，给颜回描绘的一幅海市蜃楼罢了。

庄子说

叶公子高将使于齐[1]，问于仲尼曰："王使诸梁也甚重，齐之待使者，盖将甚敬而不急。匹夫犹未可动，而况诸侯乎！吾甚栗之[2]。

子常语诸梁也曰[3]：'凡事若小若大，寡不道以欢成[4]。事若不成，则必有人道之患[5]；事若成，则必有阴阳之患[6]。若成若不成而后无患者，唯有德者能之。'吾食也执粗而不臧[7]，爨[8]，无欲清之人[9]。今吾朝受命而夕饮冰，我其内热与[10]！吾未至乎事之情，而既有阴阳之患矣；事若不成，必有人道之患，是两也[11]。为人臣者不足以任之[12]。子其有以语我来！"

【简注】

[1] 叶公子高：为楚庄王玄孙，楚国大夫，封于叶，姓沈，名诸梁，字子高。使：出使。

[2] 栗：恐惧。

[3] 子：指孔子。

［4］寡：少。道：言。欢：快乐。成：成功。

［5］人道之患：人为的刑罚祸患。

［6］阴阳之患：人体阴阳失调。

［7］执粗：食用粗茶淡饭。臧：精美。

［8］爨（cuàn）：烧火做饭。

［9］清：凉，形容内心摒除各种欲望杂念而后所达到的清静。

［10］内热：形容心中焦躁不安。

［11］两：指人道之患与阴阳之患。

［12］之：出使齐国的使命。

【今译】

叶公子高将要出使齐国。他问孔子道：“楚王派遣我出使齐国，责任十分重大。齐国对待使者，表面上恭敬，做事却拖拖拉拉。我连百姓都说服不了，何况诸侯呢！我现在感到极为恐惧。

您曾经对我说过，‘无论大事小事，很少有不沟通就能轻松愉快办成的。如果事情办不成，一定会有人事之祸；如果办成了，又会因心智耗尽身体阴阳失调而遭受病患。无论成功与否都能使自己不受到任何伤害，惟有有大德的人才行啊。’我吃的是粗茶淡饭，不求食物的精美，每天都亲自烧火做菜，也没有其他欲望、杂念。我今天早上接到出使齐国的使命，晚上就得喝冰水，因为我已经有了内热之疾。我还没有出使，就已经遭受阴阳失调的病患；假如出使失败，必定会受到君主的惩罚。这是我无法逃避的两种祸患。作为人臣，我实在担当不了这样的重任，先生您可以告诉我应该如何去做吗？”

【说庄子】

庄子笔下“人间世”中的这个“人”，多指文人士子。作为其中一员，这个群体很自然地受到了庄子更多的关注。如果说“颜回请行”主要着重于强调文人士子在出仕之前应该怎样做好“功课”的话，那么“叶公子高使齐”就更像是文人士子踏上仕途之后的行动指南。不过，话说回来，孔子前文不是已经为给君王做事的颜回出过“入则鸣，不入则止，无门无毒，一宅而寓于不得已”的招了吗，为什么这里庄子还要再拎出一个叶公子高来，而且为人师者的仍是孔子呢？

原来在庄子心目中，颜回与叶公子高分别代表了两类即将踏上或已经踏上仕途的文人士子。颜回将要应对的是君臣之间的“内政”，姑且称之为“内政事务”代表；而叶公子高将要面对的却是诸侯国的邦交，是名副其实的“外交事务”使臣。春秋战国时期，战争频仍，诸侯国间彼此吞并、结盟，共同对付第三国更是屡见不鲜。在这样的大环境下，斡旋于各国之间，担负着调停、游说、谈判重任的外交使节，对本国的兴衰存亡起着举足轻重的作用。当今世界各国的外交事务都是外交部以及驻外领使馆负责的，可春秋战国时期处理诸侯国之间的邦交事务就没有那么方便了。朝中任何一位臣子都有可能被君主派去充当本国使者，代表本国斡旋于两国之间。办好邦交，还不伤害自己的性命，这在春秋战国时期可是件艰巨繁重的工作。

叶公子高早朝接到了出使齐国的使命，短短一天下来，他竟为这项使命闹得寝食难安，内热上火。可见春秋战国时，出使绝非美差。其实，叶公子高并不是酒囊饭袋，也并非口拙。就凭他对孔子讲的那一番绵里藏针、逼着孔子无法拒绝他的话，就知道他的外交辞令在朝臣中一定也是十分出众，很擅长不动声色地引人入彀。

他见到孔子的第一句话就强调自己此次出使齐国责任重大："王使诸梁也甚重"，可偏偏齐国"待使者，盖将甚敬而不急"。这就要命了。显然此次出使，是楚国有求于齐国，而齐国的态度却是恭敬有礼但就是拖着不办。凭着对楚王与齐君的了解，叶公子高深知自己担负着的是一项几乎不可能完成的任务，因此才大肆渲染"吾甚栗之"，把自己的惊恐夸大到极点。然后才点明自己已经处在了进退两难的境地：出使不成功，必有人事之祸患；即便侥幸成功了，也会耗尽心力，阴阳失调，搭上自家身体甚至性命。就是说这是一个有百害而无一利的"买卖"。叶公子高打出这一系列悲情牌，说出这一大车话，目的就是把话题引到向孔子求救上来。于是，他很巧妙地说自己幸亏听孔子说过"若成若不成而后无患者，唯有德者能之"的话，所以才来请他老人家帮自己出个主意，救自己一命。在这样的情势下，无论孔子站在什么角度，出于何种考虑，都不能不帮叶公子高找到一个既不伤身，又能完成使命的"两全"之法了，足见叶公子高心智过人。

那么，孔子究竟会不会救叶公子高？如果会，他又会拿出什么样的高招来？让我们继续看下一节中孔子的回答。

这一段中"吾食也执粗而不臧爨无欲清之人"的句读值得一提。几乎所有《庄子》注本都是这样断句的："吾食也执粗而不臧，爨无欲清之人"，把"爨"放在下句的句首，认为这两句承上文的“有德”之说而来，是在描述叶公子高日常生活的清廉。可是《庄子》中的“德”，多指人内心的修炼而不是为官的道德。假如我们把“爨”与下句断开，句读为“吾食也执粗而不臧，爨，无欲清之人”，这样“爨”的用法就如同《应帝王》中列子“三年不出。为其妻爨，食豕如食人”的“爨”一样，作日常家务解，来代指对“德”的修炼，下句的“无欲清之人”则是说叶公子高自认为已经修炼到心中没有欲望、杂念的清虚境界了。

庄子说

仲尼曰：“天下有大戒二[1]：其一，命也[2]；其一，义也[3]。子之爱亲，命也，不可解于心；臣之事君，义也，无适而非君也[4]，无所逃于天地之间。是之谓大戒。是以夫事其亲者[5]，不择地而安之[6]，孝之至也；夫事其君者，不择事而安之，忠之盛也。

自事其心者[7]，哀乐不易施乎前，知其不可奈何而安之若命，德之至也。为人臣子者，固有所不得已。行事之情而忘其身[8]，何暇至于悦生而恶死[9]！夫子其行可矣！

【简注】

[1] 戒：法则，人必须遵守的法则。

[2] 命：天命，不可改变的命运。

[3] 义：道义，指人为的社会道德规范。

[4] 适：往，到。非：没有。

[5] 事：侍奉。

[6] 安之：使父母安乐。之：指父母。

[7] 事其心：指修德。

[8] 情：实情。

[9] 何暇：哪儿有时间。

【今译】

孔子说："天下有两大法则，其一是命，其二是义。子女爱父母，这是天性，不可以解除于心；臣子侍奉君主，这是义，只要你处于天地之间，就不可能有没有君主的地方。这就是人世的两个根本法则。所以子女侍奉父母，无论处于什么环境都能让父母感到安心，这是'孝'的极致；臣子侍奉君主，无论遇到什么使命都能让君主感到安心，这是'忠'的极致。

修德之人，不会因外界的哀乐而改变内心，知道世事艰难，在无可奈何的时候却能安然处之，把这一切当作是命的安排，这就是'德'的极致。为人臣子，一定会遇到不得已的事情。按照实情行事而忘记自身，你怎么还会有时间考虑生死问题呢？先生是可以接受这项出使使命的。

【说庄子】

"命"是天赋的，所谓"子之爱亲，命也，不可解于心"。这话虽出自《庄子》中的孔子之口，却与《论语》中有关"命"的看法非常相似！如《论语·宪问》中说："道之将行也与，命也；道之将废也与，命也。"还有《论语·尧曰》中的："不知命，无以为君子。"孔子认为人

不可抗命，人也抗不过命，所以人应该知命，认命，从命。“命矣夫！斯人也而有斯疾也！”（《论语·雍也》）

庄子在很多方面都继承了孔子关于“命”的思想。如在《德充符》中，庄子说：“死生，存亡，穷达，贫富，贤与不肖，毁誉，饥渴，寒暑，是事之变，命之行也。”还说：“游于羿之彀中，中央者，中地也，然而不中者，命也。”这就是说，庄子也认为身处一个无可奈何的现实世界，最好的应对方式不是抗命，而是认命。既然现在叶公子高摊上了出使齐国的差事，那就只能接受，只能服从，没有人能拗得过“命”。不管面临多少艰难险阻，叶公子高都得认命，都得像儿子侍奉父母那样，不可有丝毫的怠慢。

从家庭伦理观念角度出发，孔子认为叶公子高得接受君主的使命。从社会道德方面来看，孔子也认为叶公子高得接受这项工作。天下是君主的天下，每个人都“无所逃于”君主的管辖之外。既然有君主，那就得像侍奉父母那样侍奉君主，这就是“义”。“夫事其君者，不择事而安之，忠之盛也。”叶公子高自认为是有德之人，而“孝”与“义”都是“德”的重要内容，孔子认为叶公子高应该为君主解忧，出使齐国。

在这段话中，我们可以看出，庄子虽然认“命”，但于“义”，却在一定程度上修正了孔子的思想。那一句“知其不可奈何而安之若命，德之至也”，分明透露出了万般的无奈但又不得不做的意思。这一思想虽然偏离了孔子的轨道，但精神内核还是孔子的。孔子紧接着的那一句“为人臣子者，固有所不得已”轻轻地化解了“不可奈何”之后，又回到了“义”上，臣子“行事之情而忘其身，何暇至于悦生而恶死！夫子其行可矣”，这才是孔子真正的想法。

此外，庄子在这一段中表现出的对君主社会的考量也特别值得注意。我们知道庄子在构想他那虚无缥缈的理想世界时，表露出的是一种高远清旷的对“广莫之野”“无何有之乡”的向往，而一旦面对现实，庄子其实也是无计可施的。他就是对“古之人”再向往，对“圣人无名”的理想世界再钟情，对卫君之流再憎恶，也无法真正从这个社会中抽身，摆脱这个君主社会对他的限制与影响，这就是“臣之事君，义也，无适而非君也，无所逃于天地之间”的意义。在一个君主社会，庄子愿意也好，不愿意也罢，他都不得不承认君主在这个社会所拥有的无法撼动的地位，不得不“安之若命”地接受君主无所不在的统治，不得不在君主的眼皮底下寻找生存的空间，也不得不与君主至高无上的权力周旋。这才是为什么庄子只能走向修“心”的世界，这是他唯一可以独享而无需受制于人的空间。

庄子说

丘请复以所闻[1]：凡交近则必相靡以信[2]，远则必忠之以言，言必或传之[3]。夫传两喜两怒之言，天下之难者也。夫两喜必多溢美之言[4]，两怒必多溢恶之言。凡溢之类妄[5]，妄则其信之也莫[6]，莫则传言者殃[7]。故法言曰[8]：‘传其常情，无传其溢言。’则几乎全[9]。

且以巧斗力者[10]，始乎阳[11]，常卒乎阴[12]，泰至则多奇巧[13]。以礼饮酒者，始乎治[14]，常卒乎乱[15]，泰至则多奇乐[16]。凡事亦然。始乎谅[17]，常卒乎鄙[18]；其作始也简，其将毕也必巨[19]。

【简注】

[1] 复：再。

[2] 靡：摩擦、接触，这里指国与国之间的交往。

[3] 或：有人。

[4] 溢：夸大。

[5] 类妄：像谎言一样。

[6] 莫：不，没有。

[7] 殃：遭殃。

[8] 法言：格言。

[9] 全：保全。

[10] 巧：技巧。

[11] 阳：公开。

[12] 阴：阴谋。

[13] 泰至：太过分。奇巧：意想不到的技巧，此处指阴谋。

[14] 治：依照规矩行事。

[15] 乱：迷乱。

[16] 奇乐：醉酒后的淫乐。

[17] 谅：诚信。

[18] 鄙：欺诈。

[19] 巨：巨大，指复杂。

【今译】

我还是把我了解的事再告诉你：与邻近国家交往凭借的是诚信，与远道国家交往凭借的是表达忠诚的语言。而语言，一定是要通过人来传达的。天下最难的事，就是传达两国国君都喜悦或都愤怒之言。传达喜悦之言，使臣必定会添加许多赞美的话；而传达愤怒之言，就会加上许多恶言恶语。这些添加的言辞，都是虚妄的。既然是虚妄的，就难以置信。传言让人难以置信，使臣就必定会遭殃。所以格言说：‘要传达实情，不要夸大其辞。’这样做，差不多就可以保身全生了。

那些玩角力游戏的人，开始时都光明磊落，最后却往往以阴谋诡计告终，太过分的人甚至不择手段地施展计谋。饮酒的人起初也都规规矩矩，但喝到最后往往就心智迷乱了，甚至丧失理性，丑态百出。所有的事情都是这样的。起初双方都相互谅解，最后却变得言不由衷，相互欺诈。许多事开始时往往简单，可越到后来就必定变得越复杂。

【说庄子】

国与国之间的交往，靠的是外交使臣的“言”。话，要说得妥帖、精准才行。最忌讳的便是所谓“溢言”，夸大其辞。可偏偏这样的事不但在春秋战国诸侯国交往中时有发生，就是现当代的外交事务中也不乏见。所以孔子为叶公子高出使出谋划策，先强调择言的重要。

对庄子时代的使节来说，外交辞令不但有关一国的兴亡，更会给自身招来难以预测的灾祸。一向注重个体生命的庄子，自然首先要操心的便是外交使臣的个人安危。虽然从“命”与“义”两个方面他充分肯定了出使是文人士大夫天经地义的责任，但更重要的还是告诫叶公子高说起话来，千万不要添油加醋，不要把情绪化的东西传达出去，最好的办法就是传达实情，有一说一。如此，才既能完成自己所担负的使命，又不至于让自己陷入两难的境地。

庄子给人印象最深的往往是他的天马行空、超凡脱俗。其实，庄子对人情世故、凡人心态的洞悉，也远非常人可比。不但这个“传其常情，无传其溢言”的教诲至今具有普遍意义，就是他从作为娱乐活动的角力游戏以及在中国传统文化中占有一席之地的饮宴文化中，揭示的人们心态、行为变化的原因也极具启示意义。可见庄子所瞩目的是人自身，是人性、人的本能、人的心态，以及人与生俱来的缺陷与弱点，而不仅仅是从单一的政治、社会、思想角度看问题。

这里提到的竞技角力原本就是一种休闲游戏，参赛双方免不了为取胜而相互算计。但这样一个娱乐活动却可能由于触动了人的竞争之心，由“巧”发展为“奇巧”，由“阳”走到“阴”，引诱人依靠阴谋诡计取胜。饮酒也是如此。自古以来，宴饮都是重要的待客之道，也是重要的外交礼仪活动之一。但酒却能乱性，几杯下肚，原来彬彬有礼的人都有可能被打回原形，丑态百出，更何况他人！庄子其实要说的就是，天下事，事与愿违是常态，尽管初衷未必如此，但由于人心中各种诱惑欲望的存在，由于各种各样契机的触发，很多事随时随地都可能走向反面。

这就是“始乎谅，常卒乎鄙；其作始也简，其将毕也必巨”给我们的警示。

庄子说

言者，风波也[1]；行者，实丧也[2]。夫风波易以动[3]，实丧易以危。故忿设无由[4]，巧言偏辞。兽死不择音，气息茀然[5]，于是并生心厉[6]。克核大至[7]，则必有不肖之心应之[8]，而不知其然也。苟为不知其然也[9]，孰知其所终！

故法言曰：‘无迁令[10]，无劝成[11]，过度，益也[12]。’迁令劝成殆事[13]，美成在久，恶成不及改，可不慎与！

且夫乘物以游心[14]，托不得已以养中[15]，至矣。何作为报也[16]！莫若为致命[17]。此其难者。”

【简注】

[1] 风波：形容使臣之言引起的波动。

[2] 实：实情，指出使目的。丧：丧失。

[3] 易：更换，改变。

[4] 忿：忿怒。设：发作。

[5] 茀（bó）然：喘息急促，形容忿怒发作。

[6] 心厉：心内产生恶念。

[7] 克核：苛责，逼迫。

[8] 不肖：不善。

[9] 苟：如果。

[10] 迁：改变。令：指君主的使命。

［11］劝：促使。

［12］益：溢，增加。

［13］殆：危险。

［14］乘物：顺应事物。游心：指游心于“虚”境。

［15］养：修养，保养。中：中间，即《齐物论》所说的“寓诸庸”，《养生主》“缘督以为经”之“督”。

［16］报：报效君主。

［17］致命：传达君主之命。

【今译】

语言犹如风波；一旦风波发生，实际目的就会丧失。风波很容易被掀起，目的丧失就会伴随着危险。所以说，忿怒的发作并非有其他原因，只是传言时的巧言以及偏激之辞造成的。困兽临死之前狂号，喘息急促，会生出伤人之心。如果传言时相逼过急，一定会使人顿生报复的恶念，有时甚至自己都不知道为什么这样做。倘若自己都不知道为什么这么做，谁又能知道事情发展的最终结果呢？

因此格言说，‘不要改变接受的使命，不要竭力促使事情成功。做事过度就是夸大。’假如改变君主之令来促成事情的成功，便会危及出使的使命。成就一件好事需要长时间的努力，而坏事一旦铸成，就来不及更改了。因此一定要格外慎重。

心顺应事物的变化，在不得已时立于中间之道，这也就是最好的结果了。你不必刻意想着如何去报答君主，只需如实传达君主之言。当然，这对使者来说是最难的了。”

【说庄子】

现代汉语有个词叫“话赶话”，意思是一个话题开了头，你一言我一语，哪一句没有说对就可能引起很大的纷争，带来意想不到的后果。“言者，风波也”这一段，说的就是这个意思。

外交使臣玩的是语言艺术，叶公子高出使齐国做的又是求人的生意，既要不失体面、不损害本国利益，又能达到目的，确实需要精湛的语言艺术。可语言偏偏又是一把双刃剑，用好了自然一切顺风顺水，可稍有不慎，不但君主交给你的使命完不成，还会伤了自家性命。所以孔子转了一大圈，重又绕了回来旧话重提，再一次嘱咐叶公子高传言一定要慎重，千万别“话赶话”，否则，一旦让“困兽”“并生厉心”，或者让对手萌生“不肖之心”，那就后患无穷，太危险了。

不知道是对外交使臣的处境格外同情还是怎么的，在叶公子高出使这件事上，孔子或者说是庄子，显示出了前所未有的苦口婆心。先是从人的自然属性说起，谈到社会伦理道德，再转到使臣不得不面对的两难困境，然后反反复复引用古代格言，其目的就是要叶公子高“无迁令”“无劝成”，在未知未来吉凶的前提下，一定只是忠实地传达君主之“言”，不溢美，不溢恶，不做过多的解读，懂得“美成在久”，避免“恶成不及改”，慎重再慎重！

我们知道《庄子》处世哲学的核心是“寓诸庸”、位于“中枢”，形象化地说就是“缘督以为经”。对于作为使臣的叶公子高随时可能罹患的灾祸，庄子的想法是不要抗拒，也不要躲避，而是以“知其不可奈何而安之若命”“乘物以游心”的态度参与其中，不挑起任何风波，顺着事物的自然之理，绕开各种各样的障碍、阻断，那才可以“养中”保命。这样做虽然很难，却是唯一可以避免阴阳、人道之患的途径。

庄子说

颜阖将傅卫灵公大子[1]，而问于蘧伯玉曰[2]：“有人于此[3]，其德天杀[4]。与之为无方[5]，则危吾国；与之为有方，则危吾身。其知适足以知人之过[6]，而不知其所以过。若然者，吾奈之何？”

【简注】

［1］颜阖：鲁国贤人，《庄子·让王》《庄子·列御寇》均记载有颜阖事迹。大子：太子。

［2］蘧伯玉：姓蘧，名瑗，字伯玉，春秋时期卫国大夫，仕卫国献公、殇公、灵公三朝。为人内直外宽，深受时人尊敬，与孔子为一生挚友。孔子两次入卫，均住在蘧伯玉家。

［3］人：指卫灵公太子。

［4］德：性。天杀：天性嗜杀。

［5］方：原则，法度。

［6］知：智。适足：仅能。

【今译】

颜阖很快就要成为卫灵公太子的师傅，他去向蘧伯玉请教：“现在有这样一个人，天性嗜杀。如果与他相处没有法度，就会危害国家。如果与他相处有法度，就会危及自身。他的智力只够知道别人的过错，却不知道自己怎么也会犯错。对付这样的人，我该怎么办呢？”

【说庄子】

颜回是尚未出仕的文人士子，他想走上仕途，就得知道如何与暴君相处；叶公子高是身在仕途的文人士子，他被君主委以重任却又处在两国间进退维谷；而颜阖又与他们不同，他要做的是地位显赫却整天得与“其德天杀”的太子打交道的太子傅。

电视剧中的太子傅似乎是个美差。只要和太子关系处得好，日后太子登基，少不了提拔太子傅成为朝中重臣。能有资格做太子傅的，一般都深得君王信任，太子傅自然也是个可以平步青云的晋身跳板，历史上，获此殊荣的文人士子大都会感到欣喜若狂。

可颜阖接到太子傅任命后的反应却颇不寻常。因为他深知自己将要辅佐的是位性格残暴乖戾的太子。一方面是作为重臣的道德良心与使命，而另一方面是自己的性命，面对这种困境他将如何选择？颜阖是打定了主意的，所以他并不打算像叶公子高那样试图逃避或者退缩，而是决定在“与之为无方，则危吾国；与之为有方，则危吾身”之间寻到一个虚与委蛇的办法来，既履行自己的职责，又不致“危吾身”。于是，才有了颜阖向曾辅佐卫国三朝君主的重臣蘧伯玉请教的事。

颜阖将傅的这位卫灵公太子是否就是颜回提到的那位卫君，我们已无从知晓。无论是还是不是，反正都是暴人。卫灵公太子不但“其德天杀”，残忍暴虐，而且智力只够看出别人的过错，却看不到自己是怎么错的。要辅佐这样一位太子，必定是伴君如伴虎！可是颜阖还真有点“明知山有虎，偏向虎山行”的意思。他并没有打退堂鼓，相反，他求的是一个两全法，要既能辅佐卫灵公太子，对得起自己的良心，对得起君主的重托，又不让自己受到伤害。这便是他去见蘧伯玉的缘由。

可是蘧伯玉真的有什么高招吗？他会怎么给颜阖出谋划策呢？

庄子说

蘧伯玉曰："善哉问乎！戒之[1]，慎之，正女身也哉[2]！形莫若就[3]，心莫若和[4]。虽然，之二者有患[5]。就不欲入[6]，和不欲出[7]。形就而入，且为颠为灭[8]，为崩为蹶[9]。心和而出，且为声为名，为妖为孽[10]。彼且为婴儿[11]，亦与之为婴儿[12]；彼且为无町畦[13]，亦与之为无町畦；彼且为无崖[14]，亦与之为无崖。达之[15]，入于无疵。

【简注】

［1］戒：警惕。之：指卫灵公太子。

［2］正：端正。女：汝，你。

［3］形：外形，行为，犹言表面上。莫若：不如。就：靠近，亲近。

［4］心：内心。和：和顺，和善。

［5］之：此。之二者：指"形莫若就，心莫若和"。

［6］入：进入，陷入，指关系过近。

［7］出：显露出来。

［8］颠：倒，坠毁。灭：灭绝。

［9］崩：垮。蹶：败，失败。

［10］妖、孽：指灾祸。

［11］且：将。婴儿：比喻任性无知。

［12］与：允许，让。

［13］町畦（tǐng qí）：田埂，这里指界限、约束。

［14］无崖：指任性无拘。崖：边际，极限。

［15］达之：指达到“就不欲入，和不欲出”的境界。

【今译】

蘧伯玉回答道：“你问得好呀！与这样的人相处，一定要戒备、谨慎，摆正自己的位置！外表上最好与他很亲近，内心则保持平和安顺。虽然如此，仅仅做到这两点仍会有祸患。与他亲近，却不能陷得太深；内心平和安顺，却不可以显露出来。外表上过于亲近、陷得太深，最终一定会遭遇毁灭，遭遇溃败；内心的平和安顺显露出来，会被认为是在追求名声，一定会遭受祸患。他愿意成为任性无知的婴儿，你就让他成为任性无知的婴儿。如果他做事没有界限，你就让他没有界限。如果他的行为放荡不羁，那你就让他放荡不羁。一旦达到这个程度，你就会进入一个没有过失的境界。

【说庄子】

读这一段，有没有一种黑色幽默的感觉？或者嗅出了一种诡异荒谬的味道？这样做太子傅，是不是也太难了？然而，庄子却真真实实地感受到倘若你不得不做“其德天杀”的卫灵公太子的太子傅的话，你就不得不掌握如此荒谬诡异的生存之术。

具体来说，就是要掌握好三个关键词。

第一个是“正女身也哉”的“正”。字面上看，似乎是说作为太子傅，颜阖首先一定得“行得正”。大多数庄学家也都这么解。这样解释是很适合太子傅的身份，可是别忘了，卫灵公太子是个“其德天杀”的暴人。假如颜阖一上来就板着面孔教训他的话，恐怕等不到上任第二天，颜阖就已经一命呜呼了。况且，这种解释与蘧伯玉下面紧接着提出的“就不欲入，和不欲出”自相矛盾。所谓“就不欲入，和不欲出”，不就是不“正”吗？所以这个“正”一定不是“行得正”，而是摆正自己位置的意思，蘧伯玉是要颜阖把握好尺度，确保自己“缘督以为经”，走在“就”与“入”、“和”与“出”之间，也就是既不与卫灵公太子同流合污，成为一丘之貉，又不让卫灵公太子感到颜阖是在彰显自己的道德。可见这个“正”有着相当难度，所以才有了“戒之，慎之”的警示。

第二个是“彼且为婴儿，亦与之为婴儿；彼且为无町畦，亦与之为无町畦；彼且为无崖，亦与之为无崖”中的“与”。一般庄学家都把这个“与”解释为“随着”，意思是无论卫灵公太子做什么，颜阖也都随着他一起做。这样解，字面上的确说得通，但假如颜阖真的这么做了，他岂不是完全“入”了角色，与卫灵公太子的行为没有分别了吗？可见这里的“与”不是“随着”的意思而应当解作“允许”或者“让”，意思是颜阖身为太子傅，担负着教导太子的责任，但在无奈的情况下，也只能是太子想做什么就让他做什么，不做干预，这样才是呼应“就不欲入”的具体行事方法。

第三个是“达之，入于无疵”中的“之”。大多数《庄子》注本都认为这个“之”指的是卫灵公太子，意思是在颜阖的慢慢引导下，卫灵公太子就会走上正路了。然而，从上下文来看，蘧伯玉始终没有谈及颜阖是否有可能使卫灵公太子改邪归正的问题。他只是反反复复地强调颜阖一定要走好“钢丝”，而不是应该怎样去教导好太子。而且，这样解也有悖于庄子的一贯思想。我们知道庄子对这个社会是彻底否定的，他从来不曾把注意力放在如何改造这个社会上，自然也不会提出如何将暴人引上正路的主张。我们认为这里的“之”应该指的是“就不欲入，和不欲出”的中间道路。这样的话，“达之，入于无疵”的意思就是，倘若你在与卫灵公太子相处时达到了“就不欲入，和不欲出”的境地，那你就不会有什么过失了。

明白了这三个关键词，也就等于掌握了这一段话的思想核心。直白地说，蘧伯玉教给颜阖的，其实就是如何“缘督以为经”。

庄子说

汝不知夫螳螂乎？怒其臂以当车辙[1]，不知其不胜任也，是其才之美者也。戒之，慎之！积伐而美者以犯之[2]，几矣[3]。

【简注】

[1] 怒：用力举起。当：抵敌。车辙：车行之迹，这里指车轮。

[2] 积：屡屡。伐：夸耀。而：汝。犯之：触犯卫灵公太子。

[3] 几：危。

【今译】

你难道不知道那螳螂吗？它奋力举起臂膀以阻挡车轮，却不知自己并不能胜任此番重任，这是因为它把自己的才能看得太高的缘故。要戒备，要谨慎啊！如果你屡屡夸耀自己的长处而触犯了卫灵公太子，那就很危险了。

【说庄子】

“螳臂挡车”的故事，充分说明蘧伯玉从不曾想要颜阖引导卫灵公太子改邪归正。在蘧伯玉（更准确地说，是庄子）看来，任何企图凭借自己的一腔热血或者一己之力去改变这个社会的幻想，就像螳臂挡车一样，最终只会让自己丢了小命，落个粉身碎骨的下场。

故事开始时，颜阖之所以要向蘧伯玉请教，是因为他面临着一个两难的困境：作为太子傅，如果与这位“其德天杀”的太子“为无方”，那日后必然殃及卫国；然而，假如“与之为有方”，就会伤及自己的性命。从颜阖将国家置于自己之前，不难看出，作为一位正直的士大夫，颜阖还是很想感化、改造这样一位“天杀”的太子的，只是尚未确定如何才能不负使命。蘧伯玉从颜阖的话中也一定感觉到了颜阖对于将要面临的“危吾身”的危险性严重认识不足，并且对自己的使命仍抱有一定的幻想，所以他先用了“正”“与”“之”三个关键词为他阐述了在与卫灵公太子相处时必须严格遵守的几项原则，然后又以“螳臂挡车”“养虎者”“养马者”三个例子，层层推进，强调假如颜阖不按照那三个原则去做，必定会产生严重的后果，从而彻底打消颜阖的任何幻想。

于是我们看到了这样一幅力量对比悬殊而又极具悲剧性的画面：一边是弱小的螳螂，正奋力举起臂膀，试图阻挡飞驰而来的车轮，另一边是疾驰而过的车轮，顷刻间将弱小的螳螂碾在了自己身下，甚至没有留下任何痕迹。螳螂的形象，似乎很有几分英雄主义，它举起臂膀的那一刹那，的确带着一种不惜牺牲也要奋力一搏的气概，但是结局呢？最终究竟有什么意义？

如果颜阖心怀侥幸，希望能以一己之力去改变卫灵公太子的话，只能是不自量力的尝试，无异于螳螂幻想阻止车轮的疾驰。所以蘧伯玉忍不住再一次发出了“戒之，慎之”的警告，任何试图改变卫灵公太子的努力，都会被卫灵公太子视为是在显示自己的品德才能。在卫灵公太子面前，这样的行为无疑是找死。

“螳臂挡车”，展示了一幅逼真却残酷的“与之为有方，则危吾身”的图景。

庄子说

汝不知夫养虎者乎？不敢以生物与之[1]，为其杀之之怒也；不敢以全物与之[2]，为其决之之怒也[3]；时其饥饱[4]，达其怒心[5]。虎之与人异类而媚养己者，顺也；故其杀者[6]，逆也[7]。

【简注】

[1] 生物：活的动物。

[2] 全物：指完整的动物。

[3] 决：撕裂，撕开。

［4］时：按时。

［5］达：顺着。

［6］杀者：被老虎杀害的人。

［7］逆：违背，触犯。

【今译】

你难道不知道养虎的人吗？喂虎时，不敢给虎活物，怕虎扑杀时会引发其残杀的天性；也不敢给虎完整的动物，怕虎撕食时会激起其残暴的本性。养虎人知道虎饥饱的时间，顺着虎的自然本性。虎与人虽为异类，却喜欢饲养它的人，这是因为养虎的人能顺其自然性情；而那些被虎杀死的人，都是违背了虎的天性。

【说庄子】

“螳臂挡车”象征着颜阖对卫灵公太子“与之为有方”的结局。那么，“与之为无方”又会有着怎样的结果呢？这就是蘧伯玉的“养虎者”的例子要讲述的了。

同是养虎的人，有的人能让虎“媚己”，有的人却被虎杀死，这是为什么呢？关键就在于养虎的人要掌握、熟悉虎的习性，不给它“活物”，也不给它“全物”，避免一切可能激发其斯杀本性的机会，在任何情况下都“顺”着虎，不违逆它。这样，非但不会被虎杀死，还会让虎喜欢上自己。

显然，蘧伯玉是以虎比喻卫灵公太子，以养虎者比喻颜阖，告诫颜阖傅太子时绝不能有任何忤逆太子的举动。被虎杀死的人，往往并不是有意触犯虎威，只是由于不了解虎的习性，无意中便逆了虎意，遭遇灭顶之灾。

所以颜阖一定要汲取养虎者的教训，与卫灵公太子相处时，一定要一味地“顺”，顺其喜怒之情，绝不给他任何可能激发“杀之之怒”“决之之怒”的断杀之心的机会。同时，还要“时其饥饱，达其怒心”，让卫灵公太子喜欢上自己，成为“媚养己者”。否则，第一个被断杀的必将是“养虎”的颜阖。

在这样的处境下，颜阖还有能够施展自己才华能力的机会吗？没有！他唯一可以做的，便是“顺”着卫灵公太子的性情，避免激发他的断杀之心，保命而已，遑论其他！

庄子伴太子如伴虎的比喻极为生动形象地描述了君主社会中的君臣关系，这个比喻后来发展成了“伴君如伴虎”的成语。

庄子说

夫爱马者，以筐盛矢[1]，以蜄盛溺[2]。适有蚊虻仆缘[3]，而拊之不时[4]，则缺衔毁首碎胸[5]。意有所至而爱有所亡[6]，可不慎邪！”

【简注】

[1] 矢：屎，指马粪。

[2] 蜄（shèn）：大蛤壳，这里指珍贵的容器。溺：指马尿。

[3] 适：恰巧。仆缘：攀附，指蚊虻叮咬马。

[4] 拊（fǔ）：扑打。不时：不是时候。

[5] 缺衔：咬断口勒。首：马首上的配饰。胸：勒马的肚带。

[6] 意：指爱马的意图、目的。亡：失。

【今译】

爱马的人用精美的筐盛马粪，用珍贵的容器盛马尿。偶而有一只蚊虻落在马身上，爱马的人马上去拍打，可由于时机不对，惊了马，结果马咬断了口勒，毁掉头上的配饰，挣断肚带。养马者本意是爱马，结果却适得其反。这样的情况难道不值得你格外谨慎吗？"

【说庄子】

"螳臂挡车"中的螳螂虽然不自量力，但至少它敢于亮臂，死则死矣，倒也不失为一种悲壮。养虎者伴随的是嗜杀成性的虎，环境险恶，能在不可奈何之中安之若命，"顺"虎而行，可悲却也无可厚非。而养马者由于爱马爱得过深，爱到了拍马屁、阿谀奉承的地步，那就是"形就而入"了。其结果必然是事与愿违，反受其害，就难免让人觉得可悲可怜的同时，又产生一种可鄙、可恨之感。

蘧伯玉在一开始回答颜阖时，就已经说得很清楚，与卫灵公太子打交道，首先得"形莫若就"，表面上要与他很亲近，迁就他，但又必须把这种亲近、迁就控制在"就不欲入"的尺度上，一定不可入戏太深。倘若失去了这个分寸，一旦"形就而入"，一心一意跟着卫灵公太子一起"为婴儿""为无町畦""为无崖"，那结果就只能是与卫灵公太子一起毁灭。当然，也不排除还有另外一种可能，那就是马屁拍到了马蹄上，反被"塞了一嘴马粪"！这种情形很像清刘凤苞所说的那样："用情过当，而意外之患，骤不及防。天下事大抵皆然也，独马也乎哉！"

(《南华雪心编》)这大概也是为什么蘧伯玉认为“形就而入”是最不可取的一种与暴人相处的方式。

至此，庄子已经针对颜回、叶公子高、颜阖所处的不同境遇、所怀抱的不同使命开出了几副与暴人相处的处世药方。从颜回的“心斋”“虚而待物”“虚室生白，吉祥止止”到叶公子高的“乘物以游心，托不得已以养中”，再到颜阖的“形莫若就，心莫若和”“就不欲入，和不欲出”，不难看出庄子对这个社会是越来越绝望，越来越失去了幻想。颜回、叶公子高、颜阖所将要面对的这一幕幕可悲可叹可怜的人生故事，不断地证实着人在这个世界的路已经越走越窄，越走越渺茫，越走越黑暗。就算你比他人勇敢，敢于挺身而出，“怒其臂以当车辙”；就算你比他人更了解虎的本性，可以“顺从”到“时其饥饱，达其怒心”；就算你决定彻底追随权贵，“以筐盛矢，以蜄盛溺”，完全失去了自我的尊严，就真的能救了这个世界，避开末世的来临？庄子其实也没有更好的药方来救这个社会，既然已经无药可救，那还能做什么？不如先救自己吧。这就是庄子为我们透露的“人间世”的秘诀。

庄子说

匠石之齐[1]，至于曲辕[2]，见栎社树[3]。其大蔽数千牛[4]，絜之百围[5]，其高临山十仞而后有枝[6]，其可以为舟者旁十数[7]。观者如市[8]，匠伯不顾[9]，遂行不辍[10]。

【简注】

[1] 石：木匠的名字。之：往。齐：齐国。

[2] 曲辕：地名。

[3] 栎（lì）社树：被祀为社神的栎树。栎：栎树。社：社神，土地神。

[4] 蔽：遮蔽。

[5] 絜（xié）：丈量。围：两手合抱。

[6] 临：到，及。仞：七尺，一说八尺。

[7] 为舟：造船。旁：旁枝，主干上生出的枝杈。

[8] 如市：观赏大树的人像集市一样，形容人之多。

[9] 不顾：不看。

[10] 辍（chuò）：停。

【今译】

有位名叫石的木匠去齐国，行至曲辕，看到一棵栎社树。这棵树的树冠之大可以遮蔽几千头牛，树围有百尺之粗，树身高过山顶七八十尺才有枝杈，可以造船的旁枝有十几根之多。前来观赏的人多得像赶集一样，可是匠石经过时竟看也不看一眼，脚步不停继续赶路了。

【说庄子】

可能因为庄子曾做过漆园吏的缘故吧，庄子对大树的确是情有独钟。他喜欢写树，特别是大树。

对《庄子》读者来说，这样不同寻常的巨型大树并不陌生，早在《逍遥游》中就已经露过面了，像以五百岁为春、五百岁为秋的冥灵，以八千岁为春、八千岁为秋的大椿，还有“其大本拥肿而不中绳墨，其小枝卷曲而不中规矩，立之涂，匠者不顾”的大樗树等。不过，庄子在《逍遥游》中并没有展开对大树的描写，而《人间世》中的大树，却足以让人大开眼界。

这可不是一棵长在高山顶上的树，而是长在山旁边平地上的大树。树的主干超出旁边山顶七八十尺才长出枝杈，树的直径有百尺之粗，这棵树树冠之大，可以庇护几千头牛，每天来参观这棵巨树的人络绎不绝，这可是名副其实的参天大树。说庄子是个奇才，一点儿不假，就这么一棵巨树，还有谁能想象得出来？

在《逍遥游》《齐物论》中，庄子一再说“万物一齐”，甚至说“天下莫大于秋豪之末，而大山为小；莫寿于殇子，而彭祖为夭”。大大小小都一样。的确，庄子曾留意于小，小到野马尘埃、朝菌、蟪蛄、草芥、蜩与学鸠，还有斥鴳。可仔细想想，庄子是不是也有点儿口是心非？小东西中，只有蜩与学鸠、斥鴳写得还有几分可爱，他真正倾注了一腔热情的还是那些大家伙。起笔的鲲，化作鸟的鹏，还有《逍遥游》《人间世》中一棵棵稀奇古怪的大树，两相比较，庄子心中的天平看来也更偏向“大”的一边。世人大都爱“大”而恶“小”，就这一点来说，庄子虽清高孤冷，却也不能完全免俗。

曲辕的这棵大树，再一次体现了庄子的爱“大”。木匠爱材，带着弟子到处游走，去寻找有用之木材。这棵曲辕之木主干高过山顶，枝杈还能做船。一个木匠能得到这么一棵大材之树，必定会喜出望外。可尽管前来观赏大树的人多如集市，这位“识货”的匠石却视若无睹，径直走了过去。而且不但没看大树一眼，就连看热闹的人也没多瞟一眼。这又是为什么呢？

别急，这可是庄子给我们留下的第一个悬念。

庄子说

弟子厌观之[1]，走及匠石，曰："自吾执斧斤以随夫子，未尝见材如此其美也。先生不肯视，行不辍，何邪？"

曰："已矣[2]，勿言之矣！散木也[3]，以为舟则沈[4]，以为棺椁则速腐[5]，以为器则速毁[6]，以为门户则液樠[7]，以为柱则蠹[8]。是不材之木也，无所可用，故能若是之寿[9]。"

【简注】

[1] 厌观：看够。厌：满足。

[2] 已矣：犹言算了吧。

[3] 散木：不成材的树木。

[4] 以为：即"以之为"。以：用。为：做。沈：沉。

[5] 棺：棺材。椁（guǒ）：棺外的套棺。

[6] 器：用具。

[7] 液樠（mán）：木中流出脂液。

[8] 蠹：蛀虫。

[9] 若是：像这样。

【今译】

匠石的徒弟观赏够栎社树后追上了匠石，问道："自我拿上工具跟先生学木工，从未见过这么高大完美的木材，先生却不肯停下来看一眼，就径直走了。这是为什么呢？”

匠石回答说：“算了吧，不必再提这棵栎树了。这只是没用的散木。用它做舟船，船下水就会沉没；用来做棺椁，很快就会腐烂；用来做器具，器具很快就会毁掉；用它做门窗，门窗很快会流出黏黏的树脂；用它做柱子，柱子很快就会遭虫蛀。这是一棵没用的材料。正因为它无所可用，才能保住性命，长得这么高大，如此长寿。”

【说庄子】

师徒二人对栎树价值的看法截然不同，有意思的是，两人的评判标准却相当一致，那就是木材的有用还是无用。当然了，徒弟的眼窝子毕竟浅了些，只看到了树木的外表，却不了解这样一棵大树之所以能长得如此高大完美，恰恰是由于这是一棵“不材”的“散木”，而师傅却凭着自己的经验，知道这种大树的木质一无所用，不可以做任何器物。

这段故事，与《逍遥游》中惠子提到的那棵立于路旁而匠人不顾的大樗树很有几份相似。尽管惠子与匠石师徒，一位是政治家、哲学家，一位是生活在社会下层的木工，看问题的角度与评判事物的标准却都没有摆脱“有用”与“无用”的窠臼。庄子说惠子是被茅草塞了心，不会用“大”，算是说到了点子上。其实，任何事物的有用还是无用都是相对的。对什么有用，对什么没用，对谁有用，对谁无用，完全取决于你站在什么角度来看，站在谁的立场做出这样的价值判断，特别是你是“物”的使用者还是“物”本身。

大樗树与大栎树，对木材使用者来说，做不成任何器物，似乎是“无用”；但大樗树可以让人“彷徨乎无为其侧，逍遥乎寝卧其下”，大栎树可以为数千头牛遮风挡雨，还能吸引“观者”无数，成了一道靓丽的风景，岂不是又对社会、对他人有用？以往庄学家把庄子有关“有用”与“无用”的思想，解释为对社会的无用，才是对自己的有用。其实，庄子并不排斥“物”对社会、对他人之“用”，庄子所主张的“无用”只是对以残害他人为目的的人而言的，强调的是“所用之异”，重视的是如何去“用”，如何摆脱传统思维定势的束缚，以一种创新的思维去“用”。这种对“用”的独特理解才是庄子“无用之用”思想的精髓。

面对一个黑暗残暴的世界，颜回赴卫，叶公子高使齐，颜阖傅卫灵公太子，他们或者主动选择或者在没有办法的情况下不得已选择“入世”，无论他们采用什么样的方式与世周旋，都不得不“戒之，慎之”，以“缘督以为经”的方式，在保全自己性命的前提下求生存。其实，他们不“逃世”本身，不也是对这个世界“有用”的一面？

从大樗树到大栎树，不难看到，庄子心目中的所谓“无用”之“有用”总是默默的，是无需张扬的。

庄子说

匠石归，栎社见梦曰[1]：“女将恶乎比予哉[2]？若将比予于文木邪[3]？夫柤梨橘柚[4]，果蓏之属[5]，实熟则剥[6]，剥则辱；大枝折，小枝泄[7]。此以其能苦其生者也，故不终其天年而中道夭[8]，自掊击于世俗者也[9]。物莫不若是。且予求无所可用久矣，几死[10]，乃今得之[11]，为予大用。使予也而有用[12]，且得有此大也邪？且也若与予也皆物也，奈何哉其相物也[13]？而几死之散人[14]，又恶知散木！”

【简注】

［1］见（xiàn）梦：托梦。

［2］女：汝，你。将：拿。恶（wū）：何。比予：和我比较。

［3］若：汝，你。文木：指有用之木。

［4］柤（zhā）：楂，即山楂。

［5］果蓏（luǒ）：树木所结的果实，有核的叫果，无核的叫蓏。属：类。

［6］剥（pū）：通“扑”，击。

［7］泄：抴，用力拉拽。

［8］天年：天赋的寿命。夭：夭折。

［9］掊（pǒu）击：打击。

［10］几死：几乎被砍死。

［11］之：指社神之位。

［12］使：假使。

［13］相：看，看待。

［14］散人：无用之人。

【今译】

匠石回到家，夜里梦见栎社树对他说：“你要用什么来与我相比呢？把我与有用的树木相比吗？山楂、梨、橘、柚等，都属于瓜果一类，果实成熟就会被人打落，打落时树就受辱、受摧残，大枝被折断，小枝被扭拽，这都是因为它们的才能而招致自己受苦一生。所以有用之木不能终其天年而早夭，都是由于它们自己招来的世俗的打击。世上之物无不如此。我寻求无所可用已经很久了，仍多次险遭砍伐而身亡。如今我才真正得到了无所可用，这种无用对我来说却是大用。假使我的木质显示出有用，我能长得如此高大吗？你与我都是物，为什么你要将我与那些有用之木加以比较呢？你是一个将要死去的无用的散人，又怎么会懂得无用的散木！”

【说庄子】

树木的理想的世界应该是“不夭斤斧，物无害者”，然而现实世界却是“以其能苦其生者也，故不终其天年而中道夭”。只要你对世俗有用，你就难逃被“剥”、被“辱”、被“折”、被“泄（抴）”、“中道夭”的命运。面对此情此景，假如你还想活下去的话，唯一的选择就是像栎树那样“无所可用”。

栎树是一个颇具现实意义的象征。

比起大樗树的“不中绳墨”“不中规矩”，栎树的“无所可用”似乎更胜一筹。它不但材质“无用”，甚至还会给使用者带来危害。也正因为如此，栎树才可以逃过“柤梨橘柚”等果木那样不及天年便中道夭折的毁灭之灾。栎树以自己独特的经历告诉人们，倘若你不想为虎作伥，又想在社会的夹缝中活下去，就必须不让自己落入人们对特定人、特定器物的用途的期待，不让人们所期待的“有用”在自己身上有任何的显现。既然人们都期待木材可以做船、做棺椁、做门窗、做器物、做支柱，就千万不要让自己有这样的用处。相反，对人们所没有期待之“用”，或者说是超出人们所期待之“用”，例如长得高大伟岸，与众不同，无意间成为曲辕的一道风景，可以吸引无数“观者”游客，就是真的对人对社会“有用”，也不会给自己带来任何伤害，反而更有助于实现自己的“大用”。不过，即便如此，栎树也曾多次面临“几死”的险境。识货的匠石固然不会去砍斫貌似完美实则无用的栎社树，但是倘若遇到不识货却又莽撞行事的弟子，不管三七二十一抡起板斧就砍，栎树岂不早就遭遇了无妄之灾？难怪栎树要千方百计利用一切可能去避免灾患，在“无所可用”中求得“大用”。

庄子赞赏的是栎树，是栎树的“无所可用”，可实际上那仍是一种不切实际的生存之道。试想，在现实生活中，有多少人可以活得像栎树一样？而“柤梨橘柚”等的遭遇才是现实社会的常态。对它们，庄子给予更多的是同情与关怀。庄子理解不是任何人都可以选择做什么树的，假如命中注定你是果木，你就无法逃脱被采摘、被折辱的命运。这是果木的“命”与“义”，就像人也有自己的“命”与“义”一样：“子之爱亲，命也，不可解于心；臣之事君，义也，无适而非君也，无所逃于天地之间。”所以颜回、叶公子高、颜阖在其才能学识无法藏掖的情况下，可以选择的最好的处世方式就是低调再低调，绝不出风头，绝不彰显自己的才能。这大概就是后人所谓“木秀于林，风必摧之；堆出于岸，流必湍之；行高于人，众必非之”（李康《运命论》）的意思吧。

匠石觉而诊其梦[1]。弟子曰："趣取无用[2]，则为社何邪？"曰："密[3]！若无言[4]！彼亦直寄焉[5]，以为不知己者诟厉也[6]。不为社者，且几有翦乎[7]！且也彼其所保与众异，而以义喻之[8]，不亦远乎！"

【简注】

[1] 觉：醒。诊：告诉。

[2] 趣取：意趣。

[3] 密：停，意为秘密、保密。

[4] 若：你。

[5] 直寄：特意寄托。

[6] 诟厉：辱骂。

[7] 几：几乎。翦：砍伐。

[8] 义：常理。喻：说明，这里指衡量。

【今译】

匠石醒来将梦告诉弟子，弟子说："它志在求取无用，为什么还要做社神呢？"

匠石说："这是秘密，别说了。它是特意寄托于社神的。所以才招致不理解它的人的诟病。如果栎树不寄身于社神，不是早就遭到砍伐了吗？况且栎树自保的方式与众人不同，如果我们以常理去衡量，岂不是相差太远了吗！"

【说庄子】

这里匠石弟子的困惑很可能也是众多《庄子》读者

的困惑。栎树为什么要寄托于“社”？这个“社”的身份岂不是又对社会有用了吗？

我们知道，“社”是社神，也就是土地神。土地神的官儿不大，却也是一方神圣，很为百姓所信奉，香火一直不断。栎树有了社神这层身份，自然让人对它有了更多的敬畏，不至于像对待其他树木那样，想折就折，想砍就砍。所以社神的身份对栎树来说非常重要。

栎树在梦中告诉匠人，它求无所可用已经很久了，其间几次几乎要被砍伐致死，如今终于“得之，为予大用”。这个“得之”的“之”指的就是栎树在“几死”之后求得的社神身份。对栎社树来说，只有其木质对匠人的无用，再加上对社会有用的社神身份，才能真正保护自己不再受到伤害。所以社神的身份，对栎树并非可有可无。恰恰相反，社神身份是栎树得以保全性命的一个重要因素。我们看到对树木材质独具慧眼的匠石，只凭树的外表便知栎树大而无用，看都不多看它一眼，可遇到匠石弟子一类的“族匠”“良匠”呢？他们往往看到的只是栎树外表的高大壮观，却识别不出材质的有用与否。假如没有社神身份的保护，栎树很可能早就丧身于不识货的二把刀手中，死于非命了！这也是为什么匠石要说“不为社者，且几有翦乎”。

其实，庄子所谓“有用”与“无用”都是相对的，既要看对谁而言，又要根据具体情况而定。就像《山木》中那只不会叫的哑鹅一样，当主人要以鹅肉待客时，被宰割的首先是它，而它的同伴却因为对主人有用而躲过了一劫。而鹅的有用，不就是栎树求得社神身份之“用”？可见全然“无用”，或者一味追求“有用”，刻意显示自己的“有用”，都不是庄子所要肯定的。庄子真正主张的是处于“才与不才”“有用与无用”之间。而栎社树正好是这样一个典型，这样也才有了“且也彼其所保与众异，而以义喻之，不亦远乎”之说。

说到底，栎社树很像是那些在无可奈何之中穿上官服，沿着“缘督以为经”的道路挣扎于世的叶公子高、颜阖们。

庄子说

南伯子綦游乎商之丘[1]，见大木焉有异，结驷千乘[2]，隐将芘其所藾[3]。子綦曰:“此何木也哉？此必有异材夫！”

仰而视其细枝，则拳曲而不可以为栋梁；俯而视其大根[4]，则轴解而不可以为棺椁[5]；咶其叶[6]，则口烂而为伤；嗅之，则使人狂酲[7]，三日而不已。

子綦曰:“此果不材之木也，以至于此其大也。嗟乎神人，以此不材！”

【简注】

［1］南伯子綦：即《齐物论》中的南郭子綦，在《庄子》中多次出现。

［2］结驷：四匹马拉一车。千乘：千辆车。

［3］芘（bì）：庇，庇护。藾（lài）：荫庇。

［4］大根：主干。

［5］轴解：形容树干年轮松散。轴：车轴，指木心。解：分裂。

［6］咶（shì）：舐，舔。

[7] 酲（chéng）：醉，醉酒后神志不清的样子。

【今译】

南伯子綦在商丘游览，看到一棵奇异的大树，其树冠之大可遮蔽集聚在树下的千乘车马。子綦说："这是一棵什么样的树啊？必定有不同寻常之材。"

南伯子綦仰望大树的细枝，细枝卷曲不可做栋梁；又俯身端详树的主干，木纹松散，不可做棺椁；舔一舔树叶，便让人口烂舌伤；闻一闻，竟使人大醉三天不醒。

南伯子綦说："果然是一棵不材之木，所以它才长得如此高大。唉，神人向世人展示的就是这样的不材啊。"

【说庄子】

商丘之木是庄子笔下又一棵"无所可用"的巨树。

与栎社树相比，两者有同又有异。所同者，它们都处于交通要道，长得高大无比，材质虽一无所用，其繁枝茂叶却可为所有聚集在其下的车马行人遮风挡雨。所异者，栎树有社神的身份，那是它为自己涂上的一层保护色；商丘之木虽没有这样让人敬畏的标签，却有着独特怪异的防身"武器"：只要有人冒犯它的枝枝叶叶，轻则口舌溃烂，重则三天昏迷不醒，简直是一棵名副其实的恶木。然而，恰恰是因为它的"毒"、它的"恶"，任何试图施之以斤斧的匠人，都再也无法靠近它、伤害它了。

庄子写"商丘之木"以"毒"自保的用心是很令人玩味的。一棵大树，如果仅仅是对世俗"无所可用"的话，还不一定就能保全自己的性命，还有被不识货的匠人弟子误伐的可能，然而一旦自身具有了"毒素"，有了让人惧怕的特质，就再也没有人可以靠近乃至伤害它了。

商丘之木，可以说是庄子为文人士子指出的又一条求生之道。活在这样的乱世，除了“无所可用”以外，还必须有特别的防身武器来保护自己。哪怕这样的防身武器是怪异的、丑陋的，甚至是有毒的。在这一段文字中，不难感受到庄子对这个世界的极度愤激、否定与反叛。这说明他已经完全不在意世俗社会的一切，他要人把世俗人眼中一切丑陋、恶毒的“不材”“无用”统统用作保命养生的利器。这，就是商丘之木的意义。

然而，有意思的是，为什么南伯子綦在仔细考察了商丘之木之后，会发出“嗟乎神人，以此不材”的感慨？他为什么要提到神人呢？

“神人”在《庄子》内篇中一共露过四面，前两次都是在《逍遥游》中，那是与无己的至人、无名的圣人并肩而立的逍遥游者，是住在藐姑射山“使物不疵疠而年谷熟”的有功却不以功为功的神人。而另两次便见于《人间世》了，而且都是以这种神龙见首不见尾的方式出现的。那么，商丘之木具体又象征着什么呢？

《人间世》说的都是文人士子入世的事。颜回、叶公子高还有颜阖的故事重点阐发文人士子进入仕途以后如何与人特别是与君主相处，可谓“处人”之法。而栎社树与商丘之木着重叙说的是文人士子当如何自处。从栎树的“社神”身份与商丘之木“结驷千乘，隐将芘其所藾”来看，它们象征的就是颜回、叶公子高以及颜阖们这一类准备或已经踏上仕途的文人士子。庄子借这两棵巨树告诫文人士子，除了在政坛上要“缘督以为经”以外，平时自处，也要小心谨慎，收敛锋芒，藏愚守拙，以与人无争的“无用”示人。即便大到能为千乘车马遮风挡雨，提供庇护之所，也不要让人感到是“大木”有意为之，不要让人有感恩戴德之心，一切都是自然的，而不是什么人给予的恩惠。而这样的人，正是栎社树与商丘之木，也就是在踏上仕途后被庄子称为有功而不以功为功的神人。而商丘之木浑身带有的毒素，则可视为庄子对栎社树“自处”方式的一种补充。

庄子说

宋有荆氏者[1]，宜楸柏桑[2]。其拱把而上者[3]，求狙猴之杙者斩之[4]；三围四围，求高名之丽者斩之[5]；七围八围，贵人富商之家求樿傍者斩之[6]。故未终其天年，而中道之夭于斧斤，此材之患也。

故解之以牛之白颡者与豚之亢鼻者[7]，与人有痔病者不可以适河[8]。此皆巫祝以知之矣，所以为不祥也。此乃神人之所以为大祥也。

【简注】

[1] 荆氏：宋国的地名。

[2] 楸、柏、桑：木质好的树木。

[3] 拱：两手合握。把：一手可握。

[4] 杙（yì）：小木桩。

[5] 高名：高大。丽：欐，房屋的栋梁。

[6] 樿（shàn）傍：整块的棺木板材。

[7] 解：解除。白颡（sǎng）：额头上有白色。亢（kàng）鼻：仰鼻，鼻孔向上。

[8] 适河：指祭祀河神。

【今译】

宋国荆氏之地适宜生长楸、柏、桑三种树木。其树干长到一两把粗，往往会被寻找拴猴木桩的人砍了去；长到三四围粗，那些建造高大房屋的人就会砍去做栋梁；长到七八围，往往会被富贵人家砍去做了棺椁。这些树都无法终其天年，还在生长中便遭斧斤砍伐而夭折。这就是有用之材的祸患。

凡是有着白色额头的牛、鼻孔朝天的猪还有患痔病的人，都属于不吉祥之物，因此被排除在参与祭祀河神之外。这是每一位巫祝都知道的。在巫祝看来是不祥之物，而在“神人”看来却是“大祥”。

【说庄子】

荆氏之木一段与“栎社树”中的“柤梨橘柚”很是相似，说的都是像“楸柏桑”这样有用的树木，由于其有用、有材，最终结果必然是遭人砍伐，中道夭折。似乎没有什么新意。但其中特别值得注意的是这几句：“其拱把而上者，求狙猴之杙者斩之；三围四围，求高名之丽者斩之；七围八围，贵人富商之家求椫傍者斩之”，明说取材者各取所需，实际上却是以“拱把而上者”“三围四围”以及“七围八围”比喻人生不同的生命阶段，揭示出任何“有材”“有用”之人在这个乱世之中即便可逃过一劫，也逃不过继之而来的又一劫，劫难永无休止，遭遇祸患是必然的，而逃脱却是偶然的。

如果毁灭是必然的，那么，还有什么办法可以让人躲过“中道之夭于斧斤”之“患”？还有什么其他的活路吗？

或许是沿着有毒的商丘之木的思路继续寻找答案，庄子竟然会想到祭祀时那些白色额头的牛、鼻孔朝天的猪、患有痔疮的病人都是不可以作为祭品奉送给河神的。对巫祝来说，他们都是不祥之物；而这样的牛、猪、人，却因为自身的缺陷躲过了一次大劫，得以保全性命。这种种在世俗社会被视为不祥、无用、不材的人或物，却得以侥幸生存下来。庄子要人不要再介意自己在他人心目中是个什么样子，“白颡”也好，“亢鼻”也好，“有痔病”也好，假如这是保命的唯一途径，就算贴上这样的标签又有何妨？

读这样的文字，一股股悲凉阴森的冷气不禁扑面而来。这得是在多么绝望的心态下才会写出如此极端的文字。

这时，我们才发现，那位象征着君主社会中臣子的神人又出场了。面对常人心目中丑陋、畸形、避之唯恐不及的不祥之物，神人却以为是“大祥”，是唯一可以让人躲避伤害的吉祥之路，这该是怎样的一种愤激之情！

我们不妨把这一段与《秋水》中有关庄子却聘的故事合在一起来看，神人的寓意或许更为清晰：“庄子钓于濮水，楚王使大夫二人往先焉，曰：‘愿以境内累矣！’庄子持竿不顾，曰：‘吾闻楚有神龟，死已三千岁矣。王巾笥而藏之庙堂之上。此龟者，宁其死为留骨而贵乎？宁其生而曳尾于涂中乎？’二大夫曰：‘宁生而曳尾涂中。’庄子曰：‘往矣！吾将曳尾于涂中。’”你不觉得那两位楚国使者，就是《人间世》中挑选祭品的巫祝，而庄子就是被选中的祭品吗？对庄子来说，宁愿过着简朴贫寒的生活，活着在泥中嬉戏，也不愿意成为牺牲品在庙堂之上受人敬拜。

当然，在相当一些人的眼中，被选中的牛、猪、人披红挂彩，在众人仰视的目光中走上祭台，看上去风光无限，然而，这样的风光不过是一时之事，很快，他们就会断送了性命，成为可悲的牺牲品。而那些热衷加官晋爵，自以为人生得意的文人士子走上的又何尝不是这样一条早晚会被当作祭品而毁灭的道路？

荆氏之木与巫祝祭河，从一反一正两个方面警告那些已经踏上仕途的文人士子，还是清醒些吧！一次被选中，已属不祥，倘若再次被选中，那将是大不祥。为了生存，即便是做丑陋怪异的猪牛，或者是恶疾缠身的人也比做有用的“楸柏桑”强。是彻底颠覆传统的世俗观念的时候了：世人之“不祥”，“此乃神人之所以为大祥”。

庄子说

支离疏者[1]，颐隐于脐[2]，肩高于顶[3]，会撮指天[4]，五管在上[5]，两髀为胁[6]。挫针治繲[7]，足以糊口；鼓筴播精[8]，足以食十人[9]。上征武士[10]，则支离攘臂而游于其间[11]；上有大役[12]，则支离以有常疾不受功[13]；上与病者粟[14]，则受三钟与十束薪[15]。夫支离其形者，犹足以养其身，终其天年，又况支离其德者乎[16]！

【简注】

[1] 支离疏：寓言人物名。支离：支离破碎。疏：指人的形体不健全。

[2] 颐（yí）：面颊。隐（yìn）：倚，靠着。

[3] 顶：头顶。

[4] 会撮：发髻。指天：向上。

[5] 五管：五脏血管。

[6] 髀（bì）：大腿。胁：肋骨。

[7] 挫针：指缝衣。挫：捉，这里指拿。治繲（xiè）：洗衣。

[8] 鼓：上下振动。筴：簸箕。播精：去除米中的糠麸。

[9] 食（sì）：养活。

[10] 征武士：指征兵。

[11] 攘臂：挽袖露臂。

[12] 大役：大规模的徭役。

[13] 常疾：不能治愈的残疾。不受功：指不受役使。功：工，这里指徭役之事。

[14] 与：给。

[15] 钟：重量单位，六斛四斗为一钟。薪：柴。

[16] 支离其德：犹忘德，指得道。

【今译】

有一位名叫支离疏的人，面颊靠着肚脐，两肩高于头顶，发髻朝天，五脏血管向上隆起，两条大腿与肋骨相并。支离疏替人缝洗衣服，足以养活自己；用簸箕替人筛米去糠，足足能养活十口人。国家征兵时，支离疏捋起袖子大摇大摆在其间到处游逛。国家征集徭役，支离疏因身体残疾而不会被强征。国家放赈救济病残人时，他可以领到三钟米与十捆柴。一位形体残缺不全的人，尚且能够养其身，享尽天年，何况那些忘德得道的人呢！

【说庄子】

如果说颜回赴卫、叶公子高使齐、颜阖傅卫灵公太子、栎社树、商丘之木说的都是文人士子当如何在这个乱世求生存，那么，支离疏的故事说的就是草根阶层中最弱势人群在一个“福轻乎羽，莫之知载；祸重乎地，莫之知避”的社会如何活下去。

支离疏，光是看他的名字就不难知道这是一位怎样畸形丑陋的残疾人了。在战乱频仍的年代，人人都担心被抓兵役而不得不东躲西藏，支离疏却可以大摇大摆地走在街上。国家向病残群体发放救济，支离疏因残疾而能得到常人得不到的粮柴。如同匠人眼中的栎社树、商丘之木都是无用的“散木”一样，支离疏在世人看来就是个无用的“散人”。可是庄子却不这么看。他身体残疾成这样，却不但可以“挫针治繲，足以糊口”，还能用为人筛糠所得的大米供十人吃饭。这分明是一位对自己、对旁人都有用的人。这也从一个侧面说明，世俗社会中所谓的“无用”“不材”本身就是被扭曲、被歪解的观念，难怪庄子要用“无所可用”的“大用”来颠覆人们固有的偏见，暗示这是一种怎样独特的“用”与“材”。

支离疏本来就出身于草根阶层，又属于残疾人这样的弱势群体，自然不会像颜回那样整天操心国家大事，也不会像叶公子高、颜阖那样被委以承担家国大事的重任，小老百姓最关心的无非是有饭吃，有衣穿，有地方住，能活下去。这也就有了支离疏的“上与病者粟，则受三钟与十束薪”。讲究气节的文人士子，自然不齿于、也不屑于去争这么一点儿蝇头小利，更不会因这么微薄的小利便扬扬自得。而对于连基本温饱都难以维持的草民来说，能免除服兵役、劳役之苦，还能得到一点儿微薄的救济，凭什么他们就不可以理直气壮地去领取呢？事实上，草民的辛酸只有像庄子那样曾经沦落到社会最底层的文人才会有如此切身的体验与理解。没有经历过饥饿的折磨、没有品尝过借粮而不得的辛酸，不足以语“人生之多艰”！从根本上来说，支离疏既割不了别人的韭菜，同样别人也别想着割他的韭菜。这才是庄子给支离疏的定位。

也许，支离疏走在大街上会受到他人异样的目光，甚至会飘来侮辱的言辞，但这又能怎么样呢？又能奈我何？只要一个人有强大的内心，就不会在乎别人怎么看。连支离疏这样极度残疾的人都能在人前昂首挺胸，何况肢体健全者！所以，要说有残疾，真正的残疾不是人的躯体，而是人心。

一个生活在社会底层支离其形的人都可以凭着一颗强大的内心，终其天年，自然就不要说那些“支离其德”的人了！庄子所谓“支离其德”就是“忘德”。“忘德”不是无德，而是要支离传统之“德”，忘却传统道德观念给人的精神带来的种种束缚。支离其形的人，可以免祸。而只有支离其德的人，才能真正为保身全生忘其形而“顺于世”“游于世”，在这个混乱黑暗的社会中活下去。

“德”是庄子思想中一个含义极为复杂的概念。而在

《庄子》一书中，庄子之“德”又与传统观念之“德”并用，内涵却又有着明显的不同。这一点我们将会在庄子具体谈“德”的《德充符》一章中详加解说。

庄子说

孔子适楚[1]，楚狂接舆游其门曰[2]：“凤兮凤兮[3]，何如德之衰也！来世不可待[4]，往世不可追也[5]。天下有道，圣人成焉[6]；天下无道，圣人生焉[7]。方今之时，仅免刑焉。福轻乎羽，莫之知载；祸重乎地，莫之知避。已乎已乎[8]，临人以德[9]！殆乎殆乎[10]，画地而趋[11]！迷阳迷阳[12]，无伤吾行[13]！吾行郤曲[14]，无伤吾足！”

【简注】

[1] 适：往。楚：楚国。

[2] 游：走过。

[3] 凤：以凤鸟喻孔子。

[4] 待：等待，期待。

[5] 追：挽回。

[6] 成：成就事业。

[7] 生：生存，指保全自己的身体、性命。

[8] 已乎：算了吧。

[9] 临：居高向低，这里指炫耀。

[10] 殆：危险。

[11] 趋：跑。指孔子画地为牢，自己束缚自己。

[12] 迷阳：荆棘，喻社会黑暗。

[13] 行：走，这里引申为路。

[14] 郤曲：绕道。

【今译】

孔子到了楚国，楚国狂人接舆走过孔子门口时唱道："凤啊凤啊，你的德行为何如此衰败！来世不可期待，往世无法挽回。天下有道，圣人可成就一番事业；天下无道，圣人只能保身全生。如今这个时代，只求能免去刑罚。幸福比羽毛还轻，不知在哪里可以承接；灾祸比大地沉重，不知怎样才能避免。算了，算了！不要再在人前以德炫耀自己。危险啊！危险啊！只能在自己画出的区域中快走。荆棘啊，荆棘啊，不要妨碍我走路。我在遍地荆棘中绕行，是为了不要刺伤我的脚。"

【说庄子】

《人间世》集中阐述了庄子"无用之用"的处世思想，可是有意思的是，其中唱主角的竟然是积极入世的孔子。在篇幅最长的"颜回请行"一段中，孔子教颜回如何去应对尔虞我诈的官场，引导颜回一步步走进了"心斋"的境界，俨然是一位庄子人生哲学的高手。在叶公子高向孔子请教出使齐国的策略时，他把外交使节所使用的种种计谋，与角力游戏、酒后无德、人们在街头巷尾相互争夺常用的阴招损招相提并论，把外交使命的本质描述得淋漓尽致，然后才教叶公子高如何在这样的场合以不变应万变，既不辱使命又能不伤自身。这位孔子不仅是庄子处世思想的解说者，甚至可以说就是庄子本人的化身。

可是到了《人间世》的结尾处，这位曾经把在乱世当中如何处世说得头头是道的孔子，却降低到了颜回的水平，成了洗耳恭听楚狂接舆教诲的学生辈。难道还真应了“说起来容易做起来难”的老话不成？其实，人从来都不是一个平面的、单纯的、一成不变的个体，而是多面的、立体的、随时都在变化的活生生的人，任何人都不可能永远固守一己之念。随着时代的变迁，随着个人生活处境的改变，随着人思想的成熟、发展，年轻时的想法与中老年时的想法很可能会大相径庭。对此，孔子不例外，庄子也不例外。

在《庄子》内篇中，接舆始终是庄子的“正能量”传播者。他从孔子家门口经过，唱歌谣劝说孔子道，当今之世，人们仅仅能免除刑罚，不必再到处以德教人了，在这样的乱世之中，见到危险就应该绕道而行，小心伤害到自己。庄子将此事写入了《人间世》，于是有人据此认为庄子对孔子是有微词的。可是，事实真是这样吗？确实，就《庄子》内篇中的孔子形象而言，这里的孔子似乎没有“颜回请行”与“叶公子高使齐”中的那么“高大上”，也没能充当庄子代言人的角色。然而，这样的孔子形象才恰恰是真实的孔子。仅仅凭着这么几句话就得出庄子对孔子不敬的结论并不确切。

孔子在“颜回请行”与“叶公子高使齐”两段中，虽一再以“心斋”“乘物以游心”的处世方法教诲二人，但对于颜回赴卫、叶公子高出使本身，孔子并没有表示过反对。他的基本出发点还是要他们在“方今之时，仅免刑焉”的残酷现实面前保护好自己。可是，不幸的是，孔子自己一生奔走于天下，却并没有成功，仅仅是全其生而已。所以最后，庄子借接舆之口，暗示在这样的社会里，连孔子都不可能成功，遑论其他。

为了更好地理解庄子对孔子的态度，我们不妨把《庄子·人间世》与《论语·微子》中所记载的接舆之歌比较一下。《微子》称："楚狂接舆歌而过孔子曰：'凤兮凤兮！何德之衰？往者不可谏，来者犹可追。已而，已而！今之从政者殆而！'孔子下，欲与之言。趋而辟之，不得与之言。"《微子》中的"接舆之歌"应该是孔子弟子的实录，所以直接保留了接舆对孔子的嘲讽，没做任何改变。而《人间世》中的"接舆之歌"却把主旋律更多地放在了对黑暗社会现实的抨击与批判上，其中虽然也重复了"何德之衰"这样带有嘲讽之意的字句，但真正慨叹的却是孔子之所以没能成就圣人事业是因为生不逢时，所以他特别以"迷阳迷阳，无伤吾行！吾行郤曲，无伤吾足"这样充满同情的口气，希望孔子不再奔走于各国之间，那些几乎伤了孔子"之行""之足"的经历已经证实现今的世界只是一个"圣人生焉"而非"圣人成焉"的时代，字里行间始终浸透着对孔子命运的深切惋惜与感慨。再一次劝告孔子在"福轻乎羽，莫之知载；祸重乎地，莫之知避"的残酷现实下还要"临人以德"，只是一种幻想而已。

从这两首"接舆之歌"的对比中，我们不难看出庄子对孔子的态度。

庄子说

山木自寇也[1]，膏火自煎也[2]。桂可食[3]，故伐之；漆可用，故割之。人皆知有用之用，而莫知无用之用也。

【简注】

[1] 寇：砍伐。

[2] 膏：油脂。煎：燃烧。

[3] 桂可食：桂皮可作药，桂枝可熬汤。

【今译】

山木自寻砍伐，油脂自取焚烧，桂树可食而被伐，漆树可用而被割。人人都懂得“有用之用”，却没有人懂得“无用之用”。

【说庄子】

这一段虽只是寥寥数语，却是《人间世》的点睛之笔。特别所谓“有用之用”与“无用之用”，可以说是高度概括了庄子的处世思想。当然，其中的“无用之用”，也是庄子被诟病最多的说法之一。然而，只要我们把这两句话放到《人间世》所列举的每一个实例的背景中去看，就可以很清楚地理解其中寄寓的与现实社会决绝的批判精神以及对现存一切彻底否定的人生态度。

“有用之用”就是“材”在使用者眼中有用，所以可以任意取用。那么，使用者又是怎样使用“材”的呢？“匠石之齐”中“文木”被“剥”、被“辱”、被“折”、被“拽”的命运就是一个典型的例子。那完全是一种毫无顾惜的掠夺性的使用，是一种摧残性的使用。“文木”没有选择的权利，但人却可以选择。当你发现使用你的人对你采取的是敲骨吸髓式的使用时，你会怎么样呢？你会心甘情愿地让自己一茬又一茬地被割韭菜最终枯竭而死吗？世上不排除有这样自觉自愿被宰割的人，可更多的人还是会选择逃离。然而，有一天你突然发现满天下到处都是屠宰场，你已经无处可逃，在这样的情况下，你又会做出什么样的选择？摆在你面前的，是不是就只剩下庄子所说的“无用之用”这一条路？

庄子“无用之用”的“无用”，是要人面对那些毁灭性使用者时让自己变得“无用”，避免为其所用，只有这样，才能因自己的“无用”而得到“无用之用”的“有用”。简单地说，“无用”是对毁灭性使用者而言，而“无用之用”的“用”是对自身而言，是对使用者之外的所有人，甚至是整个社会而言。就如同长得千奇百怪的栎社树、商丘之木与支离疏。两棵大树对木匠无用，可对除木匠之外的人都有用。支离疏对抓兵、抓劳役的人无用，可他不但可以自食其力，保全性命，还能养活十个人，这也正是支离疏的“无用之用”！

由此可见，庄子否定的只是对使用者而言的“材”与“用”。在他看来，一个人拥有可以让社会使用的“材”，其“材”对这个社会有“用”，那就像山中的树木自招砍伐，油脂自招焚烧，桂可食而招人伐，漆可用而招人割一样，必然导致人的被损害、被毁灭。所以人必须知道怎么放弃这样的“材”与“用”，而选择“无用之用”，以人们意识不到、有悖人之常情的“材”与“用”

实现对自己的有用，对社会的有用。所以对那些已经进入官场而无法脱身的人，庄子要他们“缘督以为经”，但并不等于完全的不作为。颜回到了卫国与卫君打交道时，“入则鸣，不入则止”的“鸣”，不就是在确保自己不受伤害前提下的作为？叶公子高出使齐国，无论其最终结果如何，但凭着他的谨慎与出色的外交辞令，恐怕也不难在自保的前提下，将楚国利益最大化。颜阖也是如此。试想，倘若像曹商（见《列御寇》）那样的人做了卫灵公太子傅，那对社会、对老百姓的危害可就很难设想了。就这一层意义上来说，即便颜阖不作为，也是一种作为。

总之，“有用之用”不但对那些一心建功立业的人是一个善意的劝告，也是给处于乱世无所逃的文人士子，开出的一剂既保全身家性命而又有所作为的良方。从这个意义上看，谁还可以诟病庄子的“无用之用”呢？

德充符

题解

以篇义命题。

最早为“德充符”释义的是晋代崔譔。他说一个人不管长什么样，只要内心的“德”充满了，天下万物就会无条件地围着他转。郭象和崔譔的看法接近，也把“德充”解释为“德实”或“德满”。后人也就随着这么说了。

可是通读《德充符》之后，感觉并不完全是这么一回事。《德充符》开篇第一段说王骀开馆教学，弟子如何修德。此后一段写的是修德的申徒嘉、郑子产如何从缺少“德”到逐渐“德满”，强调修“德”的过程以及“德”的积累。再后面的哀骀它与鲁哀公相处、闉跂支离无脤说卫灵公、瓮㼜大瘿说齐桓公三段都是说执念很深的人尽管与“德满”之人相处，最终也无法修德。这样来看，说“德充符”的意思就是“一个人德满于是万物来符”恐怕不完全是庄子的意思。

不错，那几位德满之人的确很是博人眼球，可是如果只看到“德满”，却只字不提庄子在《德充符》中主要说的是“德”由少到多的修“德”渐进过程，这样的理解还不能概括“德充符”的全部内容。其实，理解“德充符”的关键是这个“充”字。“充”在先秦时期常做动词用。《庄子》内篇中就有这样的例子。如《人间世》中的“夫以阳为充孔扬，采色不定，常人之所不违”，还有外篇《天运》中的“形充空虚，乃至委蛇”的“充”等。把“充”字理解为动词的话，“德充”的意思就是“充德”，跟着老师修德，最终内心之“德”就会像充气一样越充越多，直至充满。事实上，《德充符》虽然谈到了人内心“德满”之后就会有外物来“符”，但更多的文字还是放在了人从修德开始到德充满内心，内心之德如何由少而多，由多而完满这样一个积累的过程。

理解了“充”的意思，我们再来看“德”。《庄子》内篇中多次提到“德”，庄子甚至给“德”加上了不少的修饰语，如“德合一君”“大德”“厚德”“渐进之德”“近乎日之德”“德厚信矼”等等。与此同时，庄子又谈到神人“之德也”的“德”、“游心乎德之和”“德之至也”“支离其德”等。粗看起来，这么多的“德”的确让人迷惑。然而，把所有这些提到“德”的文字都置于原文来看的话，你才会恍然大悟，原来庄子笔下的同一个“德”字有着截然不同的内涵，是两个完全不同的概念。前者如“德合一君”之“德”等，说的是传统意义上的“德”，是人们用来评判世人行为的，这样的“德”压根儿就不是庄子所崇尚的，反而是庄子要人所忘掉的“德”。就像《人间世》中颜回起初试图以“德”教化卫君，这样的“德”被视为去找死。在庄子看来，传统的“德”是对人生命的威胁，只有忘掉传统之“德”，也就是“支离其德”，不以“天下之事”为事，“知其不可奈何而安之若命”，才能体会到什么是庄子的“德”。从根本上来说，充德就是忘掉传统的“德”对人的束缚，充到“德满”后“忘德”，那才是庄子心中的“德之至”。

那么“符”又是什么意思呢？我们说过，《庄子》内七篇的题目很可能出自西汉末年某位庄学大家之手。这一时期谶纬盛行，这大概就是为什么“德充符”三字多少带有一定的谶纬色彩。郭象说“符”就是“符命”：“德充于内，物应于外，外内玄合，信若符命而遗其形骸也。”意思是说，一个人修德至满后，无论形骸如何千奇百怪，人们都会像相信符命那样相信他。这，应该就是“德充符”的意思吧。

鲁有兀者王骀[1]，从之游者与仲尼相若[2]。常季问于仲尼曰："王骀，兀者也，从之游者与夫子中分鲁[3]。立不教，坐不议，虚而往，实而归[4]。固有不言之教[5]，无形而心成者邪[6]？是何人也？"

仲尼曰："夫子，圣人也，丘也直后而未往耳[7]。丘将以为师，而况不若丘者乎！奚假鲁国[8]！丘将引天下而与从之[9]。"

【简注】

[1] 兀者：受过刖刑之人。

[2] 从：跟随。相若：差不多一样。

[3] 中分鲁：指鲁国的学子一半追随孔子，一半追随王骀。

[4] 实：指修德至满。

[5] 固：确实。

[6] 成：指学成，与上文"实而归"之"实"同指修德至满。

[7] 直后：特地在后面。

[8] 奚假：何止。

[9] 引：引导。

【今译】

鲁国有位受过刖刑的王骀，追随他游学的弟子与孔子差不多。常季问孔子说："王骀是一个受过刖刑的人，追随他的学子人数之多，在鲁国可与老师您相匹敌。他授课时，站着不讲授，坐着不议论，可学子却能空空而去，满载而归。世上难道真有老师不以言论教授，学生仅凭无形感化而学成的吗？”

孔子说：“王骀是圣人啊。我特地落在后面，还没到他门下求教呢。连我都要拜王骀为师，何况那些不如我的人啊。岂止是鲁国，我还要引导天下所有的人都追随他。”

【说庄子】

人人都知道孔子是大教育家，是老师。如今不少教育理念都来自孔子，或者说是从孔子那儿传承来的。孔子与中国的教育传统有着密不可分的关系。可有谁知道庄子其实也当过老师呢？只不过庄子弟子比孔子的要少得多，也没有人专门研究过他的教育理念。可是读过《德充符》之后，你是不是同意在庄子的名片上其实是应该加上一顶教育家头衔的？而且还不是一般的教育家，是具有创新精神、教学方法别开生面的地地道道的教育家。当然了，与孔子相比，庄子的教学走的是“野路子”，与传统教育理念没有丝毫的相似之处，自然也就没有被人尊为教育家的资格。

《德充符》的第一段，展示的就是庄子的教学理念。

王骀是《庄子》中最为成功的老师。虽然他受过大刑，脚被砍掉了一只，永久性地留下了犯过罪的标记，但追随他的弟子人数之多却可以与孔子的相匹敌。孔子教学时坐在高高的杏坛上要说上半天，王骀却不然。他充其量也就是在课堂上溜达溜达，一言不发，想坐下就坐下待会儿，想站起来就站着，也不需要做任何动作示范。不可思议的是，他的学生入学时腹中空空，什么学问都没有，毕业时却得到了老师的精华，满载而归。这样的教学方式，一切尽在潜移默化中，无声胜有声。老师教得轻松省心，学生学得不费吹灰之力，是何等地令人神往！要是在今日，不知会有多少学生要投在王骀（其实就是庄子）门下！孔子三千弟子，只有七十二位称得上是贤人，成功率大约只有百分之二，可王骀教出了多少“实而归”的学生？听常季的口气，其成功率近乎百分之百。难怪孔子不但盛赞王骀是圣人，甚至说要率领全天下的人追随他呢！

话说回来，王骀这“立不教，坐不议”的课堂，到底教的是什么呢？他的学生又是怎样“虚而往，实而归”的？特别所谓“虚”与“实”的内涵到底是什么？这是解开“王骀现象”谜团的关键。其实，这个“实”指的就是“德”。常季在说过“虚而往，实而归”之后，紧接着问道“固有不言之教，无形而心成者邪”，意思是说王骀实行的是“不言”“无形”之教，其弟子个个以心感应而“心成”，难道世上真有这样的修德方式吗？而“虚而往”的“虚”与“实而归”的“实”对文。既然“实”指的是“德”，那“虚”指的应该也是“德”。从“虚”到“实”，正透露了王骀弟子“德充”或者说是“充德”的过程。常季曾经认为“不言之教”不过是个传说而已，现在却真真切切地了解到了。

可见庄子所说的“德”与“形”无关，而只是一种“心”的活动。修德的过程也就是“心成”的过程。既然王骀教的只是“心”的事，自然也就不需要通过“言”或者“形”的方式来传播、来沟通了，因为这样的“德”是超越于“形”与“言”之外的。

那么，孔子为什么始终没有率天下学子入王骀之门呢？其实文中已经有了答案，这就是往往被人所忽略的一句："丘也直后而未往耳"，意思是我特意落在后面，没有投去王骀的门下。这说明，虽然孔子盛赞王骀的教学方法与内容，却还没有到要投入其门下的时候。无论这里孔子评价王骀的话是否被庄子夸大，但其中流露的心境却与孔子在《论语·先进》中说他羡慕的生活就是在教书之余，带着学生踏踏青，吹吹风，与大自然融为一体的表述相吻合。孔子之所以"直后而未往"，其中最重要的原因是孔子此时还没有实现自己的政治理想，仍然在为之汲汲奔走。可见孔子对王骀的称赞，并不只是几句台面儿上应景的话，那也同样是孔子的肺腑之言。

庄子说

常季曰："彼兀者也[1]，而王先生[2]，其与庸亦远矣[3]。若然者，其用心也独若之何[4]？"

仲尼曰："死生亦大矣，而不得与之变[5]，虽天地覆坠，亦将不与之遗[6]。审乎无假而不与物迁[7]，命物之化而守其宗也[8]。"

常季曰："何谓也？"

仲尼曰："自其异者视之[9]，肝胆楚越也；自其同者视之[10]，万物皆一也。夫若然者，且不知耳目之所宜[11]，而游心乎德之和[12]；物视其所一而不见其所丧[13]，视丧其足犹遗土也[14]。"

【简注】

[1] 彼：指王骀。

［2］王：旺，胜。

［3］其：指王骀。庸：常，常人。

［4］用心：运用心智。独：唯一，指与常人不同。若之何：为什么。

［5］之：指王骀。

［6］遗：遗落，丧失。

［7］审：处。无假：无所凭借，指无所待，亦即无待。假：凭借。物迁：万物的迁移变化。

［8］命：命运，顺从命运。宗：根本。

［9］异者：不同的一面。

［10］同者：相同的一面。

［11］宜：适宜。

［12］德之和：道的境界，亦即逍遥游境界。

［13］物视：视物。

［14］遗土：遗弃的尘土。

【今译】

常季说："王骀曾受过刖刑，可他现在竟然超过了您。即使和普通人相比，他也差得很远。如果王骀真能超过您，那他是在怎样运用他的心智的啊？"

孔子说："死生是人生的大事，却不能让王骀的心境发生任何变化；即使天翻地覆，他也不会因此而丧失任何东西。他不依赖任何外在力量，也不随着万物的变化而改变自己的内心，虽然他顺从命运之变，但却能守住自己的根本。"

常季问孔子："这是什么意思呢？"

孔子说："从不同的角度看同一事物，即便近如肝胆，其距离也会如同从楚国到越国那样遥远；但从相同的角度来看，万物都是同一的。如果能像这样，人就不会关心外在世界的哪些东西适宜于自己的耳目，只会让自己的心始终游于德之和的境界。王骀看万物都是同一的，看不到有什么缺失。正因为如此，他看待自己失去的一只脚就犹如遗弃了一把泥土一样。”

【说庄子】

常季，这名字本身就象征着他的思维逃不出常人的范围。瞧他张口闭口不忘提王骀是个被砍了脚的罪人，无非是认为王骀即便“改邪归正”，与常人相比还差着一大截，倘若这样的人都能有与孔子相匹配的追随者，那他暗地里一定是用了什么手段去拉拢人的。

当然也不能责怪常季会有这样的心态，实话实说，他其实代表了绝大多数人的看法。试想，这个世界上有几个人见到一位受过刑罚的人，不会因其犯有前科而疏远他？又有几个人甚至会拜这样的人为师呢？

可庄子不！

与常人的思维针锋相对，庄子通过孔子之口告诉常季，其实也是告诉世人，像王骀这样的人，面对死生大事都无动于衷，其内心早已与自然融为一体。无论天翻地覆还是万物怎么变化，都不会在他的心中引起任何的波动。在他看来，万物皆一，看不到自己丧失了什么，他的心始终游于“德之和”的境界。而你们却老是盯着他那被砍掉的一只脚，看到他与他人之不同，可是你们知道吗？对王骀来说，丢掉那只脚不过就像丢掉身上沾上的一点泥土一样。如此遗世独立的人，怎么会被你们这些只会看到不同的人所理解呢！

孔子口中的王骀，是不是很像庄子《齐物论》中的“至人”？“至人神矣！大泽焚而不能热，河汉冱而不能寒，疾雷破山飘风振海而不能惊。若然者，乘云气，骑日月，而游乎四海之外。死生无变于己，而况利害之端乎！”的确，至人，这才是王骀的“庐山真面目”。

“至人无己”。自然王骀传授给弟子的也是如何通过修德，消除“成心”，站在“寓诸庸”的立场看待世界，看待是非。这样的人，“死生亦大矣，而不得与之变”，“不知耳目之所宜，而游心乎德之和”，完全是超凡脱俗、特立独行的，怎么可能会为了与孔子竞争弟子而花费心思去搞什么阴谋诡计呢！这可真是典型的以小人之心度君子之腹。

王骀，是我们在《庄子》中见到的第二个受过刖刑的兀者了。第一位是《养生主》中身居高位的右师，他同样对失去一只脚毫不介意，认为这是天命，而非人力所为；而王骀却把丧失一只脚看得像丢弃了一点泥土一样，只当作是甩去了人生的累赘。这两位命运不同的人对自己所遭受的刑罚有着如此相同的心态，正是庄子“知其不可奈何而安之若命，德之至也”的最好体现。庄子很可能也是借此告诫人们，不必执着于过去，也不必对命运耿耿于怀，在这个“踊贵屦贱”的世界，最好的出路便是“游心乎德之和”，从此“也无风雨也无晴”。

但愿像常季这样的人，最终也能改变自己对王骀一类人的看法。

同时，孔子提到的“自其异者视之，肝胆楚越也；自其同者视之，万物皆一也”的看问题的方式方法，对喜欢钻牛角尖的人是不是也有一定的启迪？当你的思维进入了死胡同，走不出来的时候，换一下自己看问题的角度，会不会突然产生柳暗花明、豁然开朗的感觉，连天地也突然变宽了呢?!

庄子说

常季曰:“彼为己[1]，以其知得其心[2]，以其心得其常心[3]。物何为最之哉[4]?”

仲尼曰:“人莫鉴于流水而鉴于止水[5]，唯止能止众止[6]。受命于地，唯松柏独也在冬夏青青；受命于天，唯尧舜独也正，幸能正生[7]，以正众生，夫保始之征[8]，不惧之实[9]。勇士一人，雄入于九军[10]。将求名而能自要者[11]，而犹若是，而况官天地[12]，府万物[13]，直寓六骸[14]，象耳目[15]，一知之所知[16]，而心未尝死者乎！彼且择日而登假[17]，人则从是也[18]。彼且何肯以物为事乎！”

【简注】

[1] 彼：王骀。为己：为自己修德。

[2] 其：指王骀。知：智慧。

[3] 常心：德之和的心境，也就是得道之心。

[4] 最：聚集。

[5] 鉴：照。止水：静止的水。

[6] 三个止的意思分别是：止水，留住，止步。

[7] 正生：端正自己的品行。生：性。

[8] 征：行，指本性。

[9] 实：实质，本质。

[10] 九军：大军，指千军万马。

[11] 要：约束。

[12] 官：主宰。

[13] 府：囊括。

[14] 寓：寄寓。

[15] 象：表象，形式。

[16] 一知：天赋予的智慧。

[17] 择日：指日。登假：升至极高处，指升至道的境界。

[18] 从：追随。是：指"登假"的行为。

【今译】

常季说："王骀为了自己，以他的智慧修自己的心，既然他的心已经进入了'德之和'的境界，为什么天下学子还会聚集在他的门下呢？"

孔子说："没有人能在流动的水面照见自己，只能在静止的水面照见自己。唯有静止的水才能让众人静下来照见自己。同是受命于大地的草木，只有松柏冬夏常青；同样受命于天，只有舜本性端正。所幸其本性端正，才能端正众人的本性。且始终保持着初心，具有无畏的品质。一名真正的勇士，也能称雄于千军万马之中。那些追求功名之人，如能自我约束也可以做到这种程度。何况能主宰天地，囊括万物，以形体为寓所，以耳目外形为表象，以道通为一的立场去看待种种知识，内心早已超脱于死生之外的人呢！王骀很快就能使其弟子德满得道，所以人们自愿追随于他。王骀就是这样的人，他怎么会运用心智去有意做吸引人的事呢？"

【说庄子】

常季执着于王骀的形，坚持认为王骀现象的出现一定是他要弄心机的结果，一定要打破砂锅问到底，试图挖掘出自认为被隐藏的事实真相。而孔子却凭着老师特有的耐心，用了一连串的比喻，循循善诱，努力解开常季心中的疙瘩。当然更重要的，庄子还是要借此阐释王骀之所以能够吸引如此众多追随者的根本原因。

在孔子看来，常季执念产生的主要原因首先在于他与王骀分属两种完全不同的人，因此他理解不了王骀。所以孔子先从物以类聚、人以群分入手，指出常季的误区。松柏常青，是松柏的本性；勇士雄入九军，是勇士的本性；那些追求自我完善的人，德是他们的本性；学子汇聚在王骀门下，是因为他们在王骀那里看到了自己的本性。同时，孔子又用“人莫鉴于流水而鉴于止水，唯止能止众止”的比喻，说“德”的本质就是“虚静”，而“虚静”的人是不会因外在世界的任何改变而心动的。不断流动的水，就像人在纷扰的世界面前不断变动的心，没有人会在流水前照见自己。而静止的水，就像人所进入的虚静的世界，再没有任何外界的纷扰可以引起人心的“动”或者说是心的改变。在这样虚静的世界中，人的耳目以及所有外部感官都停止了活动，自然也不会再因外在世界的改变而影响心的“虚静”。而人也只有在自己心静的状态下才可以在静止的水面照见自己。这就是说，王骀之所以能吸引如此多的追随者，其一是由于在他那里，追求“虚静”的人可以照见自己；其二，他自己已经进入了一个“虚静”的境界，可以包容天地万物，连失去一只脚都不会让他动心，他又怎么会要弄心机“以物为事”呢！

这里需要说明的是，王孝鱼点校郭庆藩《庄子集释》中的这几句话是这样的：“彼为己以其知，得其心以其心。得其常心，物何为最之哉”，但我们采用了宋吕惠卿《庄子义》的句读：“彼为己，以其知得其心，以其心得其常心。物何为最之哉？”这样的句读应该更能体现庄子的思想。

庄子说

申徒嘉[1]，兀者也，而与郑子产同师于伯昏无人[2]。

子产谓申徒嘉曰：“我先出则子止[3]，子先出则我止。”

其明日，又与合堂同席而坐[4]。子产谓申徒嘉曰：“我先出则子止，子先出则我止。今我将出，子可以止乎，其未邪[5]？且子见执政而不违[6]，子齐执政乎[7]？”

申徒嘉曰：“先生之门，固有执政焉如此哉[8]？子而说子之执政而后人者也[9]？闻之曰：‘鉴明则尘垢不止[10]，止则不明也[11]。久与贤人处则无过。’今子之所取大者[12]，先生也，而犹出言若是，不亦过乎！”

简注

[1] 申徒嘉：复姓申徒，名嘉，郑国人。

[2] 郑子产：郑国大夫，姓公孙，名侨，字子产。伯昏无人：

寓言人物名，如前文之王骀。

［3］止：留下，停留。

［4］合堂同席：在同一屋檐下同坐一席学习。

［5］其：抑或。

［6］执政：子产时为郑国执政大臣，故其自称“执政”。违：回避。

［7］齐：齐同。

［8］固：岂，难道。

［9］而：乃。说（yuè）：悦，得意。后人：瞧不起人。后：作动词用，把别人放在后面。

［10］鉴：镜子。

［11］明：光亮。这里以镜子喻人的心灵。

［12］取：求取。大者：指德。

【今译】

申徒嘉是个受过刖刑失去了一只脚的人。他与郑子产同时求学于伯昏无人。

子产对申徒嘉说：“我先出去，你就暂时止步；你先出去，我就暂时止步。”

第二天，申徒嘉又与子产在同一课堂同席而坐。子产对申徒嘉说：“我先出去，你就暂时止步；你先出去，我就暂时止步。现在我要出去，你可以暂时止步吗？还是不能呢？你看见执政大臣也不回避，你把自己看得跟执政大臣一样吗？”

申徒嘉说：“先生门下，难道有这样的执政大臣吗？你是在炫耀自己的执政之位而看不起别人吗？我听说过这样的话：‘镜子明亮，尘垢就不会停留在上面；尘垢停留在上面，那就是镜子不明亮。久与贤人相处就不会有过失。’你到这里来修德，尊崇的是先生，现在说出这样的话来，不是太过分了吗？”

【说庄子】

《德充符》开篇就是一位“兀者”王骀，现在又是一位“兀者”申徒嘉。看来庄子对“兀者”的确是情有独钟啊。

申徒嘉与郑子产是完全不同的两种人。前者是受过刖刑的前罪人，后者却是位高权重的执政大臣。两个社会地位、人生阅历相差如此悬殊之人，同时在伯昏无人门下修德，不想发生碰撞也难。

此前的常季瞧不上王骀，但王骀毕竟能与孔子“中分鲁”，所以常季的问话虽带着挑衅，却也不得不对王骀敬上三分。而郑子产就不同了。在他眼里，申徒嘉社会地位低下，妥妥草根一个，还是草根中最低端的，因为申徒嘉犯过罪，身上带着永远抹不去的刖刑印记。然而，为修德他得与申徒嘉合堂同席，同师于伯昏无人门下。可想而知他内心所感受到的莫大屈辱与愤怒。这样的人怎么能与我平起平坐、同进同出呢？然而毕竟是在老师堂前，郑子产还是忍着没有爆发。但第一天下课，郑子产明确告诉申徒嘉不可以与自己同进同出。郑子产的话听起来虽不是那么剑拔弩张，却充满了对申徒嘉的轻蔑。

然而，已经追随伯昏无人修行十九年的申徒嘉，早就不以自己曾遭受刖刑为卑，也不以执政者身份为尊，自然对子产这种充满歧视、侮辱性的语言充耳不闻，依然是我行我素。于是更为强烈的冲突不可避免地发生了。

第二天，当申徒嘉仍旧与子产“合堂同席而坐”，郑子产终于忍不住爆发了。他对申徒嘉说：“如果我先出去，你就止步；如果你先出去，我就止步。现在我要出去了，你可以止步吗？还是不可以呢？你看见我这样的执政大臣都不回避，难道你是要跟执政大臣比齐吗？”郑子产的话带着很强的侮辱性，明摆着就是提醒申徒嘉别忘了自己的身份。确实，一呼百应、决策于庙堂之上的执政者，岂能心甘情愿地与一位打有罪犯烙印的人比肩而行呢？子产这样过激的反应，不要说在他那个时代，就是在今天，也不乏见。

于是，教育郑子产的大任降在了申徒嘉的身上。庄子刻意安排这位“形不全”的“兀者”给位高权重的子产上第一堂修德启蒙课，来教训这位自命不凡的“执政”，要他彻底丢掉自己“执政”的身份，抛却名声、地位之类的世俗观念，拂去心中的尘埃，让内心明亮起来。在申徒嘉看来，既然投师于伯昏无人门下，那人人都一样，彼此间不存在“形”的不同，也没有什么尊卑贵贱之别。修德的目的在于“取大者”，那就该心无旁骛地跟着先生学“万物一齐”之“道”，修“丧我”之大“德”。如果入了先生门，却还要谈什么执政不执政，硬要高人一头，难道不觉得自惭形秽吗？

申徒嘉的一番话说得字字振聋发聩。那么，郑子产又会怎样回应呢？让我们暂且留待下节。

这里不妨插上几句评论。

一篇《德充符》读至此，我们已经认识了这几位对修德表现出兴趣或已经走上修德之路的人：常季、郑子产和申徒嘉。如果把这三个人看作是一个修德序列的话，常季属于尚未入门者，他只是对修德方式感到好奇或困惑，还处于对“德”的咨询了解阶段；郑子产属于刚刚踏进修德的门槛，心中还满是传统的世俗道德观念的初学者，他看重的仍然是“形”，是人在社会中的身份、地位，距离“德满”还十分遥远；而申徒嘉则是已经修德十九年，仍孜孜不倦走在修德路上的学长，他已开始摆脱“形”的束缚，对不动于心有了初步的体验，但仍未到达“游心乎德之和”的境界。这个三人序列告诉我们，修德之路漫长而艰难，并不像常季所说的“虚而往，实而归”那么轻松，注定是一条需要人不断反省、不断自我净化的漫漫长路。

今天的郑子产，就是十九年前的申徒嘉；而今天的申徒嘉，应当是日后的郑子产。

庄子说

子产曰:“子既若是矣[1]，犹与尧争善[2]，计子之德不足以自反邪[3]?”

申徒嘉曰:“自状其过以不当亡者众[4]，不状其过以不当存者寡[5]。知不可奈何而安之若命，唯有德者能之。游于羿之彀中[6]。中央者，中地也[7]；然而不中者，命也。人以其全足笑吾不全足者多矣，我怫然而怒[8]；而适先生之所[9]，则废然而反[10]。不知先生之洗我以善邪[11]？吾与夫子游十九年矣[12]，而未尝知吾兀者也。今子与我游于形骸之内[13]，而子索我于形骸之外[14]，不亦过乎！”

子产蹴然改容更貌曰[15]:“子无乃称[16]!”

【简注】

［1］若是：像这样。

［2］争善：指争德的高低。

［3］计：衡量。反：反省。

［4］状：陈述。过：过错。不当亡：指不应当受刖刑。亡：指亡足。

［5］存：与“亡”相对，双脚齐全，这里指没有受过刑罚。

［6］羿（yì）：传说中善射的人，每发必中。彀（gòu）：弓箭的射程之内。

［7］中（zhòng）地：一定会被射中的地方。

［8］怫（bó）然：发怒的样子。怫：勃。

［9］适：到。

［10］废：消除。反：返，指返回常态。

［11］洗我以善：以善洗涤，意思是以德洗涤内心的尘垢。

［12］夫子：指伯昏无人。

［13］形骸之内：内心，指德。

［14］索：求，指子产的执着。形骸之外：指德之外的一切。

［15］蹴（cù）然：惭愧不安的样子。

［16］乃：如此。称：说。

【今译】

子产说：“你已经如此了，还要和尧争善，衡量一下你自己的德性，还不足以使你自省吗？”

申徒嘉说：“为自己的过错辩解，认为自己不应当受到刑罚的人很多，不为自己的过错辩解，认为自己应当受到刑罚的人很少。知道对所发生的事情无可奈何却又能顺从命运的安排，只有有德之人才能做到。游走于羿的射程之内，中间的地方，是必然要被射中的。假如没被射中，那只是命运罢了。双脚齐全的人嘲笑我只有一只脚，这样的人太多了。对此，我曾勃然大怒。但自从到了先生门下，我的怒气完全消失了。不知道是不是先生以德洗涤了我的内心？我跟随先生游学已经十九年了，先生还不曾意识到我是形残的人。如今你、我都游于形骸之内，但你却以形骸之外的种种标准来要求我，这难道不是太过分了吗？”

郑子产听罢感到十分惭愧，立刻改变了先前的态度说：“请你不要再说了。”

【说庄子】

想必过去郑子产从来没有这样被人教训过。好在他还不算不可救药。经申徒嘉这一顿当头棒喝，郑子产终于幡然悔悟了，开始理解什么是“形骸之外”，什么是“形骸之内”，意识到自己这个高高在上的“执政”与地位卑微的“兀者”间存在着的巨大差距。

“形骸之外”与“形骸之内”是两个截然不同的世界。前者为传统道德观念所掌控，没有人可以逃避，人人都不得不置身其中；而后者却是只有经过漫漫修德路，才可以进入的一个虚静光明纯粹的“心”的世界。在这里，万物一齐，没有任何世俗社会的偏见，更没有什么“执政”与草根或罪犯之间泾渭分明的界限，生死、大小、美丑、善恶、贵贱等一切“形骸之外”世界的对立统统被“心”消融为一。“游于形骸之内”就是“游心乎德之和”。郑子产与申徒嘉同在伯昏无人门下修“德”，目的就是最终“游于形骸之内”“游心乎德之和”。

有意思的是，郑子产以“德”指责申徒嘉“计子之德不足以自反邪”，而申徒嘉也以“德”自辩：“知不可奈何而安之若命，唯有德者能之。”相同的一个“德”字，含义却大不一样。郑子产口中的“德”显然就是传统意义上的“德”，类似于《逍遥游》中“德合一君”的“德”，《齐物论》中尧“进乎日”的“德”，《人间世》中颜回“德厚信矼”的“德”。对这样的“德”，庄子不但从来没有把它看在眼里，相反，他认为人必须忘掉这样的“德”，“支离其德”，才能获得真正的“德”。这样的话，什么又是申徒嘉口中的“德”，或者说“德充符”充的是什么样的“德”呢？

申徒嘉的“德”，是摒弃了是非、荣辱、尊卑、贵贱等一切世俗观念，摆脱了“形”的束缚之后的一种“心”的境界。这样的“德”的精髓就是教人如何在无可奈何、无路可走的现实中，平静坦然地接受命运的安排，安时处顺，顺应自然。庄子看到在现实世界，命运是强大的，是个人所无法扭转的。既然一切都无法抗拒，人就不应该硬撞南墙，不应该硬碰硬地与命运抗争。庄子的“德”把人的生命看得重于一切。为了全身养生，就必须要有“知不可奈何而安之若命”的人生态度。这就是申徒嘉等在伯昏无人门下所修之德，也是郑子产迫切需要理解、领悟的德。

这里庄子把“德”与“命”联系在一起，是很有现实意义的。当人处在无法改变现实、无法有所作为的情况下，只能将一切归之于命，并顺应于命，这才是有德者的智慧。听起来，庄子之“德”似乎有混世之嫌，也很容易被人脸谱化、简单化，但假如我们把庄子思想放到他的那个时代背景中去看的话，就不难理解庄子思想的深刻以及他对人的终极关怀了。这是一个什么样的社会呢？“游于羿之彀中。中央者，中地也；然而不中者，命也。”人人都活在羿的射程之中，被射中是必然的，不被射中是偶然的。射中与否，不过是命而已。在这样的情况下，郑子产当“执政”，是命；而申徒嘉遭受刖刑，同样也是命。既然都是命，郑子产不必为自己侥幸获得的“执政”之命而自得，申徒嘉也不必为命中注定要遭受的刖刑而自卑，这才是真正的有德者。

当然，申徒嘉能有“知不可奈何而安之若命”的人生态度，并非一日之功，而是经过十九年追随伯昏无人修德才领悟到的。申徒嘉受刑初始，也曾对世人的讥笑怒不可遏，经过与伯昏无人朝夕相处十九年修“德”的潜移默化，申徒嘉不仅消除了“怒气”，内心深处也发生了巨大的变化。不要说伯昏无人从不曾意识到他是兀者，就连他自己也忘记自己形残了。申徒嘉内心的变化说明修德是一个在“洗我以善”的修炼中，不断洗涤内心中种种的荣辱是非，不断放下各种纠结于心的郑子产所说的传统道德，使内心“知其不可奈何而安之若命”之“德”不断充实、不断净化的过程。

当郑子产最终在申徒嘉的教诲下“蹴然改容更貌”，由衷发出了“子无乃称”的恳求，标志着他总算是迈进了“游于形骸之内”的门槛，走出了修“德”的第一步。假如郑子产这位郑国的“执政”有一天真的可以在伯昏无人门下修成正果，从此“游于形骸之内”也就是“游心乎德之和”的境界，他是否有希望成为庄子所说的“神人无功”的神人呢？

庄子说

鲁有兀者叔山无趾[1]，踵见仲尼[2]。

仲尼曰："子不谨[3]，前既犯患若是矣[4]。虽今来，何及矣[5]！"

无趾曰："吾唯不知务而轻用吾身[6]，吾是以亡足。今吾来也，犹有尊足者存[7]，吾是以务全之也[8]。夫天无不覆，地无不载，吾以夫子为天地，安知夫子之犹若是也[9]！"

孔子曰："丘则陋矣[10]。夫子胡不入乎[11]，请讲以所闻！"

【简注】

［1］无趾：没有脚趾，刖刑的一种。

［2］踵：追。

［3］谨：谨慎。

［4］犯：指触犯刑律。患：祸患。

［5］何及：怎么来得及。

［6］不知务：不明时务，指不知如何处世。务：时务。轻用吾身：不慎而触犯刑律受罚。

［7］尊足者存：指比足更尊贵的德。尊足：尊于足。

［8］务全之：努力达到全德。之：德。

［9］安：怎么。

［10］陋：浅陋。

［11］胡：为什么。

【今译】

鲁国一位受过刖刑被砍去脚趾的人叫叔山无趾，他追着去见孔子。

孔子说："你以前处事不慎，既然已经触犯刑律遭受如此祸患，虽然你现在来见我，怎么还来得及呢？"

叔山无趾说："过去由于我不识时务，不慎触犯刑律而伤身，被砍去了脚趾。今天我来见你，是因为心中还存有比脚更尊贵的德，我要努力修德，使德完满。天，无所不覆盖；地，无所不承载，我把先生当作天地，想不到先生竟是这样的人！"

孔子说："我感觉自己真是太浅陋了。先生何不进来，谈谈你所知道的道理呢！"

【说庄子】

在进入正题之前，有必要先解释一下"踵见仲尼"的"踵"字以及这句话的意思。向秀、郭象将"踵"解作"频"，意为多次。这样，"踵见仲尼"就成了叔山无趾曾多次见孔子。但后文中孔子说叔山无趾"今虽来"，叔山无趾自己也说"今吾来也"，可知这是他第一次见孔子。此后，几乎各种《庄子》注本都将"踵"解作脚后跟，说叔山无趾用脚跟行走去见孔子。可是，叔山受刖刑被砍去的只是脚趾，脚掌还在，犯不着用脚跟走路吧？因此把"踵"解作用脚跟行走或频繁都未必准确。其实"踵"的本意就是"追"，把"踵见仲尼"解作叔山无趾追着去见孔子，这种种问题就都说通了。特别结合下文"夫子胡不入乎，请讲以所闻"以及"无趾出"来看，叔山无趾应该是在孔子快进门时追上他的。这段话的谈话地点应当在室外。

问题是叔山无趾为什么急着见孔子呢？从他的话中可以知道，叔山无趾把孔子看作是天地，他来见孔子，很可能是希望像申徒嘉追随伯昏无人那样，追随孔子修德，以求“是以务全之也”。可让叔山无趾万万没有想到的是，孔子竟然对他不慎遭受刑罚，流露出责备之意，甚至认为他现在悔过已经来不及了。

对比起《人间世》中教诲颜回、叶公子高以及《德充符》中与常季对话的孔子，这位孔子的表现是不是有些让人惊诧？我们知道，虽然孔子的主张本来就与王骀、伯昏无人等人的截然不同，但这并不意味着孔子就一定会站在王骀、伯昏无人的反面。事实上，孔子不但对德充符有着深刻的理解，还十分推崇王骀这样的人。他称王骀是“圣人”，表示自己也将以王骀为师，甚至不排除有朝一日“将引天下而与从之”的可能性。可是孔子毕竟不是庄子，他一生奔走于天下，尽管多次冒出“舍之则藏”的念头，却始终不曾真正身体力行过。

直到听罢叔山无趾的这番话，孔子了解到他是前来寻找“尊于足者”，图的是“吾是以务全之也”，马上就意识到自己的浅陋，连忙邀请叔山无趾入室详谈：“夫子胡不入乎，请讲以所闻！”孔子称叔山无趾为“夫子”并愿意洗耳恭听他的主张，说明孔子不仅是一个伟大的师者，而且还有着宽阔的胸襟。

此外，叔山无趾这个人物也为我们理解庄子在《养生主》中提出的“为恶无近刑”提供了一个实例。孔子所谓“不谨”的责备无意中透露了叔山无趾受“刑”的真正原因。对此，就连叔山无趾自己也不得不承认“吾唯不知务而轻用吾身，吾是以亡足”，可见庄子并不赞成“轻用吾身”。当然，由于“德充符”的重点并不在此，所以庄子并没有就此而大加发挥，而是把目光投在了已经“形残”的人身上，试图给他们指出一条如何“安之若命”的路。

毕竟叔山无趾与孔子是两股道上跑的车，即便他们的思想在某一特定的时刻会碰撞出火花来，但在现实社会中，他们是不可能走到一起的。

庄子说

无趾出。

孔子曰：“弟子勉之！夫无趾，兀者也，犹务学以复补前行之恶[1]，而况全德之人乎[2]！”

无趾语老聃曰：“孔丘之于至人[3]，其未邪[4]？彼何宾宾以学子为[5]？彼且蕲以諔诡幻怪之名闻[6]，不知至人之以是为己桎梏邪？”

老聃曰：“胡不直使彼以死生为一条，以可不可为一贯者[7]，解其桎梏，其可乎？”

无趾曰：“天刑之[8]，安可解！”

【简注】

[1] 务学：努力求学。

[2] 全德：指形体健全之人。德：得。

[3] 至人：充德至满的得道之人，如王骀、伯昏无人等。

[4] 其：大概，也许。

[5] 宾宾：频频，总是。

[6] 蕲（qí）：求。諔（chù）诡幻怪：与《齐物论》“恢恑憰怪”义同，原指诡异奇怪的事物，这里指用各种方法。

[7] 一条、一贯：一齐。

[8] 天刑之：上天给他的刑罚，意指孔子的本性无法改变。

【今译】

叔山无趾离开了。

孔子对弟子说：“你们都要更加勉励！叔山无趾是个受过刖刑被砍去脚趾的人，还努力学习以求弥补所犯的过错，何况形体健全之人呢。”

叔山无趾对老聃说：“孔丘还没有达到至人的程度吧？他又总是以什么在教学生呢？他用各种奇异怪幻的方法追求闻名于天下，他难道不知道至人把名声当作是束缚自己的枷锁吗？”

老聃说：“那你为什么不直接告诉孔子，生死、可与不可原本就是一齐的？用这样的办法是不是可以解除他身上的枷锁呢？”

叔山无趾说：“这是上天给他的刑罚，怎么可以解得开呢？”

【说庄子】

叔山无趾进了孔子的房门以后，两人说了些什么，谁在说，谁又在听，庄子都没有交代。因此成了叔山无趾故事中的两个谜团。尽管如此，我们多少还是可以凭着上下文了解其中一二。

孔子是听到叔山无趾有关“犹有尊足者存”的话，

知道叔山无趾对修“德”有更高要求之后，才一改先前责备的口吻而邀请叔山无趾进屋的。想必他们的谈话内容一定会围绕着“犹有尊足者存”，也就是如何修“德”而展开。在常季那一段中，孔子曾大讲了一番王骀如何教授弟子修“德”以及“德”的学说。那么到了叔山无趾这里，孔子是否还继续唱主角，把对常季说过的话，再来个老调重弹？至少郭象、成玄英这两位庄学大家都是这么认为的。

其实不然。叔山无趾被请进门的原因，是孔子要他“请讲以所闻”。根据叔山无趾离开后，孔子勉励弟子的话，可知门内的这场戏，叔山无趾唱的是主角，而孔子与其弟子是听众。

可是如果唱主角的果真是叔山无趾，他后来见到老子时为什么要说孔子身上的枷锁是“天刑之，安可解”呢？其实这很好理解。我们知道尽管孔子责备叔山无趾之后，立刻道了歉，尊称他为“夫子”，并请他登堂入室“讲以所闻”，但叔山无趾却无法掩饰他对孔子的失望，特别由于他曾误把孔子看作是“德”如天地的“德满”者，结果却被孔子迎头泼了一瓢冷水，知道自己找错了人。此后他把孔子比作“天地”的那几句，颇有些高级黑的意思，真正把孔子给噎住了，孔子还能说什么呢？所以将叔山无趾请进门后，孔子也就只能是听者而不是师者了。

这段话中还有一个需要弄清楚的问题。孔子告诫弟子：“夫无趾，兀者也，犹务学以复补前行之恶，而况全德之人乎！”孔子究竟勉励弟子向叔山无趾学习什么呢？难道是要学习他摒弃传统观念之“德”吗？若是，那就不是孔子了。此时的孔子虽然承认自己“陋矣”，内心却始终无法摆脱世俗观念的禁锢，跳不出“形”的束缚。在他看来，叔山无趾仍然只是一位愿意通过学习改过自新的“恶”人，所以才有了“犹务学以复补前行之恶”之说。他所说的“学”一定不是庄子之“学”，而他所说的“恶”也仍然是传统道德观念所说的善恶之“恶”。可见孔子要弟子们学的只是叔山无趾一心向“德”、“是以务全之也”的志向以及孜孜不倦的求学精神。

那么，为什么庄子要写孔子对叔山无趾前倨后恭的态度并勉励其弟子以叔山无趾为榜样这一段呢？如果我们把这一段与接舆之歌、常季的故事结合起来看，就不难理解了。孔子的人生蓝图首先要完成的是“齐家治国平天下”建功立业的历史使命，然而他一生汲汲奔走，与弟子忙活了几十年，并没有获得他所期待的成功，虽然他有着“乘桴浮于海”（《论语·公冶长》），“莫春者，春服既成，冠者五六人，童子六七人，浴乎沂，风乎舞雩，咏而归”（《论语·先进》）的梦想，但那是功成之后的身退，而非当下。所以孔子充分理解王骀、叔山无趾的境界与追求，甚至不排斥终有一天“丘将引天下而与从之”的可能性，然而在当下，他还不得不继续按照自己所设计的剧情走下去。这才是孔子的真实面貌。所以，在常季的故事中，庄子特别写了孔子对王骀的赞赏，在叔山无趾一段中，更表达了自己对这一类人的由衷钦佩。

虽然孔子理解王骀与叔山无趾，也有过与之同行的念头，但孔子是一定不会改变初衷的。这也是叔山无趾为什么要说“天刑之，安可解”了。

庄子说

鲁哀公问于仲尼曰[1]："卫有恶人焉[2]，曰哀骀它。丈夫与之处者[3]，思而不能去也[4]。妇人见之，请于父母曰'与为人妻宁为夫子妾'者，十数而未止也[5]。未尝有闻其唱者也[6]，常和人而已矣[7]。无君人之位以济乎人之死[8]，无聚禄以望人之腹[9]。又以恶骇天下，和而不唱，知不出乎四域[10]，且而雌雄合乎前[11]。是必有异乎人者也。寡人召而观之[12]，果以恶骇天下。与寡人处，不至以月数[13]，而寡人有意乎其为人也；不至乎期年，而寡人信之。国无宰[14]，寡人传国焉[15]。闷然而后应[16]，汜若辞[17]。寡人丑乎[18]，卒授之国[19]。无几何也，去寡人而行，寡人恤焉若有亡也[20]，若无与乐是国也[21]。是何人者也？"

【简注】

［1］鲁哀公：春秋时鲁国第二十六任君主，在位27年。

［2］恶人：相貌奇丑无比的人。

［3］丈夫：男人。处：相处。

［4］思：眷恋。

［5］十数：十几位。

［6］唱：通"倡"，倡导。

［7］和：附和，应和。

［8］君人之位：指权势。济：救，救济。

［9］聚禄：俸禄。望：月圆之日，意为满，这里指吃饱。

［10］四域：四方之内，指人世社会。

[11] 雌雄：指禽兽。合：聚集。

[12] 寡人：国君自谦之称。

[13] 数：计，算。

[14] 宰：宰相。

[15] 传国：委托国事。

[16] 闷然：淡漠的样子。

[17] 氾：不在意。

[18] 丑：羞愧。

[19] 卒：终于。

[20] 恤：郁闷。

[21] 是国：这个国家，指鲁国。

【今译】

鲁哀公向孔子请教说："卫国有个相貌奇丑的人叫哀骀它。男人与他相处，因眷恋而舍不得离开。女人见到他，便会请求父母说，'与其嫁给他人为妻，不如嫁给哀骀它做妾。'像这样的女人不下十几位。从来没听说哀骀它倡导什么，他只是常常应和别人而已。他没有权势可以解除他人的灾难，也没有钱财可以果人之腹，而他丑陋的相貌足以吓倒天下人。他对一切都只是应和，从不倡导什么。他的见识超不过人世间的普通人，可是连禽兽都会聚集在他面前。这样的人必定有与众不同之处啊。我把哀骀它召来一看，果然他相貌的丑陋足以震惊天下。可是，我与他相处不到一个月，就已经感觉到他的过人之处了。相处不到一年，我就非常信任他。当时，鲁国没有宰相，我把国事托付给他。他看上去漫不经心地应答着，好像无意接受，却又未加推辞。我很惭愧，最后还是把国事托付给他。没过多久，他就离开我走了。我感到很是郁闷，若有所失。在这个国家，再没有人可以让我快乐了。哀骀它，他究竟是个什么样的人啊？”

【说庄子】

写人之美，庄子的“神人”开了先河，特别是“肌肤若冰雪”一句更成了后世美女的标配。宋玉描摹东邻之子的名句“肌如白雪”想必也是从庄子“神人”那里演化出来的，在民间则通俗化为“一白遮百丑”的经典美女评判标准。不过，庄子笔下最出名、最精彩，也最震撼人心的还是丑人形象。

除了那一位位被砍去一只脚的“兀者”以外，我们见到的第一位至丑的人当是《人间世》中的支离疏。除了庄子，还有谁能想象得出支离疏这样的长相？不过，庄子在《人间世》中只是集中描述了支离疏的人生态度，至于他在社会中有什么影响，与人接触时众人有些什么样的反应，庄子都没有说。现在哀骀它的故事很像是支离疏故事的第二幕。

庄子并没有具体描述哀骀它的相貌，可短短一段文字中反复强调了他的“以恶骇天下”，足以说明哀骀它之丑比支离疏有过之而无不及。可就是这么个丑人，魅力竟可比肩“神人”，成了一个“传说”。“传说”中的哀骀它不但牢牢地吸引着男人、女人，甚至还能吸引禽兽！

更为诧异的是，哀骀它要什么没什么。智商情商都不高，连一丁点让人羡慕垂涎的权势财富都没有，可鲁哀公把他接进王宫，不到一个月便沉醉于与之相处的日子，不到一年，甚至想把一人之下、万人之上的宰相之位交给他。鲁哀公与哀骀它谈相位时，他未置可否；而当鲁哀公真的把相国大印交给他时，富有戏剧性的一幕出现了：哀骀它丝毫不稀罕宰相的职位，反而一声不吭地离开了王宫，以至于让鲁哀公像失去了自己最心爱的妃子一样，感到心有戚戚焉。

至此，庄子已经把哀骀它内在人格之魅力渲染到了极致：其形骸虽丑，却丝毫不因“恶骇天下”而自惭形秽，反而以自己特有的人格魅力吸引了众人万物，甚至包括君王。这是为什么呢？鲁哀公百思不得其解，于是带着一头雾水，鲁哀公来找孔子问个究竟。

庄子说

仲尼曰：“丘也尝使于楚矣[1]，适见㹠子食于其死母者[2]，少焉眴若皆弃之而走[3]。不见己焉尔[4]，不得类焉尔[5]。所爱其母者，非爱其形也，爱使其形者也[6]。战而死者，其人之葬也不以翣资[7]；刖者之屦[8]，无为爱之[9]；皆无其本矣。为天子之诸御[10]，不爪翦[11]，不穿耳[12]；取妻者止于外[13]，不得复使[14]。形全犹足以为尔，而况全德之人乎！今哀骀它未言而信，无功而亲，使人授己国，唯恐其不受也，是必才全而德不形者也[15]。”

【简注】

[1] 使：一作“游”，出游。孔子未曾出使楚国，所以作“出游”解更妥当；《人间世》也有“孔子适楚”。

[2] 适：遇到。㹠子：小猪。

［3］少焉：一会儿。眴若：惊慌。

［4］不见己：小猪在母猪那里看不到自己，指不能与母猪交流。

［5］不得类：不是同类，指母猪已死，不再与小猪同类。

［6］使其形者：指精神。

［7］翣（shà）：棺木上的装饰物。资：送，给。

［8］屦（jù）：鞋。

［9］无为：没有理由。

［10］诸御：指宫女。

［11］爪翦：剪指甲。

［12］穿耳：扎耳洞。

［13］取妻者：刚结婚的男子。取：同娶。止于外：不出远门。外：远。

［14］使：役使，指劳役、兵役。

［15］德不形：指德不流于外形。

【今译】

孔子说："我曾出游楚国，碰巧看到一群小猪在刚死去的母猪那里吸吮乳汁，不一会儿小猪就都惊慌地抛弃母猪跑走了。这是因为母猪已死，小猪在母猪那里得不到应有的反应，感觉它们已经不是同类。可见小猪爱母亲，不是爱它的形体，而是爱它内在的能支配它形体的精神。战死沙场的人，下葬时不加棺饰；受过刖刑断脚之人不再爱惜旧时的鞋。这些都是因为失去了根本。做天子的嫔妃，不剪指甲，不扎耳洞；新婚的男人不出远门服劳役。这都是为了保全其形体。为保全形体完整的人尚且如此，何况是全德之人呢！现在哀骀它不说话就已经获得了人们的信赖，虽不曾建有功绩，可是人人都亲近他，能使君主把一国之事托付给他，还唯恐他不接受，这样的人一定是才全而德不形者。”

【说庄子】

庄子在申徒嘉的故事中提到了这个世界上有两种人：一种“游于形骸之内”，一种“游于形骸之外”。前者注重于内心，后者则为形所局限。哀骀它与鲁哀公恰恰是游于这两个世界的顶级代表人物。尽管他们在一起生活了一年，鲁哀公对哀骀它颇为倾心，但直到哀骀它拒绝相位离开了鲁国王宫，鲁哀公也搞不明白这位“以恶骇天下”的哀骀它究竟是个什么人。于是，便有了这一段鲁哀公问孔子的故事。

孔子的回答本来可以很简单，直接点明“形骸之内”与“形骸之外”的区别就足以说明问题了。可鲁哀公毕竟是君主，他问得又是那么诚恳，孔子自然要把自己的看法说得婉转一些。于是，他举了五个例子，转了一大圈，不过是暗示一个没有人愿意直截了当说出来的事实，那就是鲁哀公与哀骀它完全不是一类人。

孔子说话的技巧很高。他先详细讲述了猪仔为什么会离开死去的母猪，委婉地告诉鲁哀公，母猪死了，即便形体依旧，却再没有什么可以吸引猪仔的内在的东西了。“形”固然重要，但“使其形者”则更为重要。没有这个“使其形者”，任何“形”都失去了存在的意义。这就提出了一个问题，庄子所说的这个“使其形者”究竟指的是什么呢？从“㹠子食于其死母者”这个故事来看，死去的母猪之所以被小猪抛弃，不是因为母猪失去了它的“形”，而是因为它失去了它的生命，它的灵魂，它的精神。一旦没有了生命、灵魂、精神，小猪“不见己焉尔，不得类焉尔”，从此不再感受到母亲的照应，也不再从母猪那里获得归属感了。当然，庄子讲“㹠子食于其死母者”，一定不仅是要指出人死如灯灭这样一个事实，而是要用生命、灵魂、精神比喻什么东西。那在庄子的心中，什么可以跟生命、灵魂、精神一样重要呢？显然就是“德”啊！哀骀它是游于形骸之内的人。他相貌丑陋，没有权势，没有钱财，却全凭着“德”吸引众人。德，就是他的生命，他的灵魂，他的精神。一旦接受了鲁哀公的相位，那“游心乎德之和”所带来的魅力恐怕也就会随之离他而去。他又怎么会为了一个世俗的东西，失去自己的“德”呢？

对这样的人，孔子说他是一个“才全而德不形者”。原来，在这段故事中鲁哀公极尽能事的渲染，孔子种种比喻的铺垫，为的就是“才全而德不形者”这一句。也正是这一句，才真正拉开了哀骀它现象也就是“德充符”内涵的大幕。

在庄子看来，形体只是“德”的寄托之所，在“德”面前，形体微不足道，乃至得道的最高境界就是“忘形”。但值得注意的是，庄子所说的“忘形”并不等于无“形”。一旦无“形”，“德”也就失去了寄托之所，内在之“德”也就无从体现。所以尽管哀骀它之形“以恶骇天下”，但毕竟是其“德”的载体，其吸引众人的内在人格魅力也是通过这样一个奇丑无比的形体表现出来的。小猪爱母猪，是“爱使其形者”；人被有形体的哀骀它所吸引，是爱其内在之“德”。假如哀骀它没有内在之“德”，其形体本身仍然毫无意义；同样，如果没有哀骀它的形体，其“德”也失去了立足之地。

为了进一步说明这个问题，孔子又举了四个例子：“战而死者，其人之葬也不以翣资；刖者之屦，无为爱之；皆无其本矣。为天子之诸御，不爪翦，不穿耳；取妻者止于外，不得复使。”这四个例子，阐发的仍然是“形”与“德”的问题。战死之人，用不着再去装饰其棺椁；对于没有脚的人，鞋也就失去了意义。这两个例子都是强调倘若失去了根本，失去了“德”，就是有再多的装饰也无从依附。后两个例子则以人与人之间的依附关系来比喻“形”同样有意义。其一说宫女要依赖天子而存在，但宫女的形同样不能受到任何伤害；其二说倘若丈夫受到伤害，妻子就会失去依附的根本。这几个比喻，都强调了“使其形者”固然重要，但一旦失其“形”，“使其形者”也将失去依存的根本。庄子由此而得出结论说，求形体完整的人尚且如此，何况是求全德之人呢！

如果我们将《德充符》中王骀、申徒嘉和哀骀它这几个故事当作一个系列、一个整体来看，其人物虽然不同，但彼此间的连贯性、逻辑性却很强。它们系统地展示了德满者的人格魅力，修德道路的漫长，以及君王、人臣、知识精英、草根阶层乃至万物对德满者的倾心。至此，庄子“德充符”所要表达的内容基本上算是完成了。

有必要提及的是，庄子的这一段故事对中国传统美学的影响不容小觑。虽然庄子没有直接提出“使其形者”就是“神”，但他提出的“形”与“使其形者”之间的关系却被美学界接受，引发了美学史上对“形”与“神”关系的独特探讨。任何一部失去了灵魂、失去了精神的文艺作品，即便“形”再相似、再好，也不可能有任何的生命力，就像那头失去了“灵魂”与“生命”的母猪一样。

庄子说

哀公曰:“何谓才全?”

仲尼曰:“死生，存亡，穷达，贫富，贤与不肖，毁誉，饥渴，寒暑，是事之变，命之行也;日夜相代乎前，而知不能规乎其始者也[1]。故不足以滑和[2]，不可入于灵府[3]。使之和豫[4]，通而不失于兑[5];使日夜无郤而与物为春[6]，是接而生时于心者也[7]。是之谓才全。”

【简注】

[1] 规:测度。

[2] 滑:乱。和:与“游心乎德之和”的“和”同义，指和谐的境界。

[3] 灵府:心灵之府。

[4] 豫:安适，和谐。

[5] 兑:悦。

[6] 郤:闲，间断。与物为春:意为与万物相处犹如春天般和睦，富有生气。

[7] 接:与外物相交接。生时于心:指时间有春夏秋冬的变化，但心中之“时”却是由心而生的。

【今译】

鲁哀公说:“什么叫‘才全’?”

孔子说:“死生存亡,贫穷富贵,贤能与不肖,毁誉臧否,饥渴寒暑,这些都是事物的变化,天命的运行。就如同日夜相继一样,人的智力也无法探究其起始,所以不值得为此而扰乱心境的平和宁静,不可以让这些外在之物侵入人的心灵。要使心灵安适平和,通畅而不失愉悦;使自己的心境日夜不停地与万物共处于春天般和谐愉悦有生气的氛围之中,用这样的心境与外物相交接,去感受四时的变化,这就是‘才全’。”

【说庄子】

“才全而德不形”是孔子对哀骀它个人品质的高度概括。就是说,哀骀它的品质有两个最突出的特点,一是“才全”,二是“德不形”。按理来说,在“才”与“德”之间,孔子应该先说“德”后释“才”。可深谙鲁哀公心理的孔子知道他作为一个君主更关心的是“才”,其次才是“德”,所以孔子才将“才”排在了“德”之前,说哀骀它是“才全而德不形者”。

庄子一向认为“才”是人处世的一大祸患。从《逍遥游》中“而(才)征一国者”开始,庄子对“才”或否定或讥讽,几乎从没给予过任何的肯定。特别是《人间世》中更以无材之木与有材之木遭遇的对比,阐释了“才”对人处世所产生的负能量以及对人的伤害,“山木自寇也,膏火自煎也。桂可食,故伐之;漆可用,故割之。人皆知有用之用,而莫知无用之用也”。由此可知,庄子本来所说的“才”是与“用”紧密联系在一起的。然而，如果仅就这里所说的哀骀它是“才全而德不形者”这一句来看，庄子对这样的“才”显然是肯定的，是赞许的，特别是哀骀它的“才全”，也就是今人所说的“全才”。

要真正理解庄子，辨析庄子运用概念的特点很重要。我们已经看到，庄子有时使用的词语就是世俗所理解的概念，有时却完全摆脱世俗，赋予一个词语特定内容，例如他对“德”的使用。对“才”的使用，也体现出庄子对概念运用的同样特点。

什么是庄子理解的“才全”呢？孔子既没有谈人的才能，也没有谈“齐家治国平天下”，而是从每个人在日常生活中都能遇到的社会现象说起。死生存亡，贫穷富贵，贤能与不肖，毁誉臧否，饥渴寒暑，都是人们常见的幸与不幸。富人就敢保证永远不会穷？穷人永远不会富？谁又能保证自己长生不死，一辈子不会挨饿受冻？但这些变化在庄子看来都不当紧，当紧的是一个人以什么样的心态去对待所发生的这种种变化。孔子的解释是“事之变，命之行”，闹了半天，“全才”就是一个字：“顺”。无论死生、存亡、穷达、贫富、贤与不肖、毁誉、饥渴、寒暑，遇上什么就是什么，不违抗，“安时处顺”，人的心永远保持着波澜不惊，这就是“才全”。

也许你会说这算什么“才全”？“顺”也能算是“才”？

千万别小看了这个“顺”，要做到还真不容易。庄子所谓的“顺”是以内心的“德”为支撑的。所谓“知其不可奈何而安之若命，德之至也”。像颜阖傅卫灵公太子那样“就不欲入，和不欲出”，或者像庖丁的刀那样能“缘督以为经”，再就是像哀骀它那样，顺着“死生，存亡，穷达，贫富，贤与不肖，毁誉，饥渴，寒暑”的变化而变化。这样的“顺”容易吗？“才”不全还真“顺”不了。所以庄子才说这样的处世哲学非“才全”而不能。

庄子说

“何谓德不形[1]？”

曰：“平者，水停之盛也。其可以为法也，内保之而外不荡也[2]。德者，成和之修也[3]。德不形者，物不能离也。”

【简注】

［1］形：显露，显现。

［2］荡：动荡，摇荡。

［3］和：与上文“固不足以滑和”之“和”同义。

【今译】

“那什么是德不形？”

孔子说：“静止的水，是平的极致。它可作为取法的标准。内心保持如水般的平静，就不会因外在的变化而动摇。德的最高修养就是内心的平和宁静。德不显露于外，万物自然被吸引而不能离去。”

【说庄子】

“德不形”与“才全”其实是一个问题的两个方面，彼此既相互说明又相互衬托。“才全”的根本就是以平和之心看待“死生，存亡，穷达，贫富，贤与不肖，毁誉，饥渴，寒暑”之间的对立与变化，始终保持“和豫”“与物为春”“接而生时于心者”的心态，把一切“事之变”都看作是“命之行”，做到“知其不可奈何而安之若命”，这样就是才全了。

而“德不形”，首先是心中有“德”。“德者，成和之修也。”德的最高境界就是内心的平和安静，不为任何外界的东西所动心。这个“和”与“使之和豫，通而不失于兑”“游心乎德之和”“和不欲出”的“和”是一致的，指的都是人与万物相处时需要保有的一种心境。而当内心像水一样平静和悦时，人便可畅游于世间万物之中，“内保之而外不荡”了。倘若“心和而出”，为“外在之物”所“荡”，那就是“为声为名，为妖为孽”（《人间世》）。这也是哀骀它“未尝有闻其唱者也，常和人而已矣”所蕴含着的深刻内容。一旦内心之“德”达到了如此的境地，“德”便不再显露于外，也就是“德不形”了。只有“德不形”的人才会自然形成一种独特的“物不能离也”的吸引力，就像《人间世》中所说的“鬼神将来舍，而况人乎！是万物之化也”的情景一样。所以哀骀它不说什么话，却可以吸引众多的男人女人；他不做什么事，却可以赢得众人，甚至包括君王的信赖与依附。

现在我们可以说，庄子刻意选择这些丑人、这些形残之人作为“才全而德不形”的“德充符”的代表人物，寓意颇深。在一个重颜值、重形貌的世界，人内心的魅力完全被外在的东西所遮蔽，所忽略。殊不知，人的真正魅力并不在于外表的完美，而在于内心的丰富完满。一个形体健全的人，很可能“德不全”，有“心”的残缺；而一个形体残缺不全的人，其“德”却往往是健全的。这样的“德”虽然并不显露于外，却可以像磁石一样，吸引人向他靠近。哀骀它，正是这样一位“才全而德不形”的丑人。

庄子说

哀公异日以告闵子曰[1]：“始也吾以南面而君天下[2]，执民之纪而忧其死[3]，吾自以为至通矣[4]。今吾闻至人之言，恐吾无其实[5]，轻用吾身而亡其国。吾与孔丘，非君臣也，德友而已矣。”

【简注】

[1] 闵子：闵子骞，孔子弟子。

[2] 南面：指君位。

[3] 纪：纲纪，律法。

[4] 通：精通，指深谙治国之道。

[5] 无其实：没有真实的治国才能。

【今译】

此后有一天鲁哀公告诉孔子的弟子闵子说：“起初我凭着自己的君王之位治理天下，执掌治民的纲纪律法时，总是忧虑臣民的生死，我自以为是精通了治国安民之道。如今听了至人的言论，恐怕自己并没有治理国家的真实才能。我很轻率地使用自己的身心，使国家到了危亡的境地。我与孔子，并非君臣，而是以德相交的朋友啊。”

【说庄子】

与哀骀它的相处以及孔子对哀骀它现象的解读，应该说对鲁哀公有很大的震撼，以至于他对自己多年的治国安民之道产生了怀疑，甚至担心自己的治国能力是否是造成国家走到生死存亡关头的根源。

字面上看，鲁哀公似乎很想模仿哀骀它的处世方法，以“才全而德不形”的方式来治理国家。可惜他却并没有领会孔子的一再暗示：你鲁哀公与哀骀它完全不是一路人。一个“游于形骸之内”，一个“游于形骸之外”。哀骀它“和而不唱，知不出乎四域”，对于治国之事，“闷然而后应，氾而若辞”，将“事之变”统统当作是“命之行”；而鲁哀公寻求的是治世，找的是能胜任相国之位的人，希望获得的是“物不能离”的方法，却不理解哀骀它吸引人的是他内心固有之“德”，而保有这样的“德”靠的是“内保之而外不荡”。所以，即便孔子为鲁哀公深入浅出地解读了哀骀它现象，鲁哀公也仍然没有真正明白“才全而德不形”是什么意思。

显然，庄子是借哀骀它和鲁哀公的故事来说事儿的。但这段记述也并非空穴来风。鲁哀公谥号为“哀”，必有其可哀之处。据《荀子·哀公》说，鲁哀公曾对孔子自述说：“寡人生于深宫之中，长于妇人之手，寡人未尝知哀也，未尝知忧也，未尝知劳也，未尝知惧也，未尝知危也。”这样一位弱势的君主怎么可能承受得起先秦时期“争城以战，杀人盈野”的腥风血雨？这样的人，生为君主，其人生不“哀”也难。历史事实也正是如此。鲁哀公在位27年，一直处于强臣弄权的弱势状态，以至于最终在与权臣“三桓”的冲突中流亡他国。鲁哀公何尝不想找一位像哀骀它这样既能吸引众人又不觊觎权位的人辅佐他？鲁哀公的人生阅历以及他柔弱的性格导致他总是想依赖于他人。从“寡人恤焉若有亡也，若无与乐是国也”的慨叹中可以知道，一旦他失去了“依赖”，便会在心中留下难以填补的空虚与惆怅。所以，当他听到孔子所说的“才全而德不形”之后，马上追问什么是“才全”，什么是“德不形”，真心希望有一个像哀骀它这样人畜无害的人来辅佐他施政。

哀骀它故事的结局对鲁哀公来说是场悲剧，这也从一个侧面折射出了他的人生。尽管作为君主，他曾尽力“执民之纪而忧其死”，但最终还是由于种种原因以失败告终，谥号“哀”。

庄子写这一段故事的本意大概是要说，“游于形骸之外”的人并不都如郑子产那样经过与“游于形骸之内”的人相处便能入门修德。这像是一个虚构的寓言，但事实上，庄子的一些故事，特别是那些涉及历史真实人物的记述，并不完全是虚构的。其中，尽管庄子根据需要做了加工，但基本历史事实还是有的。就拿这段故事来说，庄子的描摹至少反映了历史上作为鲁国国君的鲁哀公的心理诉求。《庄子·寓言》说《庄子》“重言十七”指的就是这一类的历史故事，这样的故事多多少少是可以作为研究那一时期历史文化现象的依据的。

庄子说

闉跂支离无脤说卫灵公[1]，灵公说之[2]；而视全人，其脰肩肩[3]。瓮盎大瘿说齐桓公[4]，桓公说之；而视全人，其脰肩肩。

故德有所长而形有所忘[5]，人不忘其所忘而忘其所不忘，此谓诚忘。

【简注】

[1] 闉跂：曲足。支离：身体有残缺。无脤：无唇。说（shuì）：游说，劝说。

[2] 说：悦，喜欢。

[3] 脰（dòu）：颈部。肩肩：形容细小。

[4] 瓮盎（wèng àng）：陶质的盆。大瘿：脖子上长的大瘤子。

[5] 长（zhǎng）：增长。

【今译】

闉跂支离无脤游说卫灵公，卫灵公很喜欢他。再看形体健全的人，反而觉得他们的脖子太细小。瓮盎大瘿游说齐桓公，齐桓公也很喜欢他。再看形体健全的人，反倒觉得他们的脖子太细小。

所以说随着人的德的增长，会逐渐遗忘人的形体。人如果不忘他所应当忘掉的形体，而忘掉他所不应当忘的德，这才是真正的“忘”。

【说庄子】

哀骀它、闉跂支离无脤、瓮盎大瘿三位都是德满之人。相同的是，与这三位打交道的都是君主；不同的是，哀骀它是被鲁哀公招进宫的。而闉跂支离无脤、瓮盎大瘿是主动前去游说卫灵公和齐桓公的。最终的结果当然也很不同。鲁哀公与哀骀它相处一年一无所获，只是怅然若失而已；而卫灵公与齐桓公却发生了始料未及的变化，他们不但不嫌弃闉跂支离无脤与瓮盎大瘿的外形，反而觉得形全之人变得残缺了。

问题是，庄子在写过哀骀它并对“德”下了定义之后，为什么还要推出闉跂支离无脤、瓮盎大瘿这样两位形体怪异的人士？为什么要反复强调卫灵公与齐桓公在闉跂支离无脤、瓮盎大瘿的感化下，其“审美观”发生了根本的变化呢？

应该说，闉跂支离无脤、瓮盎大瘿一段是对哀骀它故事的补充。在此，庄子从“过犹不及”的角度进一步阐释形与德的关系。不错，卫灵公与齐桓公喜爱闉跂支离无脤与瓮盎大瘿，的确是为他们内在之德所吸引，而接受、欣赏他们形体的残缺，可是反过来他们却视形全之人为又一种形残。这是不是就是庄子主张的“忘形”呢？显然不是。庄子学说的核心，是万物一齐，道通为一。而这两位却从一个极端走向另一个极端，将“残”视为“全”，将“全”当作“残”，他们执着的仍然是形而不是德，同样陷入了不能“忘形”的窠臼。庄子注意到，随着人内心之德的增长，人会逐渐忘了形体，正如申徒嘉在伯昏无人门下修德十九年方才忘掉了自己是形残之人一样。可是这两位虽然也“德有所长”，形有所忘，但忘来忘去还是“游于形骸之外”，始终没有忘掉他们应当忘掉的闉跂支离无脤、瓮盎大瘿二人的形体，却忘掉了他们所不应当忘掉的这两位畸人的内心之德。庄子称这两个人的“忘”为“诚忘”，意思是说这两位君主还远在“德”门之外，完全不能领会什么是“德”，他们对闉跂支离无脤、瓮盎大瘿两位形残者的偏爱，也仅仅是出于个人好恶而已，并非真正为两位“德者”所流露出的内在之“德”所吸引。

需要提及的是，这段文字中的“德有所长而形有所忘”的“长”，历来都解作“长短”之长，意思是长处、过人之处。但是从上下文以及“形有所忘”的句子结构上看，“长”解作“增长”当更合乎庄子的本意。

庄子说

故圣人有所游，而知为孽[1]，约为胶[2]，德为接[3]，工为商[4]。圣人不谋，恶用知？不斫[5]，恶用胶？无丧，恶用德？[6]不货[7]，恶用商？四者，天鬻也[8]。天鬻者，天食也。既受食于天，又恶用人！

有人之形，无人之情。有人之形，故群于人[9]，无人之情，故是非不得于身。眇乎小哉[10]，所以属于人也！謷乎大哉[11]，独成其天！

【简注】

[1] 知：智。孽：植物的枝杈。

[2] 约：盟约。

[3] 德：指传统道德。接：交往。

[4] 工：工巧，算计。

[5] 斫（zhuó）：砍削。

[6] 丧：丧失。德：得，得到。

[7] 货：不以货求利。

[8] 鬻（yù）：养育。

[9] 群于人：生活于人群之中。

[10] 眇（miǎo）：微小。

[11] 謷（áo）：高大。

【今译】

因此圣人游于心，把智看作是旁生的枝孽，把盟约看作是胶漆，把道德看作是与人交往的工具，把工巧看作是商人算计赚钱的手段。圣人不谋求什么，哪里用得着智？圣人不砍削什么，哪里用得着胶漆？圣人没有什么可丧失的，哪里需要获得？圣人不谋利，哪里用得上商贾的技巧？知、约、德、工，都是自然赋予人的。既然是自然赋予人的，就是自然对人的养育。既然是自然对人的养育，哪里还用得着人为呢！

圣人有人的形体，却没有世人的欲望。有人的形体，因此可居于人类社会之中；没有世人的欲望，因此任何是非都无法影响圣人。圣人看上去很渺小，与众生没有什么不同，可是他们又极其高大，因为他已与自然融为了一体。

【说庄子】

读到这一段，十有八九的读者都会感到几分迷惑，庄子怎么会突然从一系列“德充符”的兀者、丑人形象一下子就转到了圣人身上，而且还说了这么一段令人费解的话？

要解开其中的隐秘，就得先了解庄子所说的“圣人”究竟指的是什么人，然后再结合那几位修德不成近乎走火入魔的君主一起思考，大概才能明白庄子为什么要在这里加上这么一段了。

我们先来欣赏一下这位“圣人”。对生活于现实世界的人来说，知、约、德、工都是必不可少的，但对于游于“心”的圣人，现实社会中一切人为的知识智慧、交往手段、道德标准、工巧技艺统统被视为骈拇枝指，附赘悬疣，都是害人的“坑”。在圣人的世界，大自然原本已经给予了人活下去所需的一切，哪里还要这些人为的东西给自己套上枷锁呢？“天鬻者，天食也。既受食于天，又恶用人！”说得多好啊。

可就是这样具有独特内心世界的圣人，形象却与普通人没什么两样。他既不像藐姑射山上的神人那样既帅且酷，也不像支离疏、哀骀它那样怪异丑陋吓人，他是一个混在人群中从外表认不出来的人。但是他与普通人最大的区别就在于处世。圣人没有众人的“喜怒哀乐，虑叹变慹，姚佚启态”，从不纠缠于是非。他就生活在众人之中，外表没有任何与众不同之处，看起来十分渺小，实际上却又很是伟大，因为他已经和大自然融为了一体。

这个人是不是有些似曾相识？他不就是庄子在《逍遥游》中描摹的那位“圣人无名”的“圣人”吗？或者是那位上藐姑射山拜见四子之后的尧？还有《齐物论》中“不从事于务”的圣人？是的，他们都是同样的圣人，都是有着“天鬻者，天食也”治世理念的圣人君主。

是君主自然就要干君主的活。这位君主所做的就是顺从自然，顺从自然安排好的一切，所谓“无为而无不为”，也就是“既受食于天，又恶用人！”现在，我们终于明白庄子为什么要写那三位君主了。鲁哀公“以南面而君天下，执民之纪而忧其死”，这种把天下百姓的生死挂在心上的君主，能不是好君主吗？可是这种记挂并没有改变鲁国的现状，反而使他“轻用吾身而亡其国”，走到了与他的愿望相反的一面。还有卫灵公和齐桓公，那也是历史上数得着的好君主。在庄子的笔下，虽然他们并不计较传统的“形”全，却仍未摆脱“形”的魔咒，只是走到了“形”的另一端，依旧“游于形骸之外”。庄子以这三位君主为例，说人只要执着于“德”之外的事，无论你的主观愿望如何，都成不了“圣人无名”的圣人。真正的圣人君主是“有人之形，无人之情。有人之形，故群于人；无人之情，故是非不得于身。眇乎小哉，所以属于人也！謷乎大哉，独成其天”。

庄子从王骀教授的“知识精英”开篇，一路而下，修德者涉及了各个领域，最后推出的是圣人君主的人设，期望君主也能修“德”到“德充符”的境界。这，才是庄子《德充符》的用心所在。

庄子说

惠子谓庄子曰：“人故无情乎？”

庄子曰：“然[1]。”

惠子曰：“人而无情，何以谓之人？”

庄子曰：“道与之貌，天与之形，恶得不谓之人？”

惠子曰："既谓之人，恶得无情？"

庄子曰："是非吾所谓情也。吾所谓无情者，言人之不以好恶内伤其身，常因自然而不益生也[2]。"

惠子曰："不益生，何以有其身？"

庄子曰："道与之貌，天与之形，无以好恶内伤其身。今子外乎子之神[3]，劳乎子之精[4]，倚树而吟，据槁梧而瞑[5]，天选子之形，子以坚白鸣[6]！"

【简注】

[1] 然：是这样。

[2] 益：增添。

[3] 外：流于外。

[4] 精：精气。

[5] 据槁梧：靠着干枯的梧桐树。瞑：闭目假寐。

[6] 坚白鸣：指惠施的"坚白论"。

【今译】

惠子问庄子："人是不是本来就无情？"

庄子说："是这样的。"

惠子说："如果人没有情，怎么称得上是人呢？"

庄子答道："道给了人容貌，天给了人形体，为什么不能称之为人？"

惠子说："既然称之为人，怎么能无情？"

庄子说："这不是我所说的情。我所说的无情，指的是人不应该因个人的好恶而伤害自身，顺从于自然而不人为地增益生命。"

惠子说："不人为地增益生命，又怎么能让人的身形存在？"

庄子说："人的容貌是道给予的，人的形体是天赋的，人不应该以个人的好恶而伤害自身。像你这样整天让自己的心神游荡于外，劳神费心，倚树吟诵，靠着枯干的梧桐树打瞌睡，天给了你形体，你却为自己的'坚白'之论自鸣得意。"

【说庄子】

这一段是《庄子》内篇中庄子惠子两位大哲学家的第三次"斗嘴"。前两次见于《逍遥游》有关"大瓠"还有"樗树"的争论。为什么说他们是"斗嘴"而不是正儿八经的辩论呢？

我们先看看庄惠这里所争论的第一个话题："情"。

就上下文来看，惠子所说的"情"是人之常情，也就是庄子所不待见的"相呴以湿，相濡以沫"，亲朋邻里之间有困难时的相互帮助之情。而庄子的"情"则是抛弃了人的"喜怒哀乐，虑叹变慹，姚佚启态"之情，进入了形如槁木，心若死灰，"不以好恶内伤其身，常因自然而不益生也"状态下的所谓"游心乎德之和"的"无情"。

这两种"情"显然是风马牛不相及的。不知是惠子听不明白还是庄子故意下套，一个人坚持说是人就应该有人所共有的"情"，没有"情"就不能称之为人；而另一个人则说只要有人的形体相貌，那就是人。一个说的是社会的人，有灵魂有情感的人，而另一个说的是生物的人，肉体的人。两个人对"人"的定义完全不一样。

立足于“情”的人纠缠于“情”，而立足于形貌的人却针对一个“情”字，反其道而行之，说“无情”才是真正的人。立论的角度不同，结论当然也不同。

其实，两人各有各的道理，就看你强调什么，出发点是什么了。再说，人，怎么可能彻底的无情？庄子妻刚死的时候，他不是也曾发出过“我独何能无概然”的感叹？所以这样的争辩，听起来的确更像是“斗嘴”。

再看他们争论的另一个话题：“益生”。

庄子这位善辩的高手刚把惠子带进“无情”的坑里，突然又跳了出来，另设了一个“益生”的话题。结果一头雾水的惠子还没搞清楚庄子之“情”究竟是怎么回事，就又一头陷进了“益生”的坑里。

庄子说的“不益生”指的是人应当顺从自然，该生时生，该死时死，不必热衷于各种延年益寿的事。而惠子说的“益生”却是另一个概念，意思是人如果不给自己的身体提供营养，那还怎么活下去？眼见得惠子又被引进了新“坑”，庄子才说，人的形貌是道与天赋予的，人本来就不应该以个人的好恶伤害身体。而你却一点儿也不知道爱惜自己，整天劳神费心，靠着枯树辩论，靠着枯树睡觉，天造就了你这样的形貌，难道就是让你整天鼓噪“坚白”的吗？庄子的潜台词就是：像你这样活着，不但对不起老天，也对不起你自己啊！

你说这俩人是在探讨深奥的人生论题，还是更像是家长里短地“斗嘴”呢？

不过，就是在庄子这一番有点尖酸刻薄的话中，我们还是不难体会到庄子为朋友着想的善良。他肯定是看到惠子被自己的“坚白论”搞得太辛苦了，才以这样独特的方法提醒他。可不是吗？为这么个说不清道不明还没几个人感兴趣的“坚白论”，搞得家不回，觉不睡，殚精竭虑，值得吗？可怜的惠子至死也没明白庄子的苦心，就这样“倚树而吟，据槁梧而瞑”，刚刚60岁就去世了。以至比惠子多活了20多年的庄子一想起惠子就是一通伤心感慨。

这一段话特别能显示出庄子与惠子性格的一个侧面。你是不是也在庄子机锋锐利咄咄逼人的话语中感受到了他对朋友的关切？是不是在惠子的执着中体味到其中透露出的质朴呢？这就是为什么惠子可以成为我们所知道的庄子的唯一朋友。

有关这一段，还有一个悬念。庄子与惠子两人有关“情”的话题是缘何而起的呢？在前一段为圣人作结时，庄子的确说过圣人是“有人之形，无人之情”的话，以“情”作为对鲁哀公等三位君主行为的评判，点出鲁哀公、卫灵公、齐桓公都陷入“情”中，而其“情”却并非圣人之情。庄子与惠子这段故事貌似与圣人之情这一段相互关联，可最后却落在了惠子身上，与“圣人之情”说的完全是两码事。就《庄子》内篇的整体结构而言，这一段游离于“德充符”的主题之外，以此为《德充符》作结，不免有“续貂”之嫌。其中还用到了“庄子”的字样，我们知道庄子本人是不会自称“庄子”的。综合这几方面来看，这一段很有可能是整理编纂《庄子》的人把庄子后学的文字放在这里的。

虽然以庄惠有关“情”的一段斗嘴为《德充符》作结，于逻辑、文理都不大说得通，却并不妨碍这段文字对研究庄子思想的重要性。从这里我们可以看到庄子的

“情”是大“情”，他的“无情”是没有是非之情。明代胡文英对庄子之情曾说过一段极为动情的话：“庄子眼极冷，心肠极热。眼冷，故是非不管；心肠热，故悲慨万端。虽知无用，而未能忘情，到底是热肠挂住；虽未能忘情，而终不下手，到底是冷眼看穿。”（《庄子独见》）

庄子倘若真的“无情”，他还能以“道与之貌，天与之形，无以好恶内伤其身。今子外乎子之神，劳乎子之精，倚树而吟，据槁梧而瞑，天选子之形，子以坚白鸣”去敲醒惠子吗？

大宗师

题解

以篇义命题。

“大宗师”就是值得尊崇且有建树的老师，字面意思并不难理解。但究竟谁是《大宗师》中的“大宗师”就有争议了。自从崔譔、郭象以来，绝大多数庄学家都认为大宗师就是道。

这种说法并非没有根据。《大宗师》中说，一位曾在儒门修炼的意而子，不知是由于受儒家约束太紧，心里不舒坦，还是真心向往庄子世界的自得，找到无意功名的许由，欲改换门庭，投其门下学道。起初，许由固固拒之，而意而子则固固求之。许由最终为意而子的诚意所动，感慨道：“吾师乎！吾师乎！齑万物而不为义，泽及万世而不为仁，长于上古而不为老，覆载天地刻雕众形而不为巧。”后四句话显然描述的是道的特征，于是解《庄子》者就把“吾师乎！吾师乎”解成了“我的大道啊！我的大道啊”。这样一来，“大宗师”也就成了“道”，“道”也就成了“大宗师”。

可是，此“师”非彼“师”。许由所说的“师”并不是“道”。《庄子》中的“道”也从来没有具体落实到老师身上。做老师，就要教书授徒，可“道”怎么教人呢？对此，《庄子》内篇特别是《大宗师》中论“道”的那段话已经说得很清楚了。自古以来，教书育人者才是老师。所谓“师者，所以传道授业解惑也”（韩愈《师说》），无论韩愈的“道”与庄子的“道”是不是一码事，“道”无疑都是要通过老师传授给学生的。《庄子》中有不少被树立为标杆式人物的老师，如《逍遥游》中尧在藐姑射之山见到的“四子”，《德充符》中的王骀、伯昏无人，《大宗师》中的许由、女偊以及在诸多篇章中现身的诲人不倦的孔子等。这样的老师都是具体的人，所以“大宗师”也应当是人，而不是看不见、摸不着、存在于万物之中的“道”。

那么，到底谁才是《大宗师》中的“大宗师”呢？或者说，《大宗师》中最受尊崇的人又是谁呢？读罢《大宗师》自然会豁然明朗。除了“真人”，还能是谁！整篇《大宗师》，记述的就是一部自古至今的真人发展史。它既是一首真人的赞歌，又是一部真人的悲怆曲。从对古之真人的声声礼赞开篇，到在快要饿死的子桑呼天抢地的悲戚哀鸣中结束，庄子的寓意再明显不过了：那些承接古之真人的纯粹的大宗师，在眼下已经濒临绝迹，再无生存的空间了，代之而来的，不过是些不学无术，整天虚张声势、自我吹嘘、毫无廉耻之心的所谓“师者”罢了。

知天之所为[1]，知人之所为者，至矣[2]。知天之所为者，天而生也[3]；知人之所为者，以其知之所知以养其知之所不知[4]，终其天年而不中道夭者[5]，是知之盛也。

虽然，有患[6]。夫知有所待而后当[7]，其所待者特未定也。庸讵知吾所谓天之非人乎[8]？所谓人之非天乎？

【简注】

［1］知：认识，了解。天：指自然。所为：所作用，所作为。

［2］至矣：极致。

［3］天而生：指天地万物皆自然而生，依自然而运行，非人力所为。

［4］养：保养，这里指顺应。

［5］中道夭：中途夭折。

［6］患：问题，弊病。

［7］所待：所凭借的对象，也就是《逍遥游》中的“犹有所待者也”之“所待”。当：适当，指正确。

［8］庸讵：怎么。

【今译】

知道自然可以做什么，知道人可以做什么，这是认知的最高境界。知道自然可以做什么，就知道天地万物都是自然而生；知道人可以做什么，就可以凭借自己所掌握的知识，去顺应人的认知尚无法企及的自然，这样也就可以尽享天年而不至中道夭折了。认识到这个程度，也就达到了认知的极致。

虽然如此，仍然存在着弊端。知识是根据所凭借的对象产生的，并由此判断知识是否正确。然而，知识所凭借的对象时时处于变化的状态。那么，如何去判断我所说的自然之所为不是人之所为，或者我所说的人之所为而不是自然之所为呢？

【说庄子】

从《逍遥游》开始，庄子笔下大凡写到“知”似乎都是负面的，特别是《齐物论》中那一大段对大知小知的挞伐，“知”简直就成了人类最大之“恶”。而对那些追求“知”的文人士子，庄子在《养生主》一开篇，便明确地指出，人生有限，而“知”无限，以有限的生命去追求无限的“知”，那太危险了。因此，一味地去求“知”，最终必然陷于深深的危险之中。在《人间世》中，庄子更直接把“知”比作“凶器”：“德荡乎名，知出乎争。名也者，相轧也；知也者，争之器也。二者凶器，非所以尽行也。”由此看来，庄子是不主张人类有“知”或者去探索“知”的。那么，为什么在《大宗师》中，庄子一反常态，忽然对“知”有所褒奖了呢？

其实，庄子并不笼统地否定“知”，也并不对所有的“知”都大加讨伐。在庄子的心目中，“知”就是“知”，并无善恶之分。但是“知”离不开人，而人也离不开“知”。所以庄子重视的是用“知”的人，他是根据人如何去用“知”而作出评判。如果有人从《庄子》一书中得出了庄子彻底否定“知”的结论，那么不妨再仔细品味一下，庄子每每否定“知”的时候，是否把批判的矛头指向的是用“知”、求“知”、有“知”的人，而不是“知”本身？

如此看来，问题不是出在“知”上而出在了与“知”相关的人身上。那么，有“知”的人又有哪几类呢？

大体上说，庄子把有“知”的人分为了三类。

第一类是以“知”来搬弄是非、混淆视听的，如《齐物论》中被庄子骂得体无完肤的大知小知。这些人不能不说是聪明人，但“聪明反被聪明误”。他们把“知”用到了极致，最终却是害人害己。一向重视个体生命的庄子对这类人甚至说出了“你们去死吧”这样的话。对于这样的人以及他们用“偏”了的“知”，庄子是彻底否定的。

第二类的有“知”之人是庄子在《齐物论》中所说的“知止其所不知，至矣”的人，庄子说，“孰知不言之辩，不道之道？若有能知，此之谓天府”。庄子认为能有这样的“知”的人是最有智慧的人。这样的人也就是《大宗师》中所说的“以其知之所知以养其知之所不知，终其天年而不中道夭者，是知之盛也”的有“知”之人。对照《齐物论》与《大宗师》中的描述，两者惊人的相似，显然，对这样的“知”，庄子非但不加以否定，反而是赞赏的。

第三类人是《德充符》中的王骀、伯昏无人以及支离疏、哀骀它们。这类人，表面上看，整天不吭不响，甚至就是从事“舌耕”，也“立不教，坐不议”，个个都像“闷葫芦”一样。可是又有多少人能进入这样的境界？这样的“知”必定是远远超乎常人的。否则的话，怎么可能做到“大泽焚而不能热，河汉冱而不能寒，疾雷破山飘风振海而不能惊”？想来后世多少高僧、高道就是读多少书、修炼多少年也未必能得其皮毛。你说这样的人没有“知”，傻子才信。这样的“知”可以说是“大智若愚”之“知”的极致。

庄子不齿于第一类有“知”之人，骂过之后也就再懒得搭理他们了。第二类人属于有资质做王骀们的学生的人。而第三类才是庄子要在《大宗师》中大书特书的。他们就是《大宗师》中的主人公“真人”，也是名副其实的“大宗师”。现在，答案才终于揭晓，原来庄子在《大宗师》开篇拎出《齐物论》中的“知止其所不知，至矣”的人作为引子，就是要引出本篇的核心人物“真人”与庄子所尊崇的“真知”。由此可知，对所谓“知天之所为，知人之所为者”，看上去庄子是给了他们不少的褒奖，可他们的“知”还不是“真知”，这样的人还配不上“真人”，庄子从写他们入手，只不过借此做个陪衬，通过对他们的肯定而把“真人”与“真知”隆重地推到前台。

庄子说

且有真人而后有真知[1]。

【简注】

[1] 真人：得道的人。真知：真人所具有的知识。

【今译】

先有真人而后才有真知。

这句话字面上不存在任何歧义：先有真人，才有了真知，真知来自真人。只有真人所传授的“知”才可称之为“真知”。对此，庄子已经说得十分明确了。可就是这么一句话，还是很可让人琢磨的。

首先，真人是从何而来的呢？

或许我们可以从下面紧接着说的“古之真人”一语下手，寻出些端倪。“古之真人”是古代的真人，古到什么时候呢？庄子没有说。但《齐物论》中有一段关于“古之人”的描述：“古之人，其知有所至矣。恶乎至？有以为未始有物者，至矣，尽矣，不可以加矣。其次以为有物矣，而未始有封也。其次以为有封焉，而未始有是非也。”这段话，为我们打开“真人”与“古之真人”以及“真知”相互关系的大门提供了一把钥匙。

真人最大特点之一便是有“知”。“古之人”也有“知”。其“知”的精髓便是理解“未始有物”这一有关人类认知发展的“真知”。“古之人”是怎么认知这个世界的呢？概括起来说，就是物我不分，物与我之间不存在任何分别，物是我，我也是物，物我一齐。能把世界认知到这个地步，“古之人”已经达到认知的极致了。但是，随着时间的推移，“古之人”对世界的认知也随着外在世界的变化而改变，人与物之间的区别越来越清晰，人不再是物，物也不再是人，人与物逐渐分道扬镳，最后进入了“是非”的时代。

“是非”的出现，导致“知”发生了根本性的变化。其标志，便是“知”从此分裂成为两种不同的“知”：一种“知”是人们用来区分“是非”的“知”，也就是“大知小知”那样的“知”；而另一类则是传承“古之人”之“知”，视万物为一的“知”。后者，庄子又称之为“真知”，而那些具有“真知”的人就是“真人”。真人与“古之人”一脉相承，真人之“知”来自“古之人”，所以庄子说先有“真人”而后才有“真知”。而“真知”又来自“真人”，源于“古之真人”。

那么，庄子为什么在论说“古之人”时，不点出他们就是“真人”呢？道理很简单。古之人的时代，人人都是真人，人人都有“真知”。这是一个不存在虚假，一切都是纯真、无虚饰的时代，自然用不着冠以一个“真”字。而到了“真人”的时代，有关“是非”的“知”出现了，大知小知“你方唱罢我登场”，到处弥漫着与“真”相对的虚假的东西，只是在这样的社会状态下，才有了区分“人”与“真人”、“知”与“真知”的必要。

庄子说

何谓真人？古之真人，不逆寡[1]，不雄成[2]，不谟士[3]。若然者，过而弗悔[4]，当而不自得也[5]。若然者，登高不慄[6]，入水不濡[7]，入火不热。是知之能登假于道者也若此[8]。

【简注】

[1] 逆：抗拒，忤逆。

[2] 雄成：以成功为雄，指自恃成功，以成功傲人。

[3] 谟：同谋，谋虑。

[4] 过：过失。弗：不。

[5] 当：同上文"夫知有所待而后当"的"当"，正确、得当。

[6] 慄：惧怕。

[7] 濡：湿。

[8] 登假：上升到。假：至。

【今译】

什么样的人才能称之为真人？古代的真人，不拒绝少数，不以成功傲人，不使用谋略吸引士子归于门下。这样的人，有过失而不懊悔，有成就而不自得。这样的人，登高不会战栗恐惧，入水不觉得湿，入火不觉得热。唯有"知"升华到与"道"为一的人才能有如此的境界。

【说庄子】

这一段是庄子对真人的总论。文字虽短，信息量却很大。首先，我们看到庄子心中的真人几乎囊括了庄子笔下至人、神人、圣人的全部特点。

真人"不逆寡"，是说其胸襟博大，容得下天下各种各样的人，哪怕是少数派或异见者，也不会去忤逆，去排斥。真人就像《齐物论》中得道的圣人一样，胸怀"注焉而不满，酌焉而不竭"。就是说真人确是有圣人特质的。而所谓"不雄成"，说的是真人有功却不居功自傲，不以功为功，从不因自己的成就而牛气哄哄，如同《逍遥游》中的神人一样，"其神凝，使物不疵疠而年谷熟……之人也，之德也，将旁礴万物以为一。世蕲乎乱，孰弊弊焉以天下为事"。说明真人也具有神人的品德。而"登高不慄，入水不濡，入火不热"，当然不是说真人可以站在悬崖峭壁上“足二分悬在外”，或者纵身跃入水深火热之中，也毛发无损，刀枪不入。其实，这只是庄子“恣意汪洋”的一种高度夸张写法，目的在于展示任凭外在世界变化莫测，真人的内心却丝毫不为所动。真人的这一心理素质，是不是与《齐物论》中所描述的“至人”几无二致？“至人神矣！大泽焚而不能热，河汉沍而不能寒，疾雷破山飘风振海而不能惊。”说明真人的心理状态足以与至人相提并论。

然而，如果真人仅仅是至人、圣人、神人的集合体，那真人就失去了单独存在的意义。显然，这不是庄子的本意。那么，在这段话中，对真人的哪些描述是有别于圣人、神人、至人的呢？细究一下，不难发现，真人有着这样两个独具的特点。其一，真人“过而弗悔，当而不自得也”，是说真人内心十分平静，不会以人“无定”的“知”去追逐变化着的天地万物，他们不纠结是非，可以“游心乎德之和”，这不正是《德充符》中王骀、伯昏无人等师者所具有的特征？其二，说真人“不谟士”，就是他们不使用任何手段，仅仅凭着自己的人格魅力，天下文人士子便会汇聚其门下。这一点也跟王骀、伯昏无人等完全契合，可见真人还真是有老师身份的。

当然，最重要，也最能显示真人身份的还是这一段最后的一句：“是知之能登假于道者也若此”，说明真人有“知”，其“知”经过修炼，能升华到与道为一的境地。这不就是《德充符》中所说的“德者，成和之修也”？孔子曾这样评价王骀及其门徒：“彼且择日而登假，人则从是也。彼且何肯以物为事乎。”如果我们把《德充符》与《大宗师》中的这两句话对照起来看，不难看出，真人有着师者的身份，这是至人、神人、圣人所没有的。

至此，我们是不是可以说，真人就是《德充符》中诸如王骀、伯昏无人以及《齐物论》中的南郭子綦一类的师者，或者说，他们就是庄子心中的大宗师呢？

如果说真人就是大宗师的话，那么，真人身上所具有的圣人、神人、至人的特点又如何理解？我们知道，真人是师者，他们传授的是“道”，而任何人都可以得“道”，有君主之才的人如尧以及下文的卜梁倚得了圣人之道，便成了得道的圣人。作为老师的女偊不就说过“我有圣人之道而无圣人之才”？他传给卜梁倚的是“圣人之道”。在伯昏无人门下修德的郑子产，如果德满，“知之能登假于道”，那么，他就会跟“神人”一样，成为有功而不以功为功的人。还有《养生主》中的右师，也属于这一类人。至于德满而有望成为至人的人，在《庄子》中就随处可见了，如支离疏、哀骀它以及正在伯昏无人门下修德的申徒嘉等都可划入这一类。

那么，真人是不是独立于至人、神人、圣人之外的另外一类得道之人？据《大宗师》“子祀、子舆、子犁、子来”以下几段“今之真人”的故事来看，真人具有双重身份。他们传道授徒时是“真人”，是大宗师，是老师；平日则如子祀、子舆、子犁、子来一般，是生活于现实社会中的至人。这就是为什么《大宗师》中会有“古之真人”与“真人”这两种说法，而且还说是“先有真人而后有真知”。

有必要补充说明的是，几乎所有《庄子》注本都将“不谟士”的“士”解作“事”的同音借字，这样，“不谟士”就成了“不谋事”，不谋略任何事情。这样的解释是基于把大宗师看作是“道”而做出的。只有理解了真人才是庄子心目中的大宗师，才可以理解为什么庄子在谈论真人时要特别强调“知”的重要。这不全都是因为唯有大宗师才具有这样的真知?！所以我们把“不谟士”的“士”就当作“士”来解，这样，不但符合大宗师吸引文人士子投其门下的师者身份，而且也可与《德充符》中的几位师者还有《大宗师》中的大宗师女偊、许由的身份相呼应了。

庄子说

古之真人，其寝不梦[1]，其觉无忧[2]，其食不甘[3]，其息深深[4]。真人之息以踵[5]，众人之息以喉。屈服者，其嗌言若哇[6]。其耆欲深者[7]，其天机浅[8]。

【简注】

［1］寝：睡觉。

［2］觉：醒。

［3］甘：精美。

［4］息：呼吸。

［5］踵：脚跟。

［6］嗌（ài）：喉咙堵塞。哇：障碍。

［7］耆（shì）：嗜，嗜好、欲望。

［8］天机：天然的机缘。

【今译】

古代的真人，睡觉时不做梦，醒来没有烦忧之事，饮食不求甘美，呼吸深沉。真人用脚跟呼吸，而普通人用喉咙呼吸。论辩时被人所屈服的人，话常常噎在喉咙里说不出来。奢求欲望太多的人，他们得道的机缘就很浅。

【说庄子】

庄子在这段话中提到了三种人：一是“古之真人”，二是“真人”，三是“众人”。“古之真人”与“真人”好理解，两者一脉相承，本质上来说，彼此间并不存在任何区别。所不同的是，“古之真人”的时代，人人都是真人，没有“众人”的存在。而在“真人”或者说是“今之真人”的时代，真人与“众人”同处一个现实世界之中。庄子用了“众人”一词，强调在这个时代，相对于真人的“众人”远远多于真人。

真人是一些完全不受现实社会束缚与局限的人。他们心无杂念，静若止水，因此，觉睡得安稳，呼吸深沉，深沉至脚后跟。这里不要误以为所谓“用脚跟呼吸”，是说真人都是些有着特异功能的人，庄子之所以这么说，只是用夸张的文辞，形容他们的淡定深沉，精神与心态的与众不同。这样对照来看，“众人”的形象就很有些卑微猥琐了。“众人”的状态与“大知小知”们很有几分相似，也不免经历着“其寐也魂交，其觉也形开。与接为构，日以心斗”，终日生活在恐惧阴暗中，常常被“屈服”，结果有话噎在嗓子眼里却吭吭哧哧说不出来，还要算计着如何去

“屈服”别人。这样的人，怎么可能睡得好觉、没有烦忧之事呢？在庄子看来，“众人”之所以会陷入这种可悲又可怜的境地，是由于他们的奢求欲望太多，而“天机”又太浅，自然也就整天活得呼吸不畅，郁闷憋屈了。

看到庄子对“众人”生活状况的描述，是不是很有几分似曾相识之感？今日“众人”的生活又何尝不像两千多年前的“众人”一样卑微肤浅？

这个由“古之真人”到今之“众人”的时代大幕，自打拉开，便再也不肯闭幕了。

庄子说

古之真人，不知说生[1]，不知恶死[2]；其出不䜣[3]，其入不距[4]；翛然而往[5]，翛然而来而已矣[6]。不忘其所始[7]，不求其所终[8]；受而喜之[9]，忘而复之[10]，是之谓不以心捐道，不以人助天。是之谓真人。

若然者，其心志[11]，其容寂[12]，其颡頯[13]；凄然似秋[14]，煖然似春[15]，喜怒通四时，与物有宜而莫知其极[16]。

【简注】

［1］说：悦，喜欢。

［2］恶（wù）：厌恶。

［3］出：指生。䜣（xīn）：欣。

［4］入：指死。距：拒，抗拒。

［5］翛（xiāo）然：形容轻松自如的样子。往：指死。

［6］来：指生。

［7］始：开始，指生。

［8］终：终结，指死。

［9］受：得到，指得到生命。

［10］忘：失，指失去生命。

［11］心志：精神专一，没有杂念。

［12］容寂：容貌安闲、宁静。

［13］颡（sǎng）：额头。頯（kuí）：质朴的样子。

［14］凄然：严肃而不冷酷的样子。

［15］煖然：温暖和煦的样子。

［16］极：极点，极限。

【今译】

古代的真人，不知道欣悦生，不知道厌恶死。他们对出生不感到欣喜，对死亡也不抗拒。轻松自如地面对死，轻松自如地面对生，仅此而已。他们不忘自己生命的初始，不寻求最终的归宿；欣然接受生的事实，忘掉生死，回复自然，这样就可以称为不因个人的心智而损害“道”，也不以人为的努力去改变生死。这就是真人。

像这样的人，用心专一，他们的容貌安闲宁静，神态端正质朴，严肃时像秋天一般，平和时则如同春天；他们的喜怒如四时的变化一样自然，与万物自然相处，没有人知道真人的极限究竟在哪里。

【说庄子】

这一段谈的是真人的生死观。

相比较而言，在先秦诸子中，庄子是谈死生最多的哲学家，没有之一。仔细翻检《庄子》内篇，几乎篇篇都谈到了生死。在《齐物论》中，庄子把死比作游子还乡，还借丽姬出嫁的故事说活着的人虽不曾经历过死，不知道死去的世界究竟是怎样，但人完全不必害怕死。丽姬出嫁前哭哭啼啼，以为自己出嫁后的生活会苦不堪言，谁承想其实远比出嫁前的好。于是丽姬竟后悔自己为什么此前那么畏惧出嫁了。进而庄子又用梦与觉比喻生死这两个世界，提出人死不是生命的终结，而是新的人生循环的开始。“庄周梦蝶”的故事更是现身说法，说人的生死不过是“物化”的过程，从一物化为另一物而已。在《齐物论》中，也许是为了矫枉过正，庄子甚至对死流露出些许的向往之情。

如果说，在《齐物论》中庄子是从哲学层面去探讨生死的话，那么，在这一段文字中，庄子则以具体、实际的人生经历阐发真人的死生观：“出入”“往来”“始终”，一生中，谁又不经历无数次呢？特别是生如出门，死如回家，多么稀松平常，这样的话，人们为什么还要对生与死那么耿耿于怀？

庄子谈死论生，不像后世的佛教道教要人们此生多行善积德，多给寺庙道观捐香火钱，以免死后下地狱。庄子的生死观从来不那么自私，也不是那么狭隘，那么小心眼。庄子希望的是，在这个“众人”喜生恶死的世界，人们终究可以摆脱对死的恐惧，对生的依恋这样的执念：活着，就高高兴兴、无拘无束地活；一旦死亡来临，就轻轻松松、坦然淡定地去死。焉知死后的世界不比活着的世界更美好？“视死如归”，在荀子和韩非子那里充满了保家卫国的英雄气概，但在庄子这儿，死，被说得那么轻松随意，就像拉家常一样。庄子谈生论死，其目的是让人摆脱长期以来形成的对死的恐惧心理，让人可以自如坦然地好好儿活着。

这才是一个没有被这个世界扭曲的真人对生死的态度！

如果人对死生的问题都可以“若然者”，这样看得开，想得通透，人生还会有什么样的障碍呢？看样子，在庄子心中，真人并不必像南郭子綦那样，形如槁木，心同死灰，而更像春夏秋冬四时的变化那样，当喜则喜，当怒则怒，“喜怒通四时”。只不过，这种“喜怒”是自然的，与人的“成心”、利益等无关，所谓“不以心损道，不以人助天”。如此，便可以真正与自然融为一体，心也就可以走向无限的境地。

极其沉重的话题，让庄子以极其轻松而又温暖的话语说了出来。当我们面对生死的挑战时，是不是也能像真人那样坦然平静？

庄子说

故圣人之用兵也[1]，亡国而不失人心[2]；利泽施乎万世[3]，不为爱人[4]。

【简注】

[1] 用兵：指发动战争。

[2] 亡国：亡人之国。

[3] 利泽：恩泽。

[4] 爱人：指获得“爱人”的名声。

【今译】

所以圣人发动战争，灭了别的国家却不失去民心；让圣人的恩泽施于千秋万世，却不是为了获取“爱民”的名声。

【说庄子】

庄子在上一段谈及真人的死生观时，说真人“与物有宜而莫知其极”。意思是真人可与世间一切自然和谐地相处，也就可以自然而然地感化周围的一切，自然也包括人类社会中各种各样的人，特别是位高权重的一国之君。从“故圣人之用兵也，亡国而不失人心；利泽施乎万世，不为爱人”所表述的整体意思上看，这里所说的“圣人”只有可能是能发兵灭他人之国的君主。

乍看起来，这一段在上下文中显得颇有些突兀，因而被一些研究者视为衍文，例如陈鼓应的《庄子今注今译》索性把这一段全部删去了。然而，从真人的“喜怒通四时，与物有宜而莫知其极”，突然转到“故圣人之用兵也”上，未尝不是庄子用来表达自己对现实社会中君主圣人的期盼。

庄子虽然很少专门讨论政治制度问题，但他并不否定君主制。相反，他说“臣之事君，义也，无适而非君也，无所逃于天地之间”(《人间世》)。他把臣民臣服于君主视为天经地义的事，但关键是应该有一个什么样的君主。像《德充符》中鲁哀公这样爱民至上的君主，还有卫灵公、齐桓公等，庄子统统看不上眼，认为他们都不合格，都达不到道的高度，不具有道的胸怀。而要使有“圣人之才”的人成为有“圣人之道”的君主，非有“莫知其极”能力的真人不可。从这个角度来看，庄子在这里真正所要表达的是，真人具有的无限潜能，同样可以影响、感染到君主。倘若君主也能像真人那样，即便发动了战争，也不是为了一己之私利，就不会像卫君那样造成“死者以国量乎泽，若蕉”，反而可以赢得被灭国人的人心，而且“利泽施乎万世”了。

庄子说

故乐通物[1]，非圣人也；有亲[2]，非仁也；天时，非贤也；利害不通，非君子也；行名失己[3]，非士也；亡身不真[4]，非役人也[5]。若狐不偕、务光、伯夷、叔齐、箕子、胥馀、纪他、申徒狄[6]，是役人之役[7]，适人之适[8]，而不自适其适者也[9]。

【简注】

［1］乐：乐意，善于。

［2］亲：偏爱。

［3］行名：追求名声。

［4］亡身：丧生。

［5］役：役使。

［6］狐不偕、务光、伯夷、叔齐、箕子、胥馀、纪他、申徒狄：传说中都是为他人而丧失了自己性命的贤人。

［7］役人：为他人做事。

［8］适人：使人安适。

［9］自适：使自己安适。

【今译】

所以出于自身目的而与人交往的人，不是圣人；有偏私之心、待人以亲疏的，不是仁人；见机行事、利用天时的，不是贤人；不懂得利害相通为一的，不是君子；为名声而迷失本性的，不是士子；丧身而不知养生的，不是能役使人的人。像狐不偕、务光、伯夷、叔齐、箕子、胥馀、纪他、申徒狄等，都是为他人所役使，追求让他人安适快意，却不知道什么才是最适合自己的人。

【说庄子】

这一段紧承“亡国而不失人心；利泽施乎万世，不为爱人”而来。在理想世界中，庄子憧憬的是像从藐姑射之山下来的尧那样的圣人君主，能“使物不疵疠而年谷熟”的神人臣子，还有“用心若镜”的至人百姓；而在现实社会中，庄子期待的是人人都可以像真人那样“喜怒通四时，与物有宜而莫知其极”。然而，理想与现实总是相隔得那么遥远。那么，又是什么妨碍了人们像真人那样特立独行？是什么导致人们陷入了无法自拔的困境？

于是，庄子连用了六个“非”字，自上而下，指出君主、仁者、贤人、君子、士子、役人以及历史上或传说中的人物的通病，在于他们的所作所为都违背了自然法则，都扭曲了人的自然本性。诸如为达到个人目的而与人交往，怀着偏私之心待人以亲疏，见机行事、利用天时以谋一己之利，不懂得利害相通为一，为名声而迷失本性，丧身而不知养生等等，归根结底都“是役人之役，适人之适，而不自适其适者也”，也就是失去了“古之人”的“真”。

庄子总是善于为现实中的人们画像，而且总是直击人的灵魂。两千多年前，庄子所观察到人们的这种种缺陷，今天不是仍旧根深蒂固地纠缠着人们？这大概也是为什么庄子会再三再四地强调真人在现实社会中的重要，说明来自真人的“真知”才是人类社会中唯一没有瑕疵的“知”，而且只有“真知”才能改变人的灵魂，改变世界。

此外，第一句“故乐通物，非圣人也”，还值得补充说明一下。孤立起来看，这里说的是为自身利益而与外界沟通交往的人。但细细揣摩其中的“故”字，显然是承上文的“君主”而来。这样的话，这个“乐通物”就不是指一般意义上的乐于与外界万物沟通，而有了乐于占有的意思，当然也包括“争地以战”这样的事了，这样做的君主当然不是圣人君主，充其量不过是鲁哀公、卫灵公、齐桓公们。

由于这一段与上文的“故圣人之用兵也”几句文义相连，因此也同样被一些庄子学者视为是窜入《庄子》的文字。但是，如果我们了解了庄子的政治主张与治国理想，就不难理解庄子为什么会在彻底否定这个世界的同时，又把希望寄托在“真人”身上，同时还为生存在这个社会的种种人一一对症下药，指出问题的症结所在。我们知道《庄子》在成书的过程中曾经历过很多次的修正与改变，但这一段一直被保存了下来。最大的可能是它原本就存在于《庄子》内篇之中。在没有确证的情况下，我们认为不应该随意删节已流传定型的《庄子》。况且，这些文字所表露的思想与庄子的主张并不矛盾。

古之真人，其状义而不朋[1]，若不足而不承[2]；与乎其觚而不坚也[3]，张乎其虚而不华也[4]；邴邴乎其似喜乎[5]！崔乎其不得已乎[6]！滀乎进我色也[7]，与乎止我德也[8]；厉乎其似世乎[9]！謷乎其未可制也[10]；连乎其似好闭也[11]，悗乎忘其言也[12]。

【简注】

［1］状：情态。义：正义。朋：朋党。

［2］承：接受。

［3］与乎：容与，自然的样子。觚：独立不群。坚：固执。

［4］张：宽阔广大的样子。华：浮华，奢靡。

［5］邴邴：神情开朗的样子。

［6］崔：运动的样子。

［7］滀：聚。

［8］止：停，归依。

［9］厉：当为"广"字之误（见郭庆藩《庄子集释》辨证），广大宽阔的样子。

［10］謷（áo）：高大的样子。制：遏制，限制。

［11］连乎：深沉邈远的样子。

［12］悗（mèn）乎：无心的样子。

【今译】

古代的真人，公允不偏倚，不结朋党；如有不足，也不接受别人的恩赐；独立不群却不固执；胸怀开阔而不浮华；神情开朗看似喜悦，一举一动都像是不得已。真人的内心充实，容颜可亲，德行宽厚引人前来归附；胸襟犹如宇宙般博大；形象高大没有极限；内心深沉似乎喜好沉默；对什么都无心，开口又好像忘了要说的话。

【说庄子】

这一段既是对真人从外表到精神的生动描述，又是庄子发自内心地对真人的呼唤。闻一多说庄子是诗人，一点儿都不错。短促的句式，加上循环往复的虚词的穿插使用，很自然地带出了浓浓的诗的旋律与节奏！

庄子对古之真人是极富感情的。因为那里寄寓着他对一个没有“机心”纯粹自然的“真”的时代的向往与憧憬。所以他才把“真人”的形象创造得如此美好高大、广博深沉，而又亲切憨厚，令人神往。

庄子告诉我们，在古之真人的时代，连物与我的概念都不存在，万物平等齐一，彼此间不存在任何利益冲突，人与人之间关系淳朴真挚，没有亲疏远近之别。古之真人没有朋党，没有一己私利，人们不需要因为利益的驱使而结成利益集团，更没有人伺机割韭菜或担心自己被割韭菜。人们胸怀宽阔，容得下天地万物，来者不拒，去者不追，没有君子、士人、役人之分，也没有人会为他人或名声而丧失自己的本性或生命，一切都恰到好处，没有任何极端。这，就是古之真人，也是古之真人所处的时代。

在这里，庄子反复叙说、反复强调的就是人的自然随意状态。“凄然”也好，“煖然”也好，“喜”也好，“怒”也好，都是无心以顺物的自然表现，而绝没有刻意的因素在。在庄子看来，这样的人做了大宗师，是不需要做什么广告的。真人独具的人格魅力自然便会使人前来归附，吸引人投其门下。所谓“与乎止我德也”，说的不就是我们已经在《德充符》中见到过的王骀现象、哀骀它现象？

通过对古之真人与“众人”的比照，庄子一步步由古之真人走入现实世界，从古之真人过渡到今之真人，认为改变“众人”灵魂的重任，已责无旁贷地落在了今之真人的肩上。那么，今之真人又将如何去传道解惑授徒，带出新一代的“真人”？他们又将怎样与时俱进，率领“众人”登上“道”的高峰？且看下段分解！

庄子说

以刑为体[1]，以礼为翼，以知为时，以德为循[2]。以刑为体者，绰乎其杀也[3]；以礼为翼者，所以行于世也；以知为时者，不得已于事也；以德为循者，言其与有足者至于丘也[4]；而人真以为勤行者也[5]。

故其好之也一[6]，其弗好之也一[7]。其一也一，其不一也一。其一与天为徒，其不一与人为徒。天与人不相胜也[8]，是之谓真人。

【简注】

［1］体：本。

［2］循：遵循，依据。

［3］绰乎：宽阔的样子。

[4] 丘：山丘、目标，这里指道的高地。

[5] 人：指众人。勤行：勤于身体力行。

[6] 之：指物。一：齐一。

[7] 弗好：不喜欢。

[8] 相胜：相斗，相抵触。

【今译】

真人以刑为本体，以礼为翅膀，以智为时机，以德为遵循的准则。以刑罚为本体，就能减少被杀戮的可能；遵循社会现存的礼仪，就能行于世而不为人所诟病；以智慧顺应时代的变化，就能遇事而安之若命；以德为行事的准则，就能与有脚的人一起登上山丘，达到目的；人们却认为是勤于行走者。

因此对于世上万物，人喜好也好，不喜好也罢，万物都是齐一的。你认为万物是齐一的，万物是齐一的；你不认为万物是齐一的，万物仍然是齐一的。认识到万物齐一的人，便与自然同类；认为万物不是齐一的人，就与众人为同类。能使众人认识到人与自然万物齐一的人，这就是真人。

【说庄子】

"古之人"的时代，人人都生而是真人，用不着也想不出"刑""礼""知""德"这样的名堂，什么口是心非、拉帮结派这样的事，就更是闻所未闻了。那时的人十分单纯，想怎么活就怎么活。然而，自从人有了是非的观念，就像亚当夏娃吃了禁果一样，人的欲望迅速膨胀起来，越来越丧失了"天地与我并生，而万物与我为一"

的信念。于是，“古之人”渐渐销声匿迹，代之而来的是越来越多受是非蛊惑的“众人”，于是“古之真人”也成了今之真人。不过，真人毕竟还是真人，真人的真知没有变，只是在尔虞我诈、利益集团丛生的时代，今之真人再不能像“古之人”时代的真人那样随心所欲了，而有了许多“不得已”的时候。

“不得已”就是没有选择。尽管是“一宅而寓于不得已”，满肚子的不高兴，也不得不安之若命，“以与世俗处”(《天下》)，否则就只有死。虽然庄子把死看得像回家一样，但不等于在人活得好好儿的时候，就要寻死，或者向往死，庄子只是认为人不必怕死。他真正关注的还是人该怎样好好活着。当然，庄子也看到了人活着时，“不如意事常八九”，常常会有“不得已”，但他主张人应该把“不得已”深藏在心里，不要被人看出来，最好修炼到连自己都不觉得“不得已”是不得已，那才是“游心乎德之和”的境界。

“不得已”这三个字可以视为理解今之真人的点睛之笔。因为“不得已”，真人才不得不顺从现实社会的一切，不得不依靠、利用现行的“刑”“礼”“知”“德”等制度观念，不得不采取更灵活的与世周旋的生存方式。只有这样，真人也才能最终带领愿意修德得道的人一同“至于丘”。

“丘”是高处，是目的地。“与有足者至于丘”，是历史赋予真人的使命。正如《德充符》中的王骀、伯昏无人等人“彼且择日而登假，人则从是也”一样，真人在现实社会中，担负起的就是率领众人“至于丘”、攀登上“道”的顶峰的责任。

今之真人与古之真人的行事方式虽然有了很大的不同，但他们对世界的看法却是一样的，没有发生任何的改变。在真人看来，“故其好之也一，其弗好之也一。其一也一，其不一也一”，这就是真人的“真知”，他们不在乎别人以什么样的眼光看万物，他们在乎的只是万物的本质，是隐藏于万物之中的“真知”。无论你承认不承认，万物为一，这个真知就在那里，并不会因人的意志而有丝毫的改变。

这里，庄子把人分成两类，一类是懂“道”的，是与自然、与“天”同类的，而另一类是不懂“道”，只图人事的，与人一类的。而真人的高明处，就在于他们不但自己懂得天与人是一个统一体，而且还要率领那些有志者一起“至于丘”。

从“且有真人而后有真知”的古之真人到“不得已”与“刑”“礼”“知”“德”相周旋的今之真人，庄子从真人的人格精神、内心世界、人生观、处世方式、历史使命等各方面为真人画像。庄子对真人唱的虽然是赞歌，但从庄子由高昂到低沉的声音中，我们是否可以隐隐约约地看到，最初无拘无束绝对自由的古之真人逐渐变成了不得不屈服于现行制度束缚的今之真人，古之真人曾经高昂的头颅在今之真人的时代，不得不缓缓地低垂下来，不得不借助于“刑”“礼”“知”“德”之类原本不属于自己的东西作为工具或者手段去达到自己崇高的目的？

这是真人与真知的悲剧，也是时代的悲剧。

庄子说

死生，命也[1]，其有夜旦之常[2]，天也[3]。人之有所不得与[4]，皆物之情也。彼特以天为父[5]，而身犹爱之，而况其卓乎[6]！人特以有君为愈乎己[7]，而身犹死之，而况其真乎[8]！

【简注】

[1] 命：自然注定的。

[2] 夜旦：夜晚白昼。常：常态。

[3] 天：自然规律。

[4] 与：参与，介入。

[5] 彼：众人。

[6] 卓：卓绝，指道。

[7] 愈：超过。

[8] 真：这里指道。

【今译】

人的生死是不可避免的，就像有夜晚与白昼一样，是自然规律。人无法改变自然，这是万物的本性。人们认为天创造了一切，终生敬天如侍奉父母，更何况那卓越的道！人们认为君主远远超越自己，心甘情愿为君主效命，更何况那远高于君主的“真”！

【说庄子】

在“众人”跟随真人“至于丘”的长途跋涉中，什么是最大的障碍？庄子认为是“死生”。

“死生”是庄子最常探讨的话题之一。庄子认为“死生”是“梦觉”，是“物化”，可睡觉以后人都还能醒过来，然而，有谁见过死去的人又能活过来？庄子与蝴蝶“物化”的现身说法美是美，说到底也还是个梦，并不能让人切身地感受到死的美好。所以在人们心中死生是个永远解不开的结。

怕死，是人的本性使然。可谁又能抗拒死、延缓生？既然不能抗拒，那就只能顺从。这是为什么庄子说“死生，命也”。庄子的这个“命”与“认命”的“命”不同。前者是自然的安排，人顺命，犹如顺从白天黑夜的自然规律。而“认命”的“命”，却是在反抗失败后不得不接受的现实。

在“众人”看来，主宰人的是“命”，是“天”，所以人们顺从“命”，敬“天”犹如敬父母一般。但是，“众人”又怎么知道，无论是“命”“天”还是万物，都是“道”的具体体现。在现实社会中，人会为侍奉父母而死，会心甘情愿地为君主卖命，但人们却忘记了或者说不愿再看到“古之人”带给我们的原本就存在着的那个“真”，也不去尊崇那体现于万物之中的“道”！

认识“真”很难，呵护好心中的“真”使其不被污染就更难，而奉行“真”并引导“众人”认识“真”走上“真”的道路则更是难上加难。《德充符》中的王骀始终怀着“真”的情怀，以“真”的魅力吸引了鲁国一半的学生，而在那位心中之“真”早已被遮蔽的常季看来，王骀一定是玩了什么花招才能创造出这样的“奇迹”。所以，做真人就得有特立独行的人格，有看穿浮云的独特信念，不但自己能坚守“真”，而且还要能在被误解、被曲解的时候仍不动摇地坚持“真”。

“道隐于小成”，使“真”变成假，同样也源于“小成”。现实世界中，“小成”会给人带来切身的利益，会带来让人羡慕的荣华，这就是为什么现实中的“真人”越来越少。这也是为什么庄子会从内心深处发出由衷的慨叹：“人特以有君为愈乎己，而身犹死之，而况其真乎！”

人类的悲剧，不仅仅在于违背了最初的本心，失去了原本“真”的世界，更在于明知“假”遮蔽了“真”却仍旧闭着眼睛以“假”为“真”，以“假”乱“真”。对此，庄子情不自禁地发出了“而况其卓乎”“而况其真乎”的大声呼唤！这其中，饱含无奈与悲哀，同时也暗示着真人未来的命运，为《大宗师》最后真人所处的凄凉境地埋下了伏笔。

这一段可以说是真人的挽歌，也是大宗师的挽歌，更是一个失“真”时代的挽歌。

庄子说

泉涸[1]，鱼相与处于陆，相呴以湿[2]，相濡以沫[3]，不如相忘于江湖。

【简注】

［1］涸（hé）：干涸。

［2］呴（xǔ）：吐气。

［3］濡：湿润。沫：唾液。

【今译】

泉水干涸了，鱼被困在陆地上，它们相互吐着湿气，用吐沫相互湿润。与其这样艰难地活着，真不如回到江湖之中，相互忘掉。

【说庄子】

泉水干涸了，鱼被困在陆地，相互吐着湿气浸润着，挣扎着，鼓励着，力图活下去。这是一幅身陷绝境却又抱团取暖的暖心而又凄美的画面，浸透着人与人之间那点儿剪不断、理还乱的"情"。

在《德充符》中，庄子和惠子曾经讨论过"情"。惠子痴迷于他的"坚白"之论而不能自拔，庄子为了说服他，提出人当"无情"。无情，也许庄子的话说得是有点儿过头。只要是人，哪个不会为情所困扰呢？就连庄子本人，尽管他可以在理论上说得头头是道，老婆死了，不是也情不自禁地难过了好一阵子吗？惠子来吊唁，别看他劈着腿敲着破瓦罐唱起歌来，好像完全不通人情，谁又能说这不是庄子特意"作秀"给惠子看呢？他心里是否还有悼念、惦记老婆之情，只有他自己最清楚。

不过，在哲学层面上，庄子还是主张人不能为情所困，不能因情而失了"真"，只有跟着真人找回"真"，人才能真正好好地活着，舒心地活着。在泉水干涸的困境之下，鱼相互吐着湿气、吐沫，彼此相救，执迷于"情"，为"情"所困，马上就要失去性命可还是不肯回头。这是多么悲情的一幕！在庄子看来，人是需要改变思维方式的。与其在那里拼尽全力相助，何不翻一个身，索性闯入江湖，那该是多大的世界！多大的自由！虽然彼此间不再相依相倚，可却获得了一个广阔无垠的天地，任人遨游。相比之下，人与人之间那一点可怜兮兮的“情”真的就那么重要吗？

现在我们也才理解，难怪庄子只有惠子这样一位朋友，两人彼此间还在不停地抬杠，因为庄子从来就不希望与人这样窘迫局促、凄惨地挣扎着活着。

颇为讽刺的是，“相呴以湿，相濡以沫”，原本是庄子用来嘲弄人们为“情”所困而陷入的可怜悲戚却无力自拔的悲催境地，后世却被人用作对人与人之间即便是在最困难的情况下仍相互支撑、相互救助的赞颂，也包括对患难夫妻始终不弃不离的赞美。倘若庄子地下有知，不知他对今人的曲解，是会笑还是会哭？

不但“相濡以沫”源出于此，后世风靡全球华人圈的武侠小说中的“江湖”一词也可以在这里寻到根源。不过，武侠小说中的“江湖”似乎更近乎无法无天的黑社会，又似乎是与现实相对抗的充满正义、英雄气概却又带着血腥味的理想世界，而庄子的“江湖”却仅仅属于他自己，这里是一个人人可以无拘无束、自由逍遥地活着，是一个回归于“真”且没有任何污垢的天地。“相忘于江湖”，意味着人们从此再不需要“相呴以湿，相濡以沫”苟延残喘却逃不脱毁灭命运地活着，这样的“江湖”展示的是一个可以让人无牵无挂、自由遨游的大同世界！这也是庄子独有的世界！

庄子说

与其誉尧而非桀也[1]，不如两忘而化其道[2]。

夫大块载我以形[3]，劳我以生[4]，佚我以老[5]，息我以死[6]。故善吾生者，乃所以善吾死也。

【简注】

[1] 誉：赞誉。非：谴责。

[2] 化其道：以道化之，指同化于大道，相忘于“江湖”。

[3] 大块：大地，与《齐物论》“夫大块噫气”之“大块”同。载：承载。

[4] 劳：劳作。

[5] 佚：安逸。

[6] 息：安息。

【今译】

与其赞誉尧而谴责桀，不如忘却尧与桀而同化于大道。

大地赋予我形体承载着我，用活着让我劳作，用衰老让我得到闲逸，用死亡让我安息。所以能让我好好儿活着的，同样也是能让我好好儿死的。

【说庄子】

庄子说过好话的君主只有一个，那就是尧，还是从藐姑射山上下来以后的尧，虽然在叙述尧想把天下让给许由的时候，庄子对尧多多少少也有几分肯定，但讥讽的意味却无法掩饰。不管怎么说，能使天下太平的尧，无论如何要比荒淫无度、暴虐无道的桀好得多吧。随便翻看一眼古今史书，几乎众口一词都是赞美尧而谴责桀的，这就是明证。

偏偏庄子是个例外。他说人们不必去赞美尧，也不必谴责桀，两人之间的是非善恶并不值得也没有必要去探究。最好的解决办法就是把是非善恶统统忘掉，而同化于大“道”。忘，虽然不容易，但既然申徒嘉可以忘了自己被砍掉的一只脚，那对众人来说，忘掉尧与桀的是非善恶，应该也不会有多难吧？假如连尧和桀的这样天大的是非都忘了，还有什么是忘不了的呢？按照庄子的说法，一旦忘了这一切，人就进入了一个无滞无碍、广阔无垠的“道”的世界。

于是，庄子的思维再次飞腾起来，他又回到了他最为关心的生死问题上。什么尧，什么桀，什么是非善恶，这些现实社会中的争论，相对于“大块”、大道，相对于人与自然、人与天的问题，又算得了什么呢？最重要的，人应该专注于对生命、对宇宙、对自然万物、对人的存在的感悟与理解。

于是，就有了庄子对人生与“道”关系的论述。

人的生命是怎么来的？是“大块”，是自然给了我形体承载着我，给了我生命让我可以劳作，让我在老了的时候享受闲逸的生活，在我死的时候让我安息，美美地入睡。原来，死就如同人生最美好的睡觉一样舒适。

人生有不同的阶段。人在不同的阶段担负着不同的使命。当生则生，当劳则劳，当闲适则闲适，当安息则安息。对每一个阶段的变化都不必耿耿于怀。如果人人都有这样的心态，自然也就没有了是非，没有了尧与桀，也就没有了“誉尧而非桀”的争议。

最后，让我们顺便提一下，有关“故善吾生者”的“者”是谁，在诸多《庄子》注本中存在着不同的解释。不妨设想一下，究竟谁才能让人活着的时候好好地活，死的时候又好好地死？当然是“道”！除了“道”，还能有谁?！庄子要说的是，如果得了道，就可以忘了人间的是非，就会把生死视为梦觉一般。既然如此，我们为什么不跟着真人去掌握真知，而要去争吵什么尧与桀的是非善恶呢？

庄子说

夫藏舟于壑[1]，藏山于泽[2]，谓之固矣[3]。然而夜半有力者负之而走[4]，昧者不知也[5]。藏小大有宜[6]，犹有所遁[7]。若夫藏天下于天下而不得所遁，是恒物之大情也[8]。

特犯人之形而犹喜之[9]。若人之形者，万化而未始有极也[10]，其为乐可胜计邪！

故圣人将游于物之所不得遁而皆存。善妖善老[11]，善始善终[12]。人犹效之，又况万物之所系[13]，而一化之所待乎[14]！

【简注】

［1］壑：山谷。

［2］泽：沼泽，湖泊。

［3］固：牢固，意为万无一失。

［4］负：背。之：指船。

[5] 昧：寐，睡。

[6] 藏小大：藏小于大。

[7] 遁：亡失。

[8] 恒：常。大情：至理，本质。

[9] 特：仅，只。犯：范，铸就，形成。犯人之形：指人之生。

[10] 未始：未曾。极：止境。

[11] 妖：也作“少”，指年少。

[12] 始：生。终：死。

[13] 系：归属。

[14] 一化：即物化。所待：指道。

【今译】

把船藏在山谷，把山藏在湖泊，可以说是万无一失。然而夜半有大力的人却把它背走了，睡着的人一点儿也不知道。小东西适宜藏在大东西中，可仍然还会丢失。假如把天下藏在天下，那就不会丢失了，这就是万物本身所具有的真相。

只要形成人体就高兴，可是人的形体也处在千变万化之中，没有止境，如果这也能让人快乐的话，那让人快乐的事就不可胜数了。

所以圣人游于万物都不会丢失的境地而与万物共存。善待少，也善待老；善待生，也善待死。那么，人人都会效法圣人，更何况万物所归属的根本，那个可以化万物的大道呢。

【说庄子】

天下之事无不存在于矛盾统一体之中。离开了一方，另一方就失去了存在的意义。没有桀就显示不出尧；没有非就无所谓是；没有了恶，善也就无从谈起；没有生自然也就没有死。所以庄子说要“两忘而化其道”。只有把事物的两方都一齐忘掉，才可能以“道”去化万物，化人心。

庄子看世界、看万物，总是有他独特的视角、独特的感悟。他对身边的事情从来不是平视的，而是站得很高很高，仿佛是站在宇宙之上，站在天外，俯视一切。所以他的想法总是那么神奇超然，出人意想。

看看他举的这几个例子，就可以知道他的思路是如何远远地超越于现实世界之外，如何与自然、与天、与道合一。庄子发现人们把船藏在山谷中，把山藏在湖泊中，自以为藏得十分巧妙可靠，但最终还是丢失了。所以人自以为得计的事，实际上却不堪一击。这个世界就这么大，“藏”还是“不藏”，究竟有没有东西可以真的“藏”起来、永远不被发现呢？庄子认为，“藏”这个观念本身就没有道理。船与山原本在哪里，它就应该待在哪里，“藏”与“不藏”，船和山都在那里。人为的一切“藏”都是徒劳的。然而，一旦把思路打开，“藏天下于天下”，也就是不藏，那也就不会有“遁”，也没有丢的问题了。虽然这里庄子仍借用了“藏”这个字，但这个“藏”的精髓却是“不藏”，也就是只有不藏，才不会有丢失。

庄子认为“藏”本身就是荒谬的，他主张以“化”的眼光来看待一切。“化”才是宇宙万物存在的根本。在宇宙间，在自然万物中，“化”无时无刻不在发生，而人却狭隘地只知道“生”，为从此有了人形而感到高兴，却不懂这仅仅是人千变万化中的一“化”而已！在历史的长河中，作为整体的人，已经经历了许许多多的变化，而每一个具体的人，又何尝不是时时刻刻体验着各种各样的变化！如果“生”真的能让人快乐的话，这个世界上值得快乐的事是何其多啊？！

这也是为什么庄子紧接着说他理想中的圣人君主总是游于万物不会丢失的境地，游于无所不在的“道”中。无论是“化物”还是“化民”，作为君主，都视万物为一，不贱物也不贵物，善待万物之“始”，也善待万物之“终”，善于为少，也善于为老，好好对待人之生，也同样好好对待人之死。这样，人人都效法圣人，人人也就都可以与体现万物的“道”融合在一起了。

人是有记忆的，忘任何一件令人刻骨铭心的事都很难。然而，一旦懂得了“化”的道理，快乐平静地接受“化”、融入“化”，全身心拥抱“万物之所系，而一化之所待”的大道，又何愁不能“两忘”而“游心乎德之和”呢？

庄子说

夫道，有情有信[1]，无为无形；可传而不可受[2]，可得而不可见[3]；自本自根[4]，未有天地，自古以固存[5]；神鬼神帝[6]，生天生地；在太极之先而不为高[7]，在六极之下而不为深[8]，先天地生而不为久，长于上古而不为老。

【简注】

[1] 情：实情。信：确实。

［2］可传：指道可以心传。不可受：指道不可以语言相授。受：授，传授。

［3］得：指通过“坐忘”“心斋”“丧”等方式悟道。

［4］自本：以自己为本。自根：以自己为根。

［5］固：本来。

［6］神：使……有灵性。

［7］太极：天。

［8］六极：六合，指天、地、东、南、西、北。

【今译】

道是真实存在而可征可信的。道自身无所作为，也没有形迹。道可以心传却不可以口授，可以得到它却不能看见它；道是它自己的本，也是自己的根，没有天地之前，道就已经存在了。鬼神上帝因道而有灵性，天地也因道而有生命；道在太极之上而不算高，在六极之下也不算深；道先于天地存在而不算久，长于上古而不算老。

【说庄子】

道，是庄子学说的灵魂。道不但是世间万物的根本，也是庄子用来衡量天地万物的一把尺子，用来应对现实世界的一把利器。庄子用它逢山开路，遇河搭桥，所向披靡，宇宙万物、人类社会中各式各样的难题，无一不在“道”的面前轻而易举地得以化解。可是“道”究竟是个什么“东西”？我们在《齐物论》中，已经知道“道”的神通十分广大，可以通万物，齐物我，泯灭美丑，可庄子却始终没有给予道一个清晰详尽的解说。直到真人以大宗师的身份登场传道了，千呼万唤的道才终于露出了自己的“庐山真面目”。

庄子在这一段中对“道”的描述，与其说是一篇理论小品，不如说更像一首激情四射的“道”的颂歌。作为诗篇，相信任何人吟诵之后都会为庄子对道怀有的激情所感染，然而，作为理论著作，大部分人读过之后很可能感到愈发迷惑了。一个道的含义，庄子肯定了再否定，否定了再肯定，翻过来倒过去，先说道有情有信，似乎道是个客观存在，是个真实可感的实体，可紧接着又来了一句道什么也不做，压根儿连个形状也没有，然后又说道可以传、可以得，再接着说道不可以授、不可以见。说来说去，唯一可以确定的是，庄子的道是个极为抽象的哲学概念，是一个超越时空而又真实可信的存在。

庄子的这段话是不是很绕？没错。不过，要论绕的话，这在《庄子》中还只能排在第二。最绕的还要数《齐物论》中的“有有也者，有无也者，有未始有无也者，有未始有夫未始有无也者”。可是，当我们把这两段最绕的话放在一起加以比较，不难发现，这两段话原来是可以互为发明的，都在解释同一个问题，那就是道与宇宙及天地万物起源的关系。庄子要说的是，道不是一个什么东西，道就是道，道存在于连“无”也没有的时间之前。道后来体现为“无”，在“无”中又孕育了“有”。无论是“无”还是“无”中之“有”，以及产生于“无”与“有”之后的宇宙万物，都是道的体现。但是，宇宙万物并不是道生出来的，而是道的不同形态的体现。道，存在于宇宙万物之中，所以宇宙万物中无不有道。

我们把庄子论道的这一段与《知北游》中庄子与东

郭子有关道的对话联系起来看，或许可以更形象、更具体地理解为什么庄子的道既不是什么“东西”，可真的又像是个“东西”。

一次，东郭子问庄子道在哪里，庄子说道无所不在。东郭子想问个究竟，庄子告诉他，道在蝼蛄蚂蚁之中，道在稊稗里面，道在砖头瓦片中，道在屎尿中。对东郭子来说，这样的道简直不可思议。庄子所说的道应该是至高无上的，怎么可以呈现于这些贱物之中，甚至在屎尿之中？

其实，这就是庄子的道，也是庄子“道”的学说的灵魂。“以道观之，物无贵贱”（《秋水》）。天地万物都是道的体现：天地是物，人是物，屎尿也是物，道怎么会自贱自贵呢？

那么，又怎么理解“生天生地”这句话？很多《庄子》注本解释这句都说是道生出了天和地。其实并不是那么回事。因为庄子的道根本就不会生，也不能生。一生，那就不是庄子的道了。如果道有性别的话，庄子的道一定不是雌性。其实，“生天生地”的这个“生”，既不是老子“道生一，一生二”的“生”，更不是母亲生孩子的“生”。这个“生”与“神鬼神帝”的“神”的用法相同，说的是天地因为道而有了生命。

我们再来看看庄子的道的渊源，也许更能看出他的道的一些特点。司马迁认为庄子的道是从老子那儿来的。这话也许是对的。因为老子庄子的道长得的确很像。不过，庄子的道出了老子道的源头，便分流了。比方说，老子说：“道生一，一生二，二生三，三生万物。”（《老子》四十二章）老子的道什么都能“生”。可是庄子的道不

"生"，庄子的道的特点是"通"，通天通地通屎尿。所以，老子的道带来的是社会的更为不"公"，是帝王驭人的权术；而庄子的道要抹平一切差异，带来的是一个更"公"的世界。这，才是庄子道的力量。而老子的道又怎么比得了呢？

顺带提一句，庄子大概是第一位以屎尿入文的文人学者。屎尿虽登不得大雅之堂，可只要用对了地方，依然可以出彩。几千年来，除了东郭子，有谁会觉得庄子粗俗？现而今也有了东施效颦的"屎尿体"诗人，什么"手捏一块屎，……那样子像一个归来的王"；"你尿成了一条线，我尿了一个坑"。想说什么呢？不过是屎就是屎，尿就是尿而已。

庄子说

狶韦氏得之[1]，以挈天地[2]；伏戏氏得之[3]，以袭气母[4]；维斗得之[5]，终古不忒[6]；日月得之，终古不息；堪坏得之[7]，以袭昆仑[8]；冯夷得之[9]，以游大川[10]；肩吾得之[11]，以处大山[12]；黄帝得之[13]，以登云天；颛顼得之[14]，以处玄宫[15]；禺强得之[16]，立乎北极；西王母得之[17]，坐乎少广[18]，莫知其始，莫知其终；彭祖得之[19]，上及有虞[20]，下及五伯[21]；傅说得之[22]，以相武丁，奄有天下[23]，乘东维[24]，骑箕尾[25]，而比于列星。

【简注】

[1] 狶（xī）韦氏：传说中的远古帝王。得之：指得道。

[2] 挈（qiè）：提举，这里指治理。

[3] 伏戏氏：即太昊，传说中的部落酋长。

[4] 袭：调和。气母：元气，古人以元气为物质的基本元素。

[5] 维斗：北斗。

[6] 忒（tè）：差错。

[7] 堪坏：昆仑山神，人面兽身。

[8] 袭：入。

[9] 冯夷：河神。

[10] 大川：大河。

[11] 肩吾：泰山神。

[12] 大（tài）山：泰山。

[13] 黄帝：即轩辕，传说中的古代帝王。

[14] 颛顼（zhuān xū）：五帝之一，号高阳帝，相传为黄帝之孙，为北方之帝。

[15] 玄宫：北方的帝宫。

[16] 禺强：一称禺京，海神，人面鸟身。

[17] 西王母：神话传说中的女神。

[18] 少广：西方山名。

[19] 彭祖：传说为颛顼的玄孙，姓篯，名铿，尧封之于彭城，寿八百岁，以长寿著名。

[20] 有虞：指舜的时代。

[21] 五伯：即春秋五霸——齐桓公、晋文公、秦穆公、楚庄王、宋襄公。

[22] 傅说（yuè）：相传傅说曾在傅岩野外从事版筑，后辅佐武丁为相，死后升天，跨于东维，在箕、尾星间，与众星并列。

[23] 奄：才。

[24] 东维：星名，在箕、尾星之间。

［25］箕、尾：星名，属二十八宿。

【今译】

狶韦氏得到道，得以治理天地；伏戏氏得到道，就能调和元气之本；北斗得到道，永远不会改变方位；日月得到道，便始终运行不息；堪坏得到道，能入主昆仑山；冯夷得到道，就可以游历大江大河；肩吾得到道，从此稳居泰山；黄帝得到道，便可登上云天；颛顼得到道，就能安居于玄宫；禺强得到道，从此立足于北极；西王母得到道，坐镇于少广山上，没有人知道她的起始，也没有人知道她的终结；彭祖得到道，寿命延年，上及有虞尧的时代，下至五霸的时代；傅说得到道，得以辅佐武丁，安抚天下，后乘着东维星、跨着箕尾星，并列于众星之间。

【说庄子】

庄子把这个“有情有信，无为无形；可传而不可受，可得而不可见”的道说得那么玄、那么酷，难道是要把“道”搞得像阳春白雪，让普通人可望而不可即？或者让人感到与之无缘？还真不是这样。庄子的真实想法恰恰相反，他的主张是：道，人人皆可得之。所以我们看到庄子在描述过“道”的基本特征以后，一口气列举出了一大串神话传说中的人物，说他们如何得道，如何由于得道而大显神通。好像这些人之所以能成为人们耳熟能详的神话传说人物，首先就在于他们都理解“道”，都能得道，都与“道”同在一样。

这的确是庄子的高明之处，也是他别出心裁的地方。看来庄子很早就懂得如何利用名人效应，让文化名人为自己的学说站台背书，扩大影响了。

粗粗浏览一下这份神话传说人物名单，似乎没有什么奥秘。但是如果你读了这一段，又读过韩非子《解老》中的这段话："天得之以高，地得之以藏；维斗得之，以成其威；日月得之，以恒其光；五常得之，以常其位；列星得之，以端其行；四时得之，以御其变气；轩辕得之，以擅四方；赤松得之，与天地统；圣人得之，以成文章"，或许你就可以从中发现点儿什么了。

这两段话的文字十分相似，很可能庄子与韩非子都采用了当时流传极广的神话传说。相比之下，显然庄子列举的得道者更有代表性。其中狶韦氏、伏戏氏、黄帝、颛顼、武丁，都是历史传说中的人间帝王；堪坏、禺强、西王母是相貌丑陋，堪比支离疏、哀骀它、闉跂支离无脤、瓮㼜大瘿的"妖魔鬼怪"。顺便说一句，西王母变成美妇人那是道教将她许配给东王公之后的事了，庄子时代的西王母还是位人见人怕的怪物。还有，冯夷是位村夫，傅说后来虽说位至相国，出身却十分低微。

而韩非子所列举的人物，除了庄子也提到的天地日月星辰帝王之外，便是来自精英集团的文人士子，再也见不到下层人士，更不用说残疾人或者相貌丑陋之人了。可见庄子的道，不管帝王将相，还是贩夫走卒丑八怪，人人皆可得之。在道的面前，人人一齐，道通为一，绝没有身份地位的不同，也没有高低贵贱美丑之别。

也许有人会问，庄子的得道者的理想境界是逍遥游，为什么这些得道者却个个忠于"职守"，在自己的岗位上一干就是一辈子？其实这不难理解。逍遥游，不等于人就不需要吃饭穿衣了。神人干的不就是使五谷丰登、万物不生病的营生？所以，得道者依然需要劳作，只是闲下来的时候才会去“游乎四海之外”。

庄子这份得道者名单，还有另一个耐人琢磨的问题，那就是得道者的职业。让我们看一看在这里从事哪类职业的人最多？其中五位，竟然都是帝王！我们已经看到《庄子》一书的主要人物之一是得了道的圣人尧，庄子还以大量的笔墨写了与得道者相处过了头的卫灵公、齐桓公，是不是可以从中得出这样的结论：实际上，庄子把实现他的理想的希望更多地还是寄托在了君王身上。虽然这里庄子只是把几位君王列在了他的得道者名单上，但庄子下文着重描述的，恰恰是一位有才的君主怎样在真人大宗师女偊门下得道，从而成为像从藐姑射山上下来的尧一样的圣人君主。

如此看来，这一段有关道的描述，并不像一些庄学家所认为的那样，完全游离于庄子思想之外，属于窜入的文字，应当删去。相反，这段话同样属于庄子，是庄子“道”的学说的重要组成部分。如果没有这一段文字，不但下文中有关女偊传道于卜梁倚的记述显得十分突兀，而且有关圣人的段落也都变成无源之水、无本之木，无法贯通了。

庄子说

南伯子葵问乎女偊曰[1]：“子之年长矣，而色若孺子[2]，何也？”

曰：“吾闻道矣。”

南伯子葵曰：“道可得学邪？”

曰："恶[3]！恶可！子非其人也。夫卜梁倚有圣人之才而无圣人之道[4]，我有圣人之道而无圣人之才，吾欲以教之，庶几其果为圣人乎[5]！不然。

【简注】

[1] 南伯子葵：寓言人物。女偊（yǔ）：寓言人物，庄子用来解说道的大宗师。

[2] 孺子：童子。

[3] 恶：不。

[4] 卜梁倚：寓言人物。

[5] 庶几：或许可以。

【今译】

南伯子葵问女偊："你年事已高，可是为什么看起来面如童子？"

女偊说："我得道了。"

南伯子葵又问："道可以学吗？"

女偊说："不！不可以学。你不是可以得道之人。卜梁倚有圣人之才可是没有圣人之道，我有圣人之道却没有圣人之才，我想教他，或许这样他就可以成为圣人了。其实不然。

【说庄子】

怕死是人的本性。谁不希望自己永远发如乌丝，面如童子？可是世上却没有人能逃过最终一抔黄土的宿命。于是一些人脑洞大开，变着法儿去求长生不死之术。南伯子葵便是其中之一。当他看到年事已高的女偊面如童子，便寻思讨个长生不老的秘笈。

女偊是大宗师，担负着引导众人得道的使命，但对于这位欲前来学道的南伯子葵，女偊却干干脆脆一口回绝了。为什么呢？这倒不是女偊做不到“有教无类”，实在是因为南伯子葵要学的根本就不是那个“有情有信，无为无形”的道。他寻求的是如何架起个炉子炼几颗丹药服下去便可青春永驻、长生不老的捷径，与女偊是两股道上跑的车，女偊当然不会收他为徒了。再说，就是女偊想教他，也教不了啊。

女偊虽然拒绝了南伯子葵学道的请求，但看在他虚心请教的分儿上，也没忍心让他空手而归，正好借机向他普及了一把什么是真人大宗师的道以及如何得道。

道可得而不可学，也就是所谓“可传而不可受”，这是庄子之道与其他各门派之道的显著差异之一。因此，女偊索性先径直告诉南伯子葵，你就不是得道之人，然后才以有“圣人之才”的卜梁倚为例，进一步说明道是如何“可传而不可受，可得而不可见”的。

值得注意的是，庄子在这里第一次，也是唯一的一次提出了两个新概念：一是“圣人之道”，二是“圣人之才”。

什么是“圣人之道”？如果有所谓“圣人之道”，难道还有什么其他的“道”吗？其实，女偊所说的“圣人之道”与王骀、伯昏无人所传之道并没有任何不同，指的都是那个“有情有信，无为无形；可传而不可受，可得而不可见；自本自根，未有天地，自古以固存”的道。庄子的道的概念本身是一以贯之的，从未变化。女偊之所以要提出“圣人之道”，主要是要区别于南伯子葵所寻求的“长生之道”，同时也是针对卜梁倚的“圣人之才”而言，所以才有了这样一个十分特殊的提法。“圣人之道”之说的出现，并不意味着还有“相国之道”或者无数人梦想的“不死之道”“发财之道”。

那么，什么又是“圣人之才”呢？从下文卜梁倚得道的方法及途径，不难看出女偊口中的“圣人之才”指的是有君主之才而又可以得道的君主。圣人之才的“才”与君主之才的“才”看起来十分接近，实际上却有区别。天下有君主之“才”而治理天下的人很多，如鲁哀公、卫灵公、齐桓公等都在此列，但他们都只是有君主之才而已，却没有圣人之才。因此，尽管鲁哀公、卫灵公、齐桓公与得道的哀骀它、闉跂支离无脤、瓮盎大瘿等相处，也只能是普通的君主而不是圣人君主。可见，对圣人君主来说，圣人之道与圣人之才缺一不可。只有具备了圣人之才，才可能具备圣人君主之道。换言之，圣人之才是获得圣人君主之道的重要条件。只有具有圣人之才的人得了圣人之道，那才可能是“无名”的圣人。

庄子说

以圣人之道告圣人之才，亦易矣，吾犹告而守之[1]。参日而后能外天下[2]；已外天下矣，吾又守之，七日而后能外物；已外物矣，吾又守之，九日而后能外生；已外生矣，而后能朝彻[3]；朝彻，而后能见独[4]；见独，而后能无古今；无古今，而后能入于不死不生。

【简注】

[1] 守：持守。

[2] 外：忘。

[3] 朝彻：形容心境如朝阳初出，清明洞彻。

[4] 见独：指见道。

【今译】

（女偊说）以有圣人之道的人教有圣人之才的人学道，是很容易领悟道的。可我还是告诉他得道的方法是守持。守持三天之后，就忘了天下；忘了天下之后，还要继续守持，七天之后能忘了万物；忘了万物之后，还要继续守持，九天之后就能忘了生死；忘了生死之后，心境就会洞明澄澈；心境洞明澄澈之后，道就会显现于心中；道显现于心中，就没有了时间的限制；没有了时间的限制，就能进入不死不生的境地了。

【说庄子】

这是庄子推介的又一种得道的方法，也是一条通往逍遥游的途径。

从《逍遥游》到《大宗师》，庄子反复论述了各种得道者以及得道的途径。相比较而言，卜梁倚的“外”与颜回的“心斋”十分相似，两人得道后的心境也几乎完全一样。所不同的是，两人的身份以及得道的方式。颜回是个文人士子，他怀着救国救民的心情踏上仕途，很想凭借自己心中之“德”在卫国有一番作为。但在孔子的开导下，他通过“心斋”或者说是“斋心”的方法，对“道”有了自己独特的领悟，其过程相对简单。

卜梁倚的得道过程就复杂多了。在庄子看来，向往得道的人，必须要“忘”。有己的忘己，有功的忘功，有名的忘名，有德的忘德，这才有了所谓“至人无己，神人无功，圣人无名”。天下人，无论是君是臣是民，人人身上都有“痼疾”。不除掉这个“痼疾”就无法得道。对卜梁倚来说，他最大的“痼疾”便是“天下”。有天下的诸如尧、鲁哀公、卫灵公、齐桓公，能忘“天下”便可成为圣人；忘不了天下，那就是一个有“圣人之才”而无“圣人之道”的君主。卜梁倚第一忘的就是“天下”，据此可知，卜梁倚是位有“圣人之才”的君主。他在女偊指导下通过“外”的修炼，一步步忘天下，忘外物，忘生死，最终得“圣人之道”。这个过程与尧上了藐姑射山之后在“四子”门下的经历是一样的，只不过庄子行文草蛇灰线，在《逍遥游》只提了结果，却没有讲解其过程，留下了个“包袱”，在《大宗师》中才抖开了。

颜回“一箪食，一瓢饮，在陋巷”，常常饭都吃不饱，更不要说什么值钱的家当了。所以颜回主要是要忘掉他心中引以为傲的“德”。卜梁倚就不同了。作为君主，除了天下，还有很多与之切身利益相关的东西。例如女偊所说的这个“物”，就不但包括君主“普天之下，莫非王土”的财产，也包括无数的妃嫔家眷。历史上要美人不要江山的君王也是有的，但对大多数人来说，舍弃这一切很难。自然卜梁倚过这一关也需要多花些时间。勘破死生就更不是一件容易的事了。好在最终卜梁倚通过“外”一步步迈过了这层层关隘，最终像从藐姑射山上下来的尧一样，成为一位既有“圣人之才”又有“圣人之道”的君主。可以说，从藐姑射之山归来的尧与这位卜梁倚结合在一起的得道君主人设，便是庄子精心为有“圣人之才”的人量身定做的。

最后，我们再来说一下怎么理解庄子这里说的“无古今，而后能入于不死不生”。乍一看，这个说法似乎与庄子的死生观相矛盾。庄子不是从不惧死，甚至说“予恶乎知恶死之非弱丧而不知归者邪”吗？事实上，对庄子来说，无论你是谁，只要你能悟道得道，死生就不再是一个需要关注的问题了。死与生之间，不过是“物化”的两个不同表现形态。生也好，死也罢，都是道的体现，人的生命永远是以不同的形态存在着的。今天是庄周，也许明天就是蝴蝶，蝴蝶是庄周的另一种存在形式，又何必纠结于到底是蝴蝶还是庄周呢？“指穷于为薪，火传也”。道永远没有生死，得道者也永远没有生死。一个人对死生问题有了这样的认识，他不就永远立于不死不生的境地了。像卜梁倚这样的人，放得下天下，放得下世上的一切，又怎么会勘不破死生呢？一旦勘破死生，人当然也就立于不死不生、与道同在的境地了。

需要说明的是，王孝鱼点校郭庆藩《庄子集释》本“吾犹告而守之”一句原作“吾又守而告知”。据闻一多《庄子内篇校释》考订，此句当为“吾犹告而守之”，与下文两处提及的“吾又守之”的用法相同。我们采用了闻一多的说法。

庄子说

杀生者不死，生生者不生。其为物，无不将也[1]，无不迎也[2]，无不毁也[3]，无不成也[4]。其名为撄宁[5]。撄宁也者，撄而后成者也。”

【简注】

[1] 将：送走，抛弃。

[2] 迎：迎接。

[3] 毁：毁坏。

[4] 成：成就。

[5] 撄：扰乱。宁：宁静。

【今译】

（圣人君主）杀人不是杀人，使人重生不是给人第二次生命。对于万物来说，没有什么是不可以抛弃的，没有什么是不可以迎接的，没有什么是不可以毁灭的，也没有什么是不可以成就的。这就叫做‘撄宁’。‘撄宁’就是先乱而后静，先毁而后成。”

【说庄子】

在女偊为南伯子葵解说了卜梁倚得道的过程之后，突然说出这么一段带些血腥味的话来，令人感到十分错愕。以往庄子笔下的得道者都是清高深邈的，几乎不沾任何的人间烟火味，可是这一段却写得如此突兀，如此别样，这是为什么呢？很多庄学家认为作为大宗师的女偊不可能这样说话，也不应该这样说话，认为庄子“杀生者不死”的“杀生”一定不是杀人的意思，于是竭力寻章摘句，试图为庄子开脱。例如李颐、崔譔就说这里的“杀”应当解作“亡”；“亡”就是死。这两句的意思是：“谓此死者未曾灭，谓此生者未曾生。既死既生，能入于无死无生。”（陆德明《经典释文》）也有人说“杀生者”与“生生者”指的都是道，道本身是不死不生的。（陈鼓应《庄子今注今译》）。

这样的解释把这段话的主语认定为道，似乎说得通。可是细究起来，就能见出其中的漏洞了。其一，《庄子》内篇中的“杀”字用的都是“杀”的本意，把“杀”解作“亡”本身就很牵强。其二，庄子明确指出，道“有情有信，无为无形”，“道”从来不去做什么，既不会“死灭生命”，也不会“产生生命”。生与死都是道的一种表现形态，体现了如同庄周与蝴蝶般的“物化”关系。再者，假如这一切的主语都是道的话，那紧接着的“撄而后成者也”也说不通了。道为什么要让世界先乱而后才静呢？其三，在这段话之前，庄子描述的都是卜梁倚得道的过程以及得道后的心胸与境界，而不是说道如何影响了卜梁倚。“其为物，无不将也，无不迎也，无不毁也，无不成也”，都是对得道者心胸广阔的描述。因此，以上两种颇具代表性的说法都不能很好地解释这两句话。

那么，庄子的这一段话究竟是什么意思呢？

在解读之前，我们先看看另一个《庄子》版本中的这两句。宋陈碧虚《南华真经阙误》引江南古藏本这两句前还有一个“故”字：“故杀生者不死，生生者不生。”一个“故”字，使“杀生者不死，生生者不生”与前文有了逻辑上的联系。这样一来，这段话的主语就不是道，而是卜梁倚了。意思是说具有“圣人之才”的卜梁倚得了“圣人之道”，作为圣人君主杀人不认为自己在杀人，使人获得新的生命也不认为是在救人。他所做的一切，不过是顺应道而已，并不是在为自己博取名声，其目的都是由“撄”而“宁”。作为补充，庄子在说过卜梁倚“杀生者不死，生生者不生”之后，又说他“无不将也，无不迎也，无不毁也，无不成也”，来渲染得道圣人君主的胸怀，这个意思与《大宗师》上文所说的“故圣人之用兵也，亡国而不失人心。利泽施乎万世，不为爱人”如出一辙，我们为什么一定要为“杀生者不死”作他解呢？

女偊所说卜梁倚的“圣人之才”指的是君主治世之才。有圣人之才而无圣人之道的君主开疆辟土、救人于水火都是出于一国、一己的私利，尽管是明君，也不过是为了图“名”而已。而卜梁倚是经过脱胎换骨、已经得了道的“圣人无名”的君主，不再是那个仅有圣人之才、一心谋求治理天下之名的君主了。是君主要做君主的事，所以他才会为了更多人的“生”而“杀人”，这同样也是圣人君主的使命。

庄子说

南伯子葵曰:“子独恶乎闻之？”

曰:“闻诸副墨之子[1]，副墨之子闻诸洛诵之孙[2]，洛诵之孙闻之瞻明[3]，瞻明闻之聂许[4]，聂许闻之需役[5]，需役闻之於讴[6]，於讴闻之玄冥[7]，玄冥闻之参寥[8]，参寥闻之疑始[9]。”

【简注】

［1］副墨：书册文字。

［2］洛诵：诵读。

［3］瞻明：观察洞彻。

［4］聂许：听闻。

［5］需役：日常劳作。

［6］於讴：歌咏。

［7］玄冥：幽远。

［8］参寥：空阔。

［9］疑始：迷茫之始。

【今译】

南伯子葵问："你是从哪儿得到道的呢？"

女偊说："我从副墨的儿子那里得到的，副墨的儿子是从洛诵的孙子那里得到的，洛诵的孙子是从瞻明那里得到的，瞻明是从聂许那里得到的，聂许是从需役那里得到的，需役是从於讴那里得到的，於讴是从玄冥那里得到的，玄冥是从参寥那里得到的，参寥是从疑始那里得到的。"

【说庄子】

道，究竟是从哪里来的呢？

女偊一口气举了九个人的名字，一个接着一个地往前追溯，说得有鼻子有眼的，俨然"道"就是这么一代一代传下来的。可仔细一琢磨，这九个名字并非普通人名，而是别有寓意的。副墨指的是语言文字，洛诵指的是诵读，瞻明指观察洞彻，聂许指耳闻，需役指日常劳作，於讴指歌咏，玄冥的意思是幽远，参寥的意思是空阔，每个名字都象征着道是如何通过各种渠道、各个中介、各类宗师一代代流传下来的。从疑始到女偊，一共是十代。女偊自然代表的是最“现代”的庄子时代。在这份“族谱”中，疑始之后直至女偊的九位都属于传承者，也就是传道的渠道或中介，对“道”从哪里来这个关键问题不那么重要。而最重要，也最值得探索的还是这位位居“族谱”之首的名为“疑始”的人物。这个“疑始”是何许人呢？

郭象、成玄英这两位庄学史上最重要的学者认为“疑始”就是“道”。后人大都采用了他们的说法。可是庄子分明说：“夫道，有情有信，无为无形；可传而不可受，可得而不可见。”传道的是真人大宗师，而不是道本身。如果“疑始”是道，那么包括女偊在内的十个人都应该是“道”。特别庄子明确说“参寥闻之疑始”，就是说“疑始”也应该像包括女偊在内的其他九位一样，是一位传道的真人大宗师或者说是传道的中介。

就字面意思来看，“疑始”的“疑”有迷惑、猜度、说不清楚的意思。“始”在《庄子》中则是一个有着特别含义的词。我们不妨回顾一下在《齐物论》中庄子是怎么说“始”的：“有始也者，有未始有始也者，有未始有夫未始有始也者。有有也者，有无也者，有未始有无也者，有未始有夫未始有无也者，俄而有无矣。而未知有无之果孰有孰无也。”

显然，“疑始”的“始”就是《齐物论》中“有始也者”的“始”，指的是时间的开始。那么，时间是从什么时候开始的呢？在连“无”都没有的时候，时间就已经存在很久了。时间，是一个谁也说不清楚的概念。就在这个没有人能够说清楚的时间里，道已经存在了。随着时间长河的流逝，有了“无”，有了“有”，有了作为道的表现形式的“万物”，也就有了“古之人”，有了人对道的认知。可见“疑始”的意思是“质疑开始”，暗示人们对道的了解与认识是从质疑时间的开始而开始的，而不是说“疑始”就是道本身。

《大宗师》一篇从谈“知”引出真人与真知，再由女偊叙说如何传道、得道，道是怎样一代一代传承下来的。那么，到了女偊的时代，传道的真人又会怎么样呢？真人在现实社会中又是怎样生活的呢？庄子用女偊的故事，把古之真人与今之真人连接了起来。

庄子说

子祀子舆子犁子来四人相与语曰[1]:“孰能以无为首，以生为脊，以死为尻[2]，孰知死生存亡之一体者，吾与之友矣。”四人相视而笑，莫逆于心[3]，遂相与为友[4]。

俄而子舆有病[5]，子祀往问之。曰:“伟哉[6]！夫造物者[7]，将以予为此拘拘也[8]！”曲偻发背[9]，上有五管[10]，颐隐于齐[11]，肩高于顶[12]，句赘指天[13]。阴阳之气有沴[14]，其心闲而无事[15]，跰𨇤而鉴于井[16]，曰:“嗟乎！夫造物者又将以予为此拘拘也！”

子祀曰:“女恶之乎[17]?”

曰：“亡[18]！予何恶！浸假而化予之左臂以为鸡[19]，予因以求时夜[20]；浸假而化予之右臂以为弹[21]，予因以求鸮炙[22]；浸假而化予之尻以为轮[23]，以神为马[24]，予因以乘之，岂更驾哉[25]！且夫得者[26]，时也[27]，失者[28]，顺也[29]；安时而处顺，哀乐不能入也。此古之所谓县解也[30]，而不能自解者[31]，物有结之[32]。且夫物不胜天久矣[33]，吾又何恶焉！”

【简注】

[1] 子祀、子舆、子犁、子来：寓言人物名。相与语：相互谈论。

[2] 尻（kāo）：臀部。

[3] 莫逆：意气相投。

[4] 遂：于是。

[5] 俄而：不久。

[6] 伟哉：伟大啊。

[7] 造物：造化，这里指“道”。

[8] 拘拘：屈曲不伸的样子。

[9] 曲偻（lóu）：驼背。发背：背骨突起。

[10] 上有五管：指五脏血管向上突出。五管：五脏血管。

[11] 颐：面颊。齐：即脐。

[12] 顶：头顶。

[13] 句（gōu）赘：颈椎。

[14] 沴（lì）：灾害，这里指人体内阴阳之气不调而生的疾病。

[15] 其：指子舆。心闲：内心安然闲适。无事：若无其事。

[16] 跰𨇤（pián xiān）：形容一瘸一拐、步履不稳的样子。鉴：照。

[17] 女：汝，你。恶（wù）：厌恶。之：指“拘拘”的样子。

[18] 亡：不。

[19] 浸：逐渐。假：假使。

[20] 时夜：伺夜，指公鸡报晓。

[21] 弹：弹丸，弹子。

[22] 鸮炙：斑鸠的烤肉。

[23] 轮：车轮，这里指车。

[24] 神：精神。

[25] 更：换。驾：车。

[26] 得：指生。

[27] 时：适时。

[28] 失：死去。

[29] 顺：顺应。

[30] 县（xuán）解：解除倒悬。县：悬。

[31] 自解：自我解脱。

[32] 结：缠绕，束缚。

[33] 物：万物，包括人。

【今译】

子祀、子舆、子犁、子来四人聚在一起相互说：“谁能把‘无’当作头，把‘生’当作背，把‘死’当作臀，谁能认识到死生存亡原本是一体的，我就可以和他成为朋友。”说罢，四人相视而笑，莫逆于心，于是彼此成了朋友。

四人成为朋友后不久，子舆患病，子祀前去看望。子舆一见子祀就说：“造物主真伟大，把我的身躯变成了如此蜷曲的样子。”子舆弯腰驼背，脊骨向上，面颊贴着肚脐，双肩高过头顶，发髻朝天，阴阳二气错乱，可他心中却十分安闲，好像什么事也没发生一样。子舆步履蹒跚地走到井边，照见自己说：“哎呀，造物者又把我的身躯变成了如此蜷曲的样子。”

子祀问：“你厌恶你现在的样子吗？”

子舆说：“不！我怎么会厌恶呢？假使造物主逐渐将我的左臂变化为鸡，我就用它来报晓；假使造物主逐渐将我的右臂变化为弹丸，我就用它去打可做烤肉的小鸟；假使造物主逐渐将我的臀部变化为车轮，将我的精神变化为马，我就乘着它行走，我怎么可能还需要更换其他的车辆呢。况且我得以生是顺时而生，得以死也是顺时而死。能够安于时运而顺应变化，哀乐之情就不会侵入心中了。这就是古来所说的解除倒悬。那些不能自我解脱的人，是被外物所紧紧束缚。况且，人不能胜天由来已久，我为什么要厌恶自己的变化呢？”

【说庄子】

死生是《庄子》内篇中的咏叹调。除了在《齐物论》中庄子以大量篇幅就生死反复吟唱以外，内篇的每一篇文章几乎都或多或少涉及这个话题。不是庄子对生死有着特别的关注，而是自古至今人人都勘不破这个大关。在通往逍遥游理想世界的路上，每个人都得放下那些放不下的东西，而死生是其中最难以割舍的。人设为君主的卜梁倚，他放得下天下、万物、家眷嫔妃，最后放得下的才是死生。可见，突破死生大关之难。因此，能否视死生为一体，就成为衡量一个人最终是否得道的一个重要标准。这也是子祀、子舆、子犁、子来四人能成为“莫逆于心”的挚友的基础。

在“古之人”的时代，人人都是“古之真人”，人与物之间并没有清楚的界限，人与人的关系也极为单纯淳朴，也就根本没有“朋友”这样的概念。但人类进入“是非”时代之后，人以群分，物以类聚，形形色色的群体便出现了。原本遗世独立的真人也不得不顺世而变，特别在真人变得越来越稀少的情况下，真人也不得不“相与为友”，彼此鼓励，坚定信念。

“相与为友”，是一个颇为引人注目的话题。庄子分明说过“鱼相与处于陆，相呴以湿，相濡以沫，不如相忘于江湖”，似乎对草根阶层这种“相呴以湿，相濡以沫”的互助情意十分不以为然，但这里为什么又用带着欣赏的口吻赞颂四人之间“相与为友”的友情呢？其中的关键就在于如何面对死亡的来临，面对“相处于陆”的困境。“相呴以湿，相濡以沫”，说到底是要与死抗争，彼此救助以图勉强活下去。只是在这样的情况下，庄子才说“不如相忘于江湖”。意思是与其如此艰难地苟延残喘，还不如坦然面对死亡，彼此相忘。而这也正是子祀、子舆、子犁、子来对待死生的态度。可知庄子并不一概否定人间之友情，对这种因“道”而产生的人与人之间“莫逆于心”的默契、理解，反而给予充分的肯定。要不然，也就不会有“子舆有病，子祀往问之”了。探望患病的朋友，这不正是现实社会中的人情与友情在“真人”之间的体现？！看来，庄子所说的“无情”只是针对那些尚未踏入“道”的门槛者而言，而对于真正领悟了“道”并在“道”的基础上产生的“大情”，至少庄子在潜意识中是欣赏的。

真人的内心世界与“众人”截然不同。但真人同样是人，是人就需要吃喝拉撒睡，就会经历生老病死，就会有着跟普通人类似的生活体验，尽管这种体验是如此的与众不同。当子祀前去探望子舆的时候，子舆看上去似乎是“心闲而无事”，兴冲冲地说：“伟哉！夫造物者，将以予为此拘拘也！”然而，当他趔趄着脚步走到井边望见自己的身影，还是情不自禁叹道：“嗟乎！夫造物者又将以予为此拘拘也！”真人都是真实生活中的人，是人就无法摆脱病痛的折磨。“今之真人”是不可能像“古之真人”那样“入水不濡，入火不热”，百毒不侵的。从“伟哉”到“嗟乎”，再加上这个“又”字，不难看出子舆内心细微的变化，而子祀一句“女恶之乎”的问话更坐实了子舆内心深处对“死生一体”感受到的困惑。这说明子舆们虽然有着“死生存亡之一体”的坚强信念，一旦病痛实实在在地发生在自己身上，亲身感受到贫病给自己带来的痛苦，他们的心中并非波澜不惊。

子祀的问话犹如当头棒喝，引出了子舆一连串的“浸假而化”，表示自己对“化”的从容与坦然。在子舆的回答中，他的身体的每一个部位几乎都“化”了，唯一没有“化”的就是他的头。这是在暗示子祀，只要头还没有“化”成“无”，那他就会安于现在的一切，不会改变他们四人间的约定。而一旦头“化”为“无”，子舆就将进入一个新的世界，开始其生命的另一个循环。

“化”是庄子哲学中又一个重要概念。从《齐物论》

的“物化”，到《德充符》的“命物之化而守其宗”，再到《大宗师》的“又况万物之所系，而一化之所待乎”，都说明“化”是“道”的一个重要表现形态。“化”既包含了物我互化、生死互化的一体性，又预示着人生历程中生老病死无时无刻不处在变“化”之中的持续性、不间断性。子舆说不论是化为“鸡”，化为“弹”，还是化为“轮”，自己都会顺从造化的安排，一任其变。这样对待“化”的态度，正是庄子有关“化”的思想的精髓。

尽管子舆对自己一系列“化”的设想与描述听起来十分坦然从容，但字里行间却浸透着一种顺从于命的无奈:“且夫得者，时也，失者，顺也；安时而处顺，哀乐不能入也。此古之所谓县解也，而不能自解者，物有结之。”面对“化”，你抗争也罢，顺从也罢，结局会有不同吗？假如没有不同，人为什么不能“安时而处顺”呢？一旦“安时而处顺”，人便“哀乐不能入”，也就真正得到了解脱。“且夫物不胜天久矣，吾又何恶焉！”这既是子舆发自内心的感叹，也是得道的人对自然、对生命、对世界、对道的一个深刻认识。不是“物”不想胜“天”，而是人在长期试图胜天的挣扎中，终于意识到“物”无法胜“天”。此时此刻，只有“化”成“无”，才是子舆的“县解”。眼下的子舆除了顺从于“化”之外，没有任何别的选择。他只能在忍受、顺从中等待着下一个“化”的时刻的到来。

庄子说

俄而子来有病，喘喘然将死[1]，其妻子环而泣之[2]。子犁往问之，曰："叱[3]！避！无怛化[4]！"倚其户与之语曰[5]："伟哉造化！又将奚以汝为[6]，将奚以汝适[7]？以汝为鼠肝乎？以汝为虫臂乎？"

子来曰："父母于子，东西南北，唯命之从[8]。阴阳于人，不翅于父母[9]；彼近吾死而我不听[10]，我则悍矣[11]，彼何罪焉！夫大块载我以形[12]，劳我以生[13]，佚我以老[14]，息我以死[15]。故善吾生者，乃所以善吾死也。今之大冶铸金[16]，金踊跃曰[17]'我且必为镆铘'[18]，大冶必以为不祥之金。今一犯人之形[19]，而曰'人耳人耳'[20]，夫造化者必以为不祥之人。今一以天地为大炉[21]，以造化为大冶，恶乎往而不可哉！"成然寐[22]，蘧然觉[23]。

【简注】

[1] 喘喘然：喘气十分急促的样子。

[2] 妻子：妻子儿女。环：围着。

[3] 叱：呵叱声。

[4] 怛（dá）：惊动。化：生死的变化，这里指人将死。

[5] 户：门。

[6] 奚：何。

[7] 适：到。

[8] 命：命令。从：听从。

[9] 不翅：不啻，不止，不仅。

[10] 彼：指造化。近吾死：使我接近死亡。

[11] 悍：违背，指不顺从造化的安排。

[12] 大块：大地，这里指自然。

[13] 劳：使……辛劳。

[14] 佚：逸，使……安逸。

[15] 息：使……安息。

[16] 冶：铁匠。金：铁器。

[17] 踊跃：跃起。

[18] 且：将。镆铘：一作莫邪，古代宝剑名。

[19] 犯：范，用模子浇铸，铸造。

[20] 人耳：我是人。

[21] 为：当作。

[22] 成然寐：酣睡，比喻死。

[23] 蘧（qú）然：自在的样子。觉：醒，比喻生。

【今译】

不久，子来病重，呼吸急促，就要死去了，他的妻子儿女围在他身边哭泣。子犁前去探望，斥责子来家人说："走开吧，不要惊动了正在经历生死之化的人。"子犁倚门对子来说："造物者真伟大啊！它要把你化成什么呢？它要把你送到哪里去呢？它要把你变成老鼠的肝吗？要把你变成虫子的臂膀吗？"

子来说："儿子对于父母，无论去往东西南北，唯有父母之命是从。造物者对于人，何止是儿子与父母的关系?！现在，造物者要我死而我不依从，我就是强悍不顺，造物者没有任何过错。大地承载着我的形体，年轻时，让我操劳；年老时，让我安逸；死时，让我安息。所以说善待我、让我很好地活着的，也一定能善待我、让我很好地死去。如今有一位铁匠在铸造一块金属。金属跳起来说：‘一定要把我铸造成镆铘宝剑。’铁匠一定会认为这是一块不祥的金属。而造化刚刚给了你人形，你就高声叫着：‘我是人啦！我是人啦！’造化一定会认为这是不祥之人。现在，我把天地当作大熔炉，把造化当作铁匠，到哪里去不可以呢？”子来说完，便安然地睡去，又欣欣然地醒来。

【说庄子】

如果说子祀、子舆的故事说的是真人在现实世界应当如何面对疾病的折磨，那么子犁、子来的故事说的就是人当如何应对由生到死的转化了。

面对将死的亲朋好友，绝大多数人都会感到伤心欲绝，这是人之常情。但有一种人不同，他们视死生为一体。面对濒死或者刚刚离世的亲朋好友，或者像《养生主》中秦失那样，大叫三声死者的名字，仿佛在送别即将出门远行的朋友；或者像子犁那样兴高采烈地前来探望濒死的友人，轻松诙谐地与朋友畅谈起死生正在给人带来的变化，还唯恐家人的啼哭打扰了正在经历“物化”的朋友。对秦失、子犁这样的人，人的生死不过是宇宙间道“化”万物的一个小小插曲，丝毫不值得大惊小怪，生死的变化只不过是换了一种生存方式而已。既然人与万物都是道的一种表现形态，鼠肝、虫的臂膀又何尝不是？做人与做鼠肝、虫的臂膀没有任何的区别。真人似乎早就悟出了物质不灭的定律。死生一体，物质不灭。子犁就是怀着这样一种兴奋坦然的心情来与子来一起分享“安时而处顺，哀乐不能入也”的“物化”过程，以示与友人之间“莫逆于心”的默契。

每逢事不关己，说起来总是容易。那么，当真人自己亲身经历着生与死的物化，又会是一种什么样的心态呢？对此，庄子已经在理论上阐释得很多了，但子来的故事，却是第一次以一位正处于生死之变的亲历者身份，现身说法，分享自己的切身体验。子来要告诉人们的是，人的生没的选择，人的死同样也没的选择。“夫大块载我以形，劳我以生，佚我以老，息我以死。”每个人在人生的每一个阶段都有着不同的使命。这，就是人生。生则劳，老则佚，死则息，人无法抗命，也不必抗命。在造物主面前，在命运面前，人没有选择，既然没有选择，为什么要去抗命？为什么不可以顺从自然，听天由命？“金”，不甘心于自己的命运，对“大冶”表示了自己的个人意志，试图把命运掌握在自己手里。然而，这块“金”究竟将造成什么样的剑，决定权却不在“金”而在于“大冶”。对抗也罢，顺从也罢，“金”都是不可能胜“大冶”的，反抗只会加速自己的毁灭。相信庄子说这话的时候，心应该是痛的。

于是我们看到子来虽然对于死表现得那么坦然，并不等于他对家人就没有任何的牵挂。尽管他妻子儿女的哭声似乎并没有将处于弥留之际的子来呼唤回来，可子犁对其家人的斥责，却让子来开始回光返照。子来的那一大套冠冕堂皇的说辞看上去是对子犁的内心倾诉，其实何尝不是由于放心不下自己家人，借此机会向他们表示自己的牵挂，让他们安心呢？

从《大宗师》中所说的“古之真人”到子祀、子舆、子犁、子来这样的“今之真人”，看上去真人的确“无情”，可这恰恰就是庄子所说的，与其“相呴以湿，相濡以沫，不如相忘于江湖”，原来江湖指的就是死的世界！然而，只要你是人，即便是真人，与人相处，又怎能真的无情！子祀探望病中的子舆，子犁探望即将离世的子来，其中怎么可能没有情的成分在？子祀、子舆、子犁、子来这四位相与为友的真人，为我们揭开了掩盖在面纱之下的真人的真面目。真人，其实就是真实世界的人。他们有家庭，有父母，有妻儿，有朋友，有人与人之间的日常交往，有彼此间“莫逆于心”的友情，有病老终死的遭际，有临终对家人的牵挂之情。在这一点上，真人与“众人”并没有什么很大的不同。要说不同，就是真人心中永远有一块只属于他们自己的心灵净土，这块净土，就是他们的“真知”，这也是为什么庄子要称他们是“真人”。

庄子说

子桑户、孟子反、子琴张三人相与友[1]，曰:“孰能相与于无相与，相为于无相为[2]？孰能登天游雾[3]，挠挑无极[4]；相忘以生，无所终穷[5]？”

三人相视而笑，莫逆于心，遂相与为友。

莫然有间而子桑户死[6]，未葬。孔子闻之，使子贡往侍事焉[7]。或编曲[8]，或鼓琴，相和而歌曰:“嗟来桑户乎！嗟来桑户乎！而已反其真[9]，而我犹为人猗[10]！”

子贡趋而进曰[11]:“敢问临尸而歌，礼乎？”二人相视而笑曰:“是恶知礼意！”

【简注】

[1] 相与：指相互交往。

[2] 相为：指相互帮助。

[3] 登天游雾：形容精神游于道的境界。

[4] 挠挑：犹宛转，指遨游。

[5] 终穷：死。

[6] 莫然：淡漠无心。有间：过了一段时间。

[7] 侍事：协助办理丧事。

[8] 或：有人。编曲：编写挽歌。

[9] 而：你。反：返，返归。

[10] 猗（yī）：句末助词。

[11] 趋：小步快走。

【今译】

子桑户、孟子反、子琴张三人相互结为朋友，说："谁能相交于无心交往之中？谁能相助于无心相助之中？谁能超然于物外，遨游于无极？谁能相互忘了生，也能相互忘了死？"

三人相视而笑，莫逆于心，于是成为好友。

不知不觉过了一段时间，子桑户死了，还没有下葬。孔子得知，派子贡前去帮忙料理丧事。只见一个人在编写挽歌，一个人在弹琴，两人相和唱了起来："子桑户啊子桑户，现在你已经返本归真了，而我们还是活着的人啊。"

子贡快步走向前说："请问，你们面对人的尸体唱歌，这合乎礼仪吗？"

两人相互看着笑道："我们怎么懂你所说的礼的含义呢。"

【说庄子】

从子祀、子舆的故事说人的病患，到子犁、子来的故事说弥留之际人的心态，再到子桑户、孟子反、子琴张的故事说人死之丧，三则故事的主人公虽不同，内容却一贯而下，叙述了人由生到死必经的三个环节。

"事死如事生"，这是中国传统的丧葬文化之一。尽管说起来，事死与事生地位相同，事实上事死往往胜过了事生。古往今来，有多少对生的庆典能超过办丧事的铺张？且不说帝王将相达官贵人的丧礼了，即便生活在底层的草民，亲人死了，家人也会尽其所能将丧事办得风光一些。这样做，看起来是为了死人，其实大半还是为了活人，为了活人的面子，为了不至于让朋友圈的吐沫将人淹死。

然而，这也才最能见出庄子的惊世骇俗！尽管今之真人不失人间烟火气，他们有妻子儿女，也需要友情，但他们终究是与"古之人"时代一脉相传的真人，仍然保留着那个时代的真知，自然他们的丧礼也就与众不同了。

子桑户没有妻子儿女，有的只是像子犁一样的两位朋友。他们之所以成为朋友，除了享有超凡脱俗的死生观，就连平素相处也独具一格："相与于无相与，相为于无相为。"这两句话说得似乎有些绕，但说白了就是朋友之一切尽在不言中，这里既没有世俗社会那种"为朋友两肋插刀"的所谓豪气仗义，也没有任何刻意的帮助。

朋友间只是淡淡地来，说些淡淡的话，然后淡淡地去。助人者意识不到自己是在助人，受助者同样意识不到自己是在受人之助。一切都在无心、无意间发生。淡如水，轻如云，正所谓“君子之交淡如水”。

人既然死了，无论是物化为蝴蝶，还是鼠肝、虫子的臂膀，做朋友的总是要送上一程，相约在另一个世界。真人的送行方式自然也是离经叛道、耸人听闻，足以让人惊掉下巴！只见孟子反、子琴张两人，在子桑户的尸体前一个编曲，一个弹琴，竟然唱起歌来，歌声中满含着对子桑户的歆羡，颇有几分“你老小子竟撇下哥儿俩独自享清福去了”的意思在。读到这里，你是不是觉得这场景颇有些眼熟？没错，庄子妻子死时，他老人家也是这么干的！

子桑户的丧事，假如只有孟子反、子琴张两人操办倒也罢了。偏偏孔子派了个多事的弟子前来帮着料理。子贡见了这等场面，虽然他还保持着孔门弟子“趋而进”的礼仪，但开口就是火药味十足地指责：“敢问临尸而歌，礼乎？”

游于形骸之内的人似乎可以理解游于形骸之外的人，而游于形骸之外的人却难以懂得游于形骸之内人的心境！于是子贡的拳头就像打进了棉花里一样，只是引起了两人会心的微笑：“是恶知礼意！”

就这么简单的一句回答，两个世界的阵营被庄子清清楚楚地划出来了。一边是真人，他们把现实世界看作是一个虚幻的存在，而人不过是虚幻世界中飘然而过的影子。人们由假归真，由虚归实，回归故里，这样的“化”，自然不会产生丝毫的悲戚之心；而另一边是儒家的弟子，强调的是人要活在当下，“未知生，焉知死”，追求的是“朝闻道，夕死可矣”，自然只能以悲痛哀伤哭泣为治丧的基调了。

庄子说

子贡反，以告孔子，曰：“彼何人者邪？修行无有[1]，而外其形骸，临尸而歌，颜色不变[2]，无以命之[3]。彼何人者邪？”

孔子曰：“彼，游方之外者也[4]；而丘，游方之内者也。外内不相及，而丘使女往吊之[5]，丘则陋矣。彼方且与造物者为人[6]，而游乎天地之一气[7]。彼以生为附赘县疣[8]，以死为决疣溃痈[9]，夫若然者，又恶知死生先后之所在！假于异物[10]，托于同体[11]；忘其肝胆，遗其耳目[12]；反复终始[13]，不知端倪[14]；芒然彷徨乎尘垢之外[15]，逍遥乎无为之业[16]。彼又恶能愦愦然为世俗之礼[17]，以观众人之耳目哉[18]！”

【简注】

[1] 修行：德行修养。

[2] 颜色：面色。

[3] 命：名。

[4] 方之外：世俗世界之外。

[5] 女：汝，你。

[6] 方且：正要，正在。造物者：指道。

[7] 天地之一气：指自然万物。

［8］附赘：附在身上的累赘。县（xuán）疣：挂在身上的肉瘤。县：悬。

［9］疣（huàn）：疽。痈（yōng）：毒疮。

［10］假：寄存，假借。

［11］托：寄托。

［12］遗：忘。

［13］终始：指死生。

［14］端：开始。倪：边际。

［15］芒然：茫然，形容无边无际的样子。尘垢：尘世，现实世界。

［16］业：事。

［17］愦（kuì）愦然：烦乱的样子。

［18］观：看。耳目：指看法、议论。

【今译】

子贡回来后告诉孔子说："他们都是些什么人呀！没有一点儿道德修养，人死了不仅不下葬，反而对着尸体唱歌，脸上没有丝毫的悲戚之情，简直不知该怎么形容他们。他们究竟是些什么人啊？"

孔子说："他们都是游于世俗之外的人，而我是游于世俗之内的人。这两个世界互不相关。我让你去吊唁，实在是太浅陋了啊。他们是与造物者'道'相通的人，游于天地自然之中。他们视活着为附赘县疣，死为决疣溃痈。像这样的人，根本不在乎死生先后的差别。他们认为人体不过是假托于物形成的，都是道的体现，无论死生都与道同体；他们忘却了肝胆，也遗忘了耳目；在他们看来，生与死是一个永远反复的循环，不知何时开始，也不知何时结束；他们周游于尘世之外无边无际的自然之中，逍遥于无为的境地。他们又怎么会不胜其烦地去遵循世俗的礼仪，去看世俗之人的脸色、听别人的议论呢？”

【说庄子】

从子贡一连两个“彼何人者邪”的责问中，不难想象出被搞得灰头土脸的子贡内心的愤怒。孔子当然理解子贡此时的心情，他知道，这第一个“彼何人者邪”是子贡发自内心的质问，他真心搞不懂这究竟是些什么样的人；而第二个“彼何人者邪”，可就是对孔子的怨怼了：“您老人家干吗非派我去碰这一鼻子灰啊！”

孔子毕竟是大师。虽然他游于“方之内”，整天为拯救这个乱世四处奔走，但心中始终留着一扇通向“方之外”的门。在与弟子谈论未来志向的时候，孔子那一声“吾与点也”的赞语，就是来自“方之外”的一缕光亮，也是他内心真情的流露。所以，他一听子贡的汇报，就明白是自己错了。孔子不但丝毫不掩饰自己的过失，赶紧道歉，承认自己的鄙陋，还耐心向子贡解释为什么“方之外”的人会如此办丧事。

孔子对真人死生观的理解大致上是靠谱的。特别是他说人的生命不过是道的一种表现形式，应该算得上是真人的知音了。孔子理解得没错。在真人看来，今天是人，明天却可以是任何别的东西。形式变了，但作为根本的“道”却没有变。停在一旁的尸体与唱歌弹琴的两个人，只是一方被称作“死”，另一方被称作“生”罢了。死生一体，彼此相通，哪个在前哪个在后又有什么关系呢？

然而，孔子毕竟是以“方之内”人的眼光来看“方之外”的人的。虽然他能理解孟子反、子琴张这样的“乖戾”行为，自身却并不属于“游于方之外”这个群体，所以提供的信息在推理上还是出了些偏差。孟子反、子琴张的吟唱，所表示的只是说子桑户走得早了些，没有等上老朋友，不大仗义而已，并没有流露出活着遭罪，死了痛快的意思。只是由于子贡的过度渲染，才使得孔子演绎出“以生为附赘县疣，以死为决疣溃痈”的说法。就这句话出现的前因后果来看，这只是孔子为了开导子贡随口一说的，没想到从此却成了贴在庄子身上的一纸标签，害得庄子背了两千多年厌生的黑锅。如果仔细读读《庄子》内篇，除了《齐物论》把死亡世界渲染得过于美好，有些矫枉过正的意思外，庄子从来没表示过活着不如死了好，“以生为附赘县疣，以死为决肒溃痈”这类的话，庄子一次都没有说过。相反，《养生主》《人间世》等都是教人怎么好好儿地活着的，就连子舆病得不成人形的时候，庄子还一个劲儿地鼓励他高高兴兴地活下去。现在，子桑户死了，庄子又怎么会说出“以生为附赘县疣，以死为决肒溃痈”这样的话呢？显然，这只是游于“方之内”的孔子对游于“方之外”的真人的误解，原本情有可原，可就是这句话却让庄子平白挨了两千多年的骂。

不过，孟子反、子琴张又怎么会在乎别人甩给他们的脸色？更不消说当面或背后对他们的非议了！真人向来我行我素，该怎么活就怎么活，他们不会在意世俗的眼光，庄子当然也不在意当接盘侠了。

子贡曰："然则夫子何方之依[1]？"

孔子曰："丘，天之戮民也[2]。虽然，吾与汝共之[3]。"

子贡曰："敢问其方[4]。"

孔子曰："鱼相造乎水[5]，人相造乎道。相造乎水者，穿池而养给[6]；相造乎道者，无事而生定。故曰，鱼相忘乎江湖，人相忘乎道术。"

子贡曰："敢问畸人[7]。"

曰："畸人者，畸于人而侔于天[8]。故曰，天之小人，人之君子；人之君子，天之小人也。"

【简注】

[1] 依：依托，依从。

[2] 戮民：遭受刑戮之人。

[3] 共之：一起向往方之外。共：共同，一起。之：指方之外。

[4] 方：原因，道理。

[5] 造：至，到。

[6] 养给：生活满足。

[7] 畸人：异人，奇人。

[8] 侔：合。

【今译】

子贡说："既然如此，那么，先生所要选择的是哪一方呢？"

孔子说："我是被天处罚的人，只能游于方内。虽然是这样，我还是向往着能与你一起游于方外。

子贡说：“请问其中的缘由。”

孔子说：“鱼，应该生活在水中；人，应该与道同在。生活在水中的鱼，挖个池子就可以满足生存；与道同在的人，内心淡然无事，性情自然就会安定。所以说，鱼当相忘于江湖，人当相忘于大道。”

子贡又问：“请问畸人是什么样的人？”

孔子说：“畸人就是与常人不同而合于天的人。所以说，对天来说是小人的人，便是人间的君子；而人间的君子，对天来说却是小人。”

【说庄子】

“天之戮民”，这是孔子通过对子桑户丧事进行一番反思之后对自己的一生作出的发自内心的感慨。我们还记得在《德充符》中叔山无趾也曾这样评价孔子：“天刑之，安可解。”两者用词虽不同，意思却高度一致，那就是孔子一生都在遭受着“天”的折磨。这是实情。如果我们将《庄子》中的这两句话与《论语·宪问》中那位石门守门人说孔子是“知其不可而为之”相对照，看起来庄子笔下这两段有关孔子本人的记述，还真不是捕风捉影，很可能是有一定的历史依据的。可以说《论语》与其他史料更多地记载了孔子毕其一生为国为民为教育“知其不可而为之”汲汲奔走的正能量一面，而庄子却把孔子人生的另一面记录了下来。或许只有把《庄子》内篇与其他史料中的孔子结合在一起，我们才能看到一个更为真实也更为全面的孔子？虽然“天之戮民”说得是过于残酷了些，却也实实在在是孔子一生经历的写照。

孔子与庄子在骨子里是有很多相通之处的。但两人最大的区别在于他们的出发点不同。庄子早早就看清这个世界已经没救了，所以他压根儿就没打算救世，他只是希望人好好儿活着，也许有一天会有位“卜梁倚”或者什么“大圣”出现，才可解民于倒悬。而孔子却认为世界不应该是现在这么个混乱的样子。孔子对自己的政治抱负一向信心满满，一心想着救世，但孔子同样希望在完成自己的历史使命之后，也投在大宗师王骀的门下，与道相交，去实现他人生的第二个理想。只不过，孔子的第一个理想始终没有实现，也就遑论其他了。幸运的是，受孔子弟子颜回创立的颜氏之儒的影响，庄子不仅完成了孔子没能亲身实践的第二理想，还为后人记下了孔子思想的另一面。

这段话中，孔子谈到了两种“鱼”。一种是挖个池子，放上水，有点儿吃的就能活的鱼；另一种是相忘于江湖的鱼。显然，池中之鱼说的就是“以观众人之耳目”中的“众人”，这“众人”当然也包括孔子。只不过活在池中的孔子仍然怀着对“江湖”的一种憧憬：“吾与汝共之”，就是打算在完成自己的历史使命之后能与弟子一道“相忘于江湖”。而活在江湖中的鱼，指的则是“相造乎道”的孟子反、子琴张、子桑户们。他们“相与于无相与，相为于无相为”，所以能“无事而生定”，一旦归去，便相忘于大道，沉浸在那个“也无风雨也无晴”的世界。

可惜，子贡对孔子的这一番讲解还是抓不住重点，不甚明了，便又提出了“畸人”的问题。想必“畸人”是当时人们对孟子反、子琴张、子桑户一类人的统称。

很可能这也是藏在子贡心中许久的一个疑问了。于是，孔子为“畸人”与“小人”下了这样的定义：众人眼中的畸人，其行为却合乎于天；而众人心目中的君子，其所作所为却与天背道而驰，是地地道道的小人。所谓“天之小人，人之君子；人之君子，天之小人也”。短短四句，互文往复，读来字字沉重，其中寄托了孔子太多的人生慨叹。

其实，无论是《庄子》内篇中的孔子还是《论语》以及其他史料中的孔子，始终都是一个悲剧人物。他用尽一生勾画出的社会蓝图，努力追求的政治理想，何曾实现过？与之相同，创造出藐姑射之山以及一位位至人、神人、圣人的庄子，又何尝不是心在江湖而身在池中？做天之小人易，做人之“畸人”难。但每一个时代，总会有极少数的畸人试图把池子凿穿，使之通向江湖，通向大海。魏晋时期最看重《庄子》的那批人，不就是如此“畸人”的典型代表？

庄子说

颜回问仲尼曰：“孟孙才[1]，其母死，哭泣无涕[2]，中心不戚[3]，居丧不哀[4]。无是三者，以善处丧盖鲁国[5]。固有无其实而得其名者乎？回壹怪之[6]。”

仲尼曰：“夫孟孙氏尽之矣[7]，进于知矣[8]。唯简之而不得[9]，夫已有所简矣。孟孙氏不知所以生，不知所以死；不知就先[10]，不知就后[11]；若化为物，以待其所不知之化已乎！且方将化，恶知不化哉？

方将不化，恶知已化哉？吾特与汝，其梦未始觉者邪[12]！

【简注】

[1] 孟孙才：人名。

[2] 涕：泪水。

[3] 戚：忧伤。

[4] 居丧：服丧事。

[5] 盖：覆盖，指名声传遍鲁国。

[6] 壹：真实，实在。

[7] 尽之：完全做到。

[8] 进：超过。知：指懂丧礼的人。

[9] 简之：简化丧礼。

[10] 就：靠近，趋向。先：指生。

[11] 后：指死。

[12] 觉：醒。

【今译】

颜回问孔子说："孟孙才的母亲去世了，他哭泣时没有眼泪，心中没有悲伤，居丧没有哀痛。眼泪、悲伤、哀痛这三样，他都没有，却以善于办丧事而名闻鲁国。难道真有这样名不副实的情况吗？我觉得很奇怪。"

孔子说："孟孙才办丧事完全尽到丧礼之道，已超过那些懂丧礼的人。丧事应该简办，很多人做不到，但孟孙才做到了。孟孙才不知道什么是生，也不知道什么是死；他不求生，也不求死。如果人死化而为物，那就等待将来所不知道的变化吧，如此而已。生死变化即将发生，又怎么知道不会变化呢？对尚未发生的变化，又怎能知道不是已经变化了呢？特别对于我、你来说，也许都还在梦中没有醒过来吧。

【说庄子】

庄子对生死这个话题，的确情有独钟。在庄子笔下，不但人对待死的态度超然尘外、让人惊心动魄，就是办丧事的方式也出人意想，足以叫人瞠目结舌。真人死了，活着的朋友编曲、弹琴、唱歌，好像把丧事办成了喜事，就连母亲去世，也可以“哭泣无涕，中心不戚，居丧不哀”。难怪子贡要对“畸人”愤愤了！

不过，这里真正有意思的，还是这些与世俗传统大相径庭的“畸人”在家庭伦理道德上，却与传统的“孝”“顺”观念不谋而合：“父母于子，东西南北，唯命之从”，简直就像是出自儒家之口一样，正面肯定了唯父母之命是从的合理性，这也算得上达到了儒家推崇的父子伦常的极致了。因此，像孟孙才这样为母亲办丧事，尽管“哭泣无涕，中心不戚，居丧不哀”，与孔子主张的“丧，与其易也，宁戚”（《论语·八佾》）颇有差距，但孔子仍然说“夫孟孙氏尽之矣，进于知矣”，认为他的丧礼算得上是尽善尽美，“以善处丧盖鲁国”也是名副其实的。

这里，庄子借孔子之口，提出了所谓五“不知”，即“不知所以生，不知所以死；不知就先，不知就后”以及“不知之化”，借此再次重申了他的“物化”生死观。在庄子看来，人不当求生，也不应寻死，不必知道生死的来龙去脉，生就快快乐乐地生，死就高高兴兴地死，该怎么化就怎么化，一切顺其自然。这才是真正的“知”。而对于“游于方之内”的孔子，庄子最后只能让他落到虚拟的“吾特与汝，其梦未始觉者邪”上来。这种“梦”“觉”之间的幻化，诚如庄周梦蝶一样，暗示着人是无法辨清的。

庄子说

且彼有骇形而无损心[1]，有旦宅而无情死[2]。孟孙氏特觉[3]，人哭亦哭，是自其所以乃[4]。且也相与吾之耳矣，庸讵知吾所谓吾之乎[5]？且汝梦为鸟而厉乎天[6]，梦为鱼而没于渊。不识今之言者，其觉者乎，其梦者乎？造适不及笑[7]，献笑不及排[8]，安排而去化，乃入于寥天一[9]。”

【简注】

[1] 骇：惊。

[2] 旦宅：指精神的居所。情：神。

[3] 特：独。

[4] 乃：如此，这样。

[5] 庸讵知：怎么知道。

[6] 厉：戾，至。

[7] 造适：内心极为惬意。

[8] 献笑：突然发笑。排：安排。

[9] 寥天一：指道。

【今译】

况且他认为死者有躯体的变化却没有心神的损伤，精神获得新的处所却并没有离去。对此孟孙才十分清醒，别人哭他也跟着哭。这就是他所以这样表现的原因。人们相互说‘我是我’，可是你怎么知道我所说的‘我是我’就真的是我呢？你梦作鸟飞翔于天空，梦作鱼游于深水。不知道现在说话的我们是醒着还是在梦中？心中惬意的时候来不及笑出声，发自内心的笑不是人所能安排出来的，听任自然的安排，顺应‘化’，这就进入了与道同在的空寂境界。”

【说庄子】

自打庄子在《齐物论》中以梦觉喻人的死生相继，以“物化”释人生命形式的转换，几乎每次谈及死生，都离不开“梦觉”或“物化”这两个话题，这次却颇有些新意。庄子发展了《德充符》中提出的“所爱其母者，非爱其形也，爱使其形者也”的说法，认为人死，形体虽有“骇形”之变，但“心”却可以无损伤地进入“旦宅”这样一个新处所，精神并不随着形体的变化而离去，就像《养生主》中所说的那样，“指穷于为薪，火传也，不知其尽也”。有了如“火”般的心的传承，人的循环是永无穷尽的。这才是“孟孙才，其母死，哭泣无涕，中心不戚，居丧不哀”的真正原因。

这里，庄子提出“庸讵知吾所谓吾之乎”，其实就是个“我是谁”的问题，很是耐人回味。本来，我不是你，也不是他，我就是我，这样的问题，绝大多数人想都不会去想。可是，孔子却煞有介事地把它提了出来。他说梦为鸟而在天，梦为鱼而在渊，哪个是真“我”？哪个又不是真“我”？焉知不是鸟或鱼梦为我，抑或我、鱼、鸟相互为梦，相互为“我”？这么一想，这个问题就很有意思了。我究竟是什么？我又是谁？今日之“我”与明日之“我”又是不是同一个“我”？一旦“物化”完成，“我”又将变成什么？是鸡，是弹，是车，是马，是鼠肝，是虫臂，是鸟，是鱼，还是蝴蝶？谁又可以知道？庄子真正要说的是，“我”永远处在不停的物化过程之中，总是以各种不同的形式出现。既然如此，人又为什么要纠缠于这一个“我”，偏执地强调“我就是我”而与“他”的不同呢？庄子还要告诉人们的是，人不必为自己的生死打算那么多，筹划那么精细。人生其实是“造适不及笑，献笑不及排”的，再精心的安排也无济于事。最重要的还是听任自然的安排，不以生喜，不以死悲，怀着随遇而安的心，“安排而去化”，那就可以“乃入于寥天一”，进入一个空寂永恒的境界了。说白了就是，大家都想开了吧！别再执意于一己之执念。这才是庄子提出“我是什么”命题的意义所在。

庄子说

意而子见许由[1]。许由曰:“尧何以资汝[2]?”

意而子曰:“尧谓我:‘汝必躬服仁义而明言是非[3]。’”

许由曰:“而奚来为轵[4]？夫尧既已黥汝以仁义[5]，而劓汝以是非矣[6]，汝将何以游夫遥荡恣睢转徙之涂乎[7]?”

意而子曰:“虽然,吾愿游于其藩[8]。”

许由曰:“不然。夫盲者无以与乎眉目颜色之好[9],瞽者无以与乎青黄黼黻之观[10]。”

意而子曰:“夫无庄之失其美[11],据梁之失其力[12],黄帝之亡其知,皆在炉捶之间耳[13]。庸讵知夫造物者之不息我黥而补我劓[14],使我乘成以随先生邪[15]?”

许由曰:“噫!未可知也。我为汝言其大略。吾师乎!吾师乎!齑万物而不为义[16],泽及万世而不为仁,长于上古而不为老,覆载天地刻雕众形而不为巧[17]。此所游已。”

【简注】

[1] 意而子:寓言人物名。

[2] 资:帮助,教益。

[3] 躬服:身体力行。明言:明辨。

[4] 而:尔,你。奚:为什么。轵:只,语助词。

[5] 黥(qíng):墨刑,以刀刻面颊并涂以墨的酷刑。

[6] 劓(yì):割掉鼻子的酷刑。

[7] 遥荡:逍遥放荡。恣睢(suī):无拘无束。转徙:变化。

[8] 藩:藩篱,这里指门户。

[9] 与:参与欣赏。

[10] 瞽(gǔ):盲人。黼黻(fǔ fú):古代礼服上绣的花纹。观:华丽的景象。

[11] 无庄:古时美女。失:亡,这里意为忘却。

[12] 据梁：古代的大力士。

[13] 炉捶：冶炼。

[14] 息：滋生，繁殖，这里指疗养。

[15] 乘：载。成：完整的形体。

[16] 整（jī）：调和，齐同。

[17] 不为巧：不显示自己的技巧。

【今译】

意而子拜见许由。许由说："尧用什么教导你的呢？"

意而子说："尧对我说：'对仁义，一定要身体力行，明辨是非。'"

许由说："那你为什么还要到我这里来呢？尧既然已经用仁义给你施以黥刑，用是非给你施以劓刑，你还能凭借什么游于逍遥自在、无拘无束、随自然而变化的境地呢？"

意而子说："虽然如此，我还是希望能够游于这个境地。"

许由说："不行。视力差的人无法看到美丽的容颜，盲人无从欣赏衣服上漂亮的花纹色彩。"

意而子说："无庄忘却了自己的美丽，据梁忘却了自己的力气，黄帝忘却了自己的智慧，这些都是在'道'的熔炉中锤炼而成的。你怎么知道造物者不会疗好我受过黥刑的伤痕，养好我受过劓刑的鼻子，让我恢复完整的形体而追随先生呢？"

许由说："唉，虽然这么说，我还是不知道是否可行。不过，我可以为你大致说说。我所尊崇的是道。大道，调和万物而不为义，泽及万世而不为仁，存在于上古之先而不算老，覆天载地、创造了万物的不同形态却不显示其巧。这就是得道者所游的境界。”

【说庄子】

大宗师是传道的老师。有老师，就得有学生。那什么样的人可以做大宗师的学生呢？从帝王将相到贩夫走卒，各色人等都曾在庄子笔下露过尊容，而像意而子这样的学生我们还是头一次见到。

意而子是不是真实的历史人物并不重要，重要的是作为一位深受传统仁义道德浸染的人，现在却一心一意改换门庭投到许由门下，这就有意义了。显然，最初许由并不看好他，刻意选择了“黥”“劓”这样刺眼的字眼来形容仁义是非给予意而子的戕害之深，说他的心灵就像受到过“黥刑”“劓刑”一样，再难以平复，意思是意而子没救了。

尽管许由的话说得够狠，词也用得够残酷，意而子却是做足了功课，打定主意要追随许由学道。“夫无庄之失其美，据梁之失其力，黄帝之亡其知，皆在炉捶之间耳。庸讵知夫造物者之不息我黥而补我劓，使我乘成以随先生邪？”短短几句，引经据典，说得斩钉截铁，表示出了只要心中有追求“道”的愿望，即便有再深的伤痕也可以为“道”所抚平修复的坚定信念。虽然许由起初仍坚持说“不然”，而且用“盲者”“瞽者”指出意而子自身的局限，但最终还是为意而子的一片诚意所打动，决定收下意而子，为他讲道。或许本来许由就是想用这样一口回绝的方式来测试意而子学道的决心如何，也未可知。

于是，庄子借许由之口，再次为他最为尊崇的大“道”作界说。这一次，庄子特别通过与儒家“仁义”道德的比照，指出尧教给意而子的所谓“仁义”并不是真正意义上的仁义，而能“齑万物”“泽及万世”“覆载天地刻雕众形”却“不为义”“不为仁”的大“道”才是世间万物的根本所在。

这段意而子背叛师门、改换门庭的故事用意明显。大宗师真人并不拒绝任何真心愿意修德之人，假如像意而子这样被严重洗脑的人都能脱胎换骨，“游夫遥荡恣睢转徙之涂”，那还有什么人不可以走上这条路呢？

庄子说

颜回曰:“回益矣[1]。”

仲尼曰:“何谓也?”

曰:“回忘仁义矣。”

曰:“可矣，犹未也。”

他日，复见，曰:“回益矣。”

曰:“何谓也?”

曰:“回忘礼乐矣。”

曰:“可矣，犹未也。”

他日，复见，曰:“回益矣。”

曰:“何谓也?”

曰:“回坐忘矣。”

仲尼蹴然曰[2]:“何谓坐忘?”

颜回曰:“堕肢体[3]，黜聪明[4]，离形去知，同于大通[5]，此谓坐忘。”

仲尼曰："同则无好也[6]，化则无常也[7]。而果其贤乎[8]！丘也请从而后也。"

【简注】

[1] 益：进步。

[2] 蹴然：惊奇的样子。

[3] 堕：隳，毁弃，废弃。

[4] 黜：废除。

[5] 大通：大道。

[6] 好：偏好。

[7] 常：常理，恒久不变，指执着。

[8] 而：尔，你。

【今译】

颜回说："我进步了。"

孔子说："你指的是什么？"

颜回说："我忘仁义了。"

孔子说："很好，可是还不够。"

过了几天，颜回又去见孔子说："我进步了。"

孔子问："是哪方面的进步呢？"

颜回说："我忘礼乐了。"

孔子说："很好，可是还不够。"

又过了几天，颜回又去见孔子："我进步了。"

孔子问："是哪方面的进步？"

颜回说："我坐忘了。"

孔子吃惊地问："什么叫坐忘？"

颜回说："忘却自己的形体，废除聪明才智，超脱形体的束缚，毁弃智慧，与道融为一体，这就是坐忘。"

孔子说："与道融为一体就不会再执着于是非，与万物同'化'就不会囿于常理，你果真是一位贤人！你对道的理解已经超越我了。"

【说庄子】

颜回"坐忘"看上去是一段独立的故事，实际上是意而子故事的续篇。

许由收下了意而子，现在就该按照真人大宗师的方式教课授徒了。可大宗师的授徒方式完全是"大撒把"式的，"立不教，坐不议"(《德充符》)，学生席地而坐，就跟后世和尚道士打坐差不多，一切全凭自己去"悟"。这种"悟"的修心方式，简单地说，就是一个缺什么补什么的过程。从《齐物论》中南郭子綦的"吾丧我"，《人间世》中颜回的"心斋"，《德充符》中的修德忘德，到《大宗师》中卜梁倚的"守"，意而子的"炉捶"，颜回的"坐忘"，由于各人的社会地位不同，经历不同，扮演的社会角色不同，各自遇到的障碍也不同，因而也就有了各自不同的学道内容。君主要忘的是"名"，南郭子綦要丧的是"我"，郑子产要丢掉的是"功"，老百姓要舍弃的是"己"，卜梁倚要"外"的是天下，而像意而子、颜回这样深受仁义礼乐熏染的人，最重要的就是要忘掉仁义礼乐与聪明才智了。于是，就有了颜回的"忘仁义""忘礼乐""堕肢体，黜聪明，离形去知，同于大通"，最后进入了"坐忘"。

颜回的"坐忘"对那些饱读《诗》《书》的人意义重

大。假如颜回都能脱胎换骨，其他人岂不是更不在话下？应该说，“坐忘”是庄子为那些受“天之刑”的惩戒却仍有救的文人士子开出的一副排除“毒素”的良方。在庄子看来，不管你是什么人，无论你需要“忘”的是什么，最终的目标只有一个，那就是还原一个自由自在、无拘无束的真我，最终与“道”融为一体。

庄子说

子舆与子桑友，而霖雨十日[1]。子舆曰：“子桑殆病矣[2]！”裹饭而往食之[3]。

至子桑之门，则若歌若哭，鼓琴曰：“父邪！母邪！天乎！人乎！”有不任其声而趋举其诗焉[4]。

子舆入，曰：“子之歌诗，何故若是？”

曰：“吾思夫使我至此极者而弗得也[5]。父母岂欲吾贫哉？天无私覆，地无私载，天地岂私贫我哉？求其为之者而不得也。然而至此极者，命也夫！”

【简注】

［1］霖雨：连日不停的雨。

［2］殆：大概。

［3］裹：包。食（sì）：给人饭吃。

［4］不任：不堪，不胜。趋举其诗：形容唱得急促断续。趋：同“促”。

［5］极：指子桑所处的绝境。

【今译】

子舆和子桑是朋友，连绵阴雨已经下了十天。子舆说："子桑可能饿病了。"于是包了些饭去见他。

子舆走到子桑家门口，听到子桑像是在唱歌，又像是在哭泣，子桑弹着琴唱道："父亲啊！母亲啊！天啊！人啊！"声音微弱，歌声急促且断断续续。

子舆进屋后问道："你是在唱诗吗？为什么是这样的声调？"

子桑说："我在思考是什么使得我处于如此绝境却找不到答案。难道是父母使我这样贫困吗？天无偏私，覆盖万物，地无偏私，承载世上所有的一切，难道是天地让我这样贫困吗？我百思不得其解。可我眼下正处于这样的绝境之中，这就是命吧。"

【说庄子】

这是《庄子》内篇中写得最为悲怆凄凉的一段。得道的真人子桑，饿得连以歌当哭的力气都没有了，他的歌声时断时续，呜咽凄切。尽管子桑仍坚持着真人的底线："然而至此极者，命也夫"，也就是庄子不止一次说过的"知其不可奈何而安之若命"的人生态度，但在他呼天抢地的悲叹中，我们不但清清楚楚地听到了他对现实的责难怨怼，还真真切切地感受到他对曾坚守的信念即将崩溃的质疑与悲哀。

以往，庄子也多次写到得道的穷人，如支离疏、申徒嘉、子祀、子舆、子来、子犁等，他们都既穷且病，或严重残疾，却又都有着一颗平静、平常、顺从一切苦难之心，从没有人像子桑这样哭诉得悲惨凄迷且充满了哀怨。于是我们第一次看到庄子竟然没有要子舆用“不知说生，不知恶死；其出不䜣，其入不距；翛然而往，翛然而来而已矣”这样的话来为子桑打气，而且也不再用那么斩钉截铁的口气发出“亡！予何恶”这样视死如游子返乡的誓言。此刻的子桑，既不像当年子舆那么潇洒坚定，也没有了子祀等人“以无为首，以生为脊，以死为尻”那样的超然豁达。

《大宗师》的结局传达的究竟是怎样的信息呢？难道庄子也意识到了这样一个严峻的现实？那就是一个理想的逍遥世界必须要有足够的银子为保障。没有银子，饿得前胸贴后心，恐怕连逍遥二字想都想不起来，还能做什么？长歌可以当哭，却无法当饭。在子桑家，一切美好的幻想都无法化解饥肠辘辘的窘迫。对不得不正视现实的庄子来说，摆在面前的一个迫切需要解决的问题便是，如何去调节理想与现实之间的尖锐冲突？在命运无从掌握的现实世界，无论是混迹于社会夹缝，还是用“无用之用”的护身符保护自己，或者不分是非地虚与周旋，“处于材与不材之间”地见机行事，真人都已经走进了一条没有退路的死胡同，他们再也无法摆脱自身的困境，真人以及他们所独有的真知在现实世界中已日趋式微。庄子对真人和真知的礼赞与讴歌，最终却成了一曲挽歌、一首悲歌。真知将会随着真人的饿死而消失，人类社会将进入一个没有真人与真知的时代。

唐帝王

题解

“应帝王”这个题目中明确点出“帝王”二字，说的自然是帝王的事。崔譔、郭象认为这三个字的意思是，作为帝王应该知道怎样当好帝王，也就是“应为帝王”（郭庆藩《庄子集释》）。这个解释基本上符合庄子的意思，但还不够全面。

帝王之所以为帝王，是因为一人之下，万民之上。没有百姓，没有民，帝王不过是个称谓而已，是孤家寡人，算不得帝王。只有有民的帝王才可以称得上是帝王。帝王如何做帝王，则取决于他对民的态度。

从“帝王”与“民”这两个方面来考虑，“应帝王”应当包含着两重意思：一是帝王如何“应为帝王”，二是百姓（也就是民）如何“应对帝王”。只有帝王和民都尽本分，各自承担起自己的职责，这个社会才能和谐，像子桑这样有真知的真人才不至于饿死。所以《应帝王》说的就是帝王应如何为帝王以及老百姓当如何应对帝王。

这篇文章集中体现了庄子的社会政治观。

啮缺问于王倪[1]，四问而四不知[2]。啮缺因跃而大喜，行以告蒲衣子[3]。

蒲衣子曰："而乃今知之乎[4]？有虞氏不及泰氏[5]。有虞氏，其犹藏仁以要人[6]；亦得人矣，而未始出于非人[7]。泰氏，其卧徐徐[8]，其觉于于[9]；一以己为马[10]，一以己为牛；其知情信[11]，其德甚真，而未始入于非人[12]。"

【简注】

［1］啮缺、王倪：《庄子》中多次出现的人名。

［2］四问而四不知：事见《齐物论》。

［3］蒲衣子：寓言人物名。

［4］而：尔，你。乃：才。

［5］有虞氏：即舜。泰氏：指太昊，伏羲氏。泰：太。

［6］藏仁：心怀仁义。要：结，指结交人。

［7］非人：指人之外的万物。

［8］徐徐：舒缓安闲的样子。

［9］于于：悠然自得的样子。

［10］一：或。

［11］情信：指道，见《大宗师》："夫道，有情有信。"

［12］入：陷入，纠缠于。

【今译】

啮缺问了王倪四个问题，王倪一概回答不知道。啮缺因此高兴得跳了起来，急忙去告诉蒲衣子。

蒲衣子对啮缺说："现在你知道了吧？有虞氏不如泰氏。有虞氏胸怀仁义的目的是使人归顺自己，虽然他也得到了人，但他从来没有摆离物的牵累。泰氏睡觉时安闲舒适，醒来时悠然自得；他视物我为一，听任别人把自己看成马，听任别人把自己看成牛。他的'知'只有'情'和'信'，他的'德'极其真，他从不曾受到物的牵累。"

【说庄子】

啮缺与王倪对于我们来说都不是陌生人。这两个人在《齐物论》中就已经出现过了。那时啮缺先问了王倪三个问题：第一个是世上是否有衡量万物的标准（子知物之所同是乎），第二个是你是否知道你所不知道的事情（子知子之所不知邪），第三个是世界是否是不可知的（然则物无知邪）。对这三个问题，王倪的确来了个三问三不知，并且还举了泥鳅、猿猴、麋鹿、蜈蚣、猫头鹰、乌鸦一大堆例子，从万物住所的不同、食物的不同以及对美色认知的不同几个方面，大谈特谈世上原本就没有一个可以为所有人、所有物所认同、所接受的绝对标准。

啮缺的第四个问题是什么，《齐物论》中没有明确的记述，但从啮缺后来所说的"子不知利害，则至人固不知利害乎"来看，这第四问问的应当是你是否知道利害，王倪的回答依然是不知。这就有了"四问而四不知"。只不过，当啮缺继续追问至人是否不知利害的时候，王倪才终于不再以"不知"固固拒之了，反而口气一转，带着一种充满歆羡惊叹的口吻详细描述了至人的神奇："至人神矣！大泽焚而不能热，河汉沍而不能寒，疾雷破山飘风振海而不能惊。若然者，乘云气，骑日月，而游乎四海之外。死生无变于己，而况利害之端乎！”只有这样从上下文一路看下来，才可以知道此刻啮缺的“大喜”绝不是因为他难住了王倪而得意，而是因为他第一次听到如此不同凡响、发聩振聋的言论，急于与自己的朋友蒲衣子分享。于是，很自然地引出了蒲衣子有关理想帝王泰氏的宏论。

舜与伏羲氏都是上古帝王中的圣人。特别是舜，一直被视为尧之后最圣明仁义的君主。然而，庄子说，舜向人显示仁义，目的是笼络人心。虽然他受到了人们的拥戴，却让民懂得了物的利害是非。而在伏羲氏的时代，任何限制、约束人的仁义、礼乐、法治之类的东西统统没有，一切出自本心。你视我为马，我就是马；你视我为牛，我就是牛。做牛做马与做君主没有任何的不同，谁也不比谁高一头，谁也不比谁更加尊贵，就像《齐物论》中所描述的“古之人”的时代一样。如果说有帝王，人人都是帝王，而所谓伏羲氏只不过是个符号而已。这就是伏羲氏与舜的根本区别。庄子认为，假如帝王以舜之心待民，民就会以是非利害之心应对帝王；假如帝王以伏羲氏之心待民，民就没有利害之心，而会以至人的心态应对帝王。这也是为什么《应帝王》要承接《齐物论》“啮缺问于王倪，四问而四不知”开篇。顺带说一句，这也是原本内篇是一篇不分章的鸿篇巨制的一个极好的例证。

这一段中也有一个难点，即怎么理解“其知情信，其德甚真”两句。最典型的解释是“他（泰氏）的知见信实，他的德性真实”（陈鼓应《庄子今注今译》）。然而在伏羲氏时代，并没有所谓“知见”，也无所谓“情信”，更没有什么“德性”。这样解说显然有违庄子本意。我们认为“其知情信”应该指的是《大宗师》中“夫道，有情有信”的“情信”，指的是泰氏与道同体。他的“知”只是道，他的安详舒适、悠然自得都是道的体现。而“德”就是“得”，与舜“亦得仁矣”之“得”同义。“其德甚真”是说他所得到的一切包括人与物都是顺从于道的结果，其中没有半点的虚假，“其德甚真，而未始入于非人”，正好与舜“亦得人矣，而未始出于非人”形成一个鲜明的对照。

《应帝王》以啮缺问于王倪这一段开篇，可以视为是对两人在《齐物论》中谈论的“至人”的呼应，并以至人与帝王的对比，解释所谓“应帝王”，就是应为帝王的帝王应该是像泰氏（伏羲氏）那样的帝王，而应对帝王的民众百姓则应该是像至人那样的民众百姓。

庄子说

肩吾见狂接舆。狂接舆曰：“日中始何以语女[1]？”

肩吾曰：“告我君人者以己出经式义度[2]，人孰敢不听而化诸[3]！”

狂接舆曰：“是欺德也[4]。其于治天下也，犹涉海凿河而使蚊负山也。夫圣人之治也，治外乎[5]？正而后行[6]，确乎能其事者而已矣。且鸟高飞以避矰弋之害[7]，鼷鼠深穴乎神丘之下以避熏凿之患[8]，而曾二虫之无知[9]！”

【简注】

［1］日中始：寓言人物名。

［2］君人者：指国君。经式义度：指法度、法规。

［3］孰：谁。化：教化。

［4］欺德：虚伪不实。

［5］治外：指以经式义度治理社会。

［6］正：指顺应自然。

［7］矰弋（zēng yì）：带有丝绳用来射鸟的短箭。

［8］深穴：打深洞。神丘：社坛。熏：烟熏。凿：挖掘。

［9］曾：竟，简直，还。

【今译】

肩吾去见狂接舆。狂接舆问他："日中始都跟你说了些什么？"

肩吾说："日中始告诉我，帝王统治天下要根据自己的需要制定、颁布法规，这样就没人敢不听从，必然可以教化臣民。"

狂人接舆说："这是虚伪欺人的。用这样的方法治理天下，就像是在大海中开河，让蚊虫背负大山一样。圣人治理天下，只是用法规教化人吗？治理天下要先端正自己，顺从自然，让人顺其所能就是了。况且鸟都知道高飞躲避短箭的伤害，鼷鼠知道在社坛下打深洞以避免烟熏以及挖掘的祸患，难道人连这两种小动物都不如吗？"

【说庄子】

肩吾与狂接舆也算得上是老相识了。在《逍遥游》中，肩吾就是在接舆那里听说了所谓的藐姑射之山以及神人。虽然那时他认为接舆之言"大而无当，往而不返”“不近人情”“狂而不信”，可打心眼儿里还是觉得接舆学问大，是自己的良师益友。这不，一得空，肩吾就去见接舆了。

不过，这时候的接舆，似乎也失去了谈论“不食五谷，吸风饮露。乘云气，御飞龙，而游乎四海之外”的理想人生的兴趣，而把自己的注意力彻底转向现实世界。也许接舆也认识到，正视现实、正视自己所处的生存环境才是更重要、更有意义的。

说到现实世界，就无法回避君主社会的政治结构与游戏规则。于是一位可以看作是现存君主社会的拥戴者“日中始”首先登场来为帝王的统治支招了。他认为做帝王的就应该制定出各种各样的法规来强化自己的统治。起初，也许老百姓不习惯，但只要强制推行，过段时间老百姓就会服服帖帖了。

这样把自己摆到老百姓对立面的治世方法真会奏效吗？短时期内也许行。毕竟绝大多数老百姓是顺民，迫于压力，也许会在表面上遵从所谓的法律制度。但是任何统治者都别忘了，倘若你硬要老百姓接受你一厢情愿制定出来的政策法规，老百姓为了活下去，一定会在夹缝中寻出应对你的政策法规的办法。正所谓“上有政策，下有对策”。所以接舆说，狂妄自大的日中始所推行的治世方法纯粹是虚伪骗人的，就如同在大海中开河，让蚊虫背山，不可能带来任何好的结果，只是枉费心机而已。

这段故事的一个重要启示，便是帝王如何对待百姓，百姓就会如何应对帝王。鸟与鼷鼠都知道如何躲避危害，何况是人！所以圣人治理天下，最好的办法便是因任自然，让人顺其本能，不强求，不扭曲人的本性。假如人人都可以“其卧徐徐，其觉于于；一以己为马，一以己为牛”，活得安闲悠然，自然也就天下太平了，哪里还用得着什么“经式义度”来捆绑人的手脚呢！

庄子说

天根游于殷阳[1]，至蓼水之上[2]，适遭无名人而问焉[3]，曰:“请问为天下[4]。”

无名人曰:“去[5]！汝鄙人也[6]，何问之不豫也[7]！予方将与造物者为人[8]，厌[9]。则又乘夫莽眇之鸟[10]，以出六极之外[11]，而游无何有之乡，以处圹埌之野[12]。汝又何帛以治天下感予之心为[13]?”

又复问。无名人曰:“汝游心于淡，合气于漠[14]，顺物自然而无容私焉，而天下治矣。”

【简注】

[1] 天根：寓言人物名。殷阳：地名，一说殷山的南面。

[2] 蓼（liǎo）水：河名。

[3] 适：恰好，正好。遭：遇到，碰到。

[4] 为：治理。

[5] 去：走开。

[6] 鄙人：鄙陋之人。

[7] 豫：悦，愉快。

[8] 方将：正要。

[9] 厌：满足，满意。

[10] 莽眇：轻虚的样子。

[11] 六极：天地四方。

［12］圹埌（kuàng làng）：辽阔无际。

［13］帠（yì）：呓的本字，梦话，呓语。感（hàn）：摇撼，动摇。

［14］淡、漠：形容清静无为。

【今译】

天根在殷阳游历，来到蓼河边上，恰好遇到无名人，便问道：“请问当如何治理天下。”

无名人说：“赶快走开，你这个鄙陋的人，为什么问我这么令人不快的问题！我正要与造物者商讨治人的事，已然得到了答案，我就乘着轻虚之鸟飞往六极之外，游于无何有之乡，处于大漠之野。你为什么又用治理天下这种呓语来撼动我的内心呢？”

天根再次追问。无名人答道：“你游心于恬淡的境界，清静无为，顺应自然的变化，不掺杂任何个人的私心，这样，天下就会大治了。”

【说庄子】

刚才的那位叫“日中始”，现在又来了一位“天根”。光是看庄子给他们取的名字，就足以知道他们是如何自以为是、狂妄自大的人物了。一位是万物生长靠的太阳，是世界的中心，还是天下的创始者，另一位则是全天下之根。想想看，世上除了帝王，还有谁配得上这样的名字？

尽管如此，天根还是摆出了一副谦虚恭敬的样子，向无名人请教治理天下的方法。可惜，无名人对这样的问题毫无兴趣，一上来就直接以“去！汝鄙人也，何问之不豫也”给怼了回去。虽然遭到无名人毫不客气的斥责，天根却并不气馁，依旧紧追不舍，一问再问，无名人最后只好耐着性子为他解答。

无名人这个名字，让我们很容易联想到《逍遥游》中“圣人无名”的名言。不消说，无名人一定跟帝王有关，跟圣人君主有关。无名人，想必是庄子心目中圣人君主的化身吧。你看他“乘夫莽眇之鸟，以出六极之外”的游历之地，不就是《逍遥游》中圣人、神人、至人“乘天地之正，而御六气之辩，以游无穷者”的地方？而他沉浸其中的“无何有之乡”“圹埌之野”，不也就是庄子所憧憬的“无何有之乡，广莫之野”？像无名人这样的帝王，得以与圣人、神人、至人同游一处，自然不需要像有虞氏、日中始那样用“经式义度”去治理天下。所以无名人对治理天下问题的解答是:“汝游心于淡，合气于漠，顺物自然而无容私焉，而天下治矣。”身为帝王，最重要的就是让心游于恬淡广漠的世界，与“道”融合为一，一切顺应自然，彻底抛弃一己之私，只有通过这样的“不治”，天下才能实现真正的大治。这，就是庄子构造出来的一个理想的君主社会。

无名人悟道的经历与尧、卜梁倚不同。他是在殷阳蓼水之上正要与造物者探讨“为人”时，已然得到了他所寻求的答案，于是便像轻虚的鸟一样，一下子游“心”于“六极之外”，再不受到任何外物的束缚。这个心骛六极的世界是那么神奇，以至于当天根正儿八经地用如何治理天下向无名人请教时，无名人极不耐烦地打断了他，让他不要再用什么治天下之类的梦话来撼动人心了。这个“悟道”过程是很有些启示意义的。庄子似乎是要借此告诉人们，当你思想枯竭、找不到出路的时候，不要闭门造车，冥思苦想琢磨着如何制定新的“经式义度”来约束老百姓，不妨出去走走，或许就会在大自然中一朝“顿悟”了呢。

庄子说

阳子居见老聃[1]，曰：“有人于此，向疾强梁[2]，物彻疏明[3]，学道不倦。如是者，可比明王乎[4]?”

老聃曰：“是于圣人也，胥易技系[5]，劳形怵心者也[6]。且也虎豹之文来田[7]，猿狙之便执斄之狗来藉[8]。如是者，可比明王乎?”

阳子居蹴然曰[9]：“敢问明王之治。”

老聃曰：“明王之治：功盖天下而似不自己，化贷万物而民弗恃[10]；有莫举名[11]，使物自喜；立乎不测，而游于无有者也。”

【简注】

[1] 阳子居：寓言人物名，也有人认为阳子居就是先秦道家学派人物杨朱。

[2] 向疾：形容敏捷。强梁：果敢决断。

[3] 物彻：洞彻万物。疏明：疏通明达。

[4] 明王：圣明之王。

[5] 胥：乐官。易：变更。技：技艺。系：束缚。

[6] 劳形：使形体操劳。怵心：扰乱心思。

[7] 田：田猎。

[8] 便：敏捷。斄（lí）：狐狸。藉：绳系，拘系。

[9] 蹴：惊恐。

[10] 贷：施。恃：依赖，倚仗。

[11] 莫：不。举：彰显。

【今译】

阳子居见到老聃说："这里有这样一个人，他思维敏捷，行事果断，洞彻万物，与人相处疏通明达，学道勤奋不倦。像这样的人，可以与明王相比吗？"

老聃说："在圣人看来，这样的人做事，就像是乐官总想着变化演奏方法，为技艺所累，身心劳苦。虎豹因皮毛上的花纹招来田猎，猿猴因动作敏捷、狗因会抓狐狸才被绳索所系。像这样的人与动物，可以与明王相比吗？"

阳子居听了老聃的话，十分震惊地说："请问，什么才是明王之治呢？"

老聃说："明王治理天下，功盖天下却好像与自己无关，化育天下万物，可是百姓却感觉不到他们依赖了任何人。明王有了功德不去彰显，且能使万物各得其所。自己则立于变化莫测的境地，与道同游于无所有之地。"

【说庄子】

至此，我们已经看到了象征帝王治世的三组比较：第一组是有虞氏（舜）与泰氏（伏羲氏），第二组是日中始与圣人，第三组便是天根与无名人。相形之下，孰优孰劣，一目了然。但庄子似乎唯恐人们对他的君主观、政治观产生任何误解，于是又不厌其烦地推出了第四组："有人"与"明王"，加以比较。

明，有日有月，象征着伟大光明。而明王，自然就是如同太阳月亮那样可以给人带来光明，恩泽百姓，惠及万物的帝王了。阳子居满心以为“向疾强梁，物彻疏明，学道不倦”的“有人”，算得上是名副其实的“明王”，这才兴冲冲地把他介绍给老聃，希望得到老聃的首肯。可万万没有想到的是，老聃竟然连用了几个很损的比喻加以讥讽。在老聃看来，所谓“向疾强梁”，是猴子、狗都具有的技能，所以它们需要被主人用绳索拴起来加以管束；而“物彻疏明，学道不倦”，不过是像乐工那样，费尽心机要把自己的雕虫小技磨练得更好听一点而已。乐工、猴子还有狗的所作所为，不过都是为了彰显自己的才能，才让自己陷入了劳心费神、受制于人、为物所累的境地，而其结局又像虎豹由于有着漂亮的皮毛而招致被猎人射杀一样，这与真正的“明王”相差何止千里万里？

那么，什么是真正的“明王”？什么又是“明王之治”呢？庄子借老聃之口说，真正的明王胸有大道，从不显示自己，明明功盖天下却好像与自己无关，化育天下万物，可是百姓却感觉不到自己依赖于任何人，他有功德却不推举彰显，而让万物各得其所。明王自己则立于变化莫测的境地，顺从自然，与“道”同游。在这个“明王之治”的社会，君主知道如何“应为帝王”，老百姓也知道如何“应对帝王”，到处呈现出“其卧徐徐，其觉于于；一以己为马，一以己为牛”的“大治”景象。在这里，君主不需要制定什么“经式义度”来约束百姓，百姓也不会因“避矰弋之害”而“高飞”，因“避熏凿之患”而“深穴”，一切听任自然，“确乎能其事者而已矣”。

这一段比较难理解的是庄子提出的明王“立乎不测，

而游于无有者也”的主张。庄子难道是要君主立于神秘莫测之地，让老百姓不知道帝王的意图，以便巧使心机来驾驭百姓吗？我们姑且留下这个悬念，且看下文分解。

庄子说

郑有神巫曰季咸[1]，知人之死生存亡[2]，祸福寿夭，期以岁月旬日[3]，若神。郑人见之，皆弃而走[4]。

列子见之而心醉[5]，归，以告壶子[6]，曰：“始吾以夫子之道为至矣[7]，则又有至焉者矣[8]。”

壶子曰：“吾与汝既其文[9]，未既其实[10]，而固得道与[11]？众雌而无雄，而又奚卵焉[12]！而以道与世亢[13]，必信[14]，夫故使人得而相汝。尝试与来，以予示之。”

明日，列子与之见壶子[15]。出而谓列子曰：“嘻！子之先生死矣！弗活矣！不以旬数矣[16]！吾见怪焉，见湿灰焉[17]。”

列子入，泣涕沾襟以告壶子。

壶子曰：“乡吾示之以地文[18]，萌乎不震不正[19]。是殆见吾杜德机也[20]。尝又与来。”

【简注】

[1] 神巫：占卜极为灵验的人。季咸：神巫的名字。

[2] 知：预知。

[3] 期：预言。

[4] 走：跑开。

［5］心醉：极其佩服。

［6］壶子：列子的老师。

［7］至：最高。

［8］又：更。

［9］既：尽。文：纹，纹饰，指外在形式。

［10］实：实质。

［11］而：尔，你。固：岂。

［12］奚：何，怎么。

［13］亢：抗，较量。

［14］信：伸，表露自己。

［15］之：指神巫季咸。

［16］以：用。旬：十日。

［17］湿灰：毫无生气的样子。

［18］乡：向，刚才。地文：大地的样子。

［19］萌乎：茫然。震：动。

［20］杜：闭塞。德机：指生命力、活力。

【今译】

郑国有位名叫季咸的巫师，能预知人的生死存亡、福祸寿夭，甚至能算到具体的年月日，精确如神。郑国人见到他都急忙逃走，避之唯恐不及。

列子见到季咸，十分醉心于他，回来后告诉壶子：“起初，我以为老师的道术是最高深的，现在才知道还有更高深的呢。”

壶子说：“我以前教给你的都是些皮毛，没有实质性的东西。你以为自己已经得道了吗？如果都是母鸡而没有公鸡，又怎么可能有孵鸡的蛋？你用学到的皮毛与世人较量，让人相信你，必然让人一眼就看穿了你的内心。你试试把他带来，让他给我看看相。”

第二天，列子与季咸一起见过壶子。出来后，季咸对列子说：“哎呀，你的老师快要死了，活不了多久了，不会超过十天。他的面色怪异，一脸湿灰色，毫无生机。”

列子回来，泣泪沾襟地把季咸的话转述给壶子。壶子说：“刚才我让季咸看到的是大地寂静的样子，茫茫然静中有动。他这样说大概是因为看到我关闭了生机之门吧。你让他再来给我看一次相。”

【说庄子】

《应帝王》本来说的是帝王如何应为帝王，百姓如何应对帝王的事，怎么会突然冒出这么一段篇幅不短、内容多少有些不伦不类的相面故事？几乎每位读者读到这里都不免心生疑窦，庄子这是怎么了？一向注重人当如何好好活着的庄子，为什么忽然关心起看相算命来了？难道看相算命也与“应帝王”有关系吗？

回答是肯定的。

按照庄子所主张的“应为帝王”之术，当帝王的需要“立乎不测”以顺应万物的变化。然而，作为臣民，又应该怎样去面对“立乎不测”的帝王？应该采取怎样的“应对帝王”的方法？这，便是季咸、列子与壶子故事的重点了。

虽说“天意从来高难问”，可现实世界中总有人在时时揣摩天意，想知道帝王的意图是什么，自家的命运怎么样，自己又将面临怎样的未来，等等。庄子借季咸、列子与壶子的故事，告诫人们道不但深不可测，还变化莫测。同样，顺应自然、与道为一的帝王，也随同道一样深不可测，变化莫测。生活在这样的社会，臣民就该像至人那样，安时处顺，听天由命，“一以己为马，一以己为牛”，不要幻想自己已经掌握了预测未来的神技，能够未卜先知。任何自诩为“神巫”，妄自揣度，或者自以为精通了看世界的秘诀的人，最终都不免自取其辱。

季咸、列子与壶子这三个人都颇有象征意义。季咸属于那种略有小技便试图蛊惑人心的人，很有些像当代某些自封的“大师”，然而一旦碰上真正的对手便一败涂地。而列子属于脑洞大开，满足于事物表象，完全不会用自己的头脑思考，很容易被人蛊惑蒙蔽的吃瓜群众。壶子则是与道相通、可以“立乎不测”的帝王代表，是能将“不治之治”变为现实的理想人物。在庄子心中，只有壶子才代表着人类的希望。

先秦时期，巫术相面盛行。季咸有神巫之称，号称看相算命能精确到年月日。诡异的是，季咸只能预言人将要遭遇的坏事，却不能预见人将遇到的好事。所以郑国人一见到他，便纷纷落荒而逃，一片惊恐，唯独列子是个异类。他不但不怕季咸，还痴迷于季咸的道术，误认为季咸的功力远在老师壶子之上，却不知自己过去所了解的不过是道的皮毛而已，并没有接触道的实质。

为了教育列子，壶子请他带季咸前来看面相。精通道术的壶子先向季咸显示出大地寂静的样子，却被季咸视为死相，断言壶子十日之内必死无疑，惹得列子悲从中来，泣泪沾襟。壶子却告诉列子，这只是自己在道的引导下，关闭了自己的生机之门而已。

这里的壶子，不仅仅是得道者的象征，在某种程度上，也是道的象征。庄子认为，人世中有多少种现象，道就有多少种变化。所谓神巫的预言，不过是蛊惑人心，是不足信的。在此，庄子以季咸“测”壶子生死的失败，隐喻“测”帝王实际就是“测”道；道不可“测”，帝王也同样不可“测”。

这一段的最后，壶子再次邀请季咸为自己看相。这一次，他还可以让季咸露出破绽来吗？

庄子说

明日，又与之见壶子。出而谓列子曰：“幸矣子之先生遇我也！有瘳矣[1]，全然有生矣！吾见其杜权矣[2]。”

列子入，以告壶子。壶子曰：“乡吾示之以天壤[3]，名实不入，而机发于踵[4]。是殆见吾善者机也[5]。尝又与来。”

明日，又与之见壶子。出而谓列子曰：“子之先生不齐[6]，吾无得而相焉。试齐，且复相之。”

列子入，以告壶子。壶子曰：“吾乡示之以太冲莫胜[7]。是殆见吾衡气机也[8]。鲵桓之审为渊[9]，止水之审为渊，流水之审为渊。渊有九名，此处三焉。尝又与来。”

【简注】

［1］瘳（chōu）：病愈。

［2］杜权：闭塞之中显示出的一点活力。

［3］示之以天壤：表示出天地间的生气。天壤：天地。

［4］踵：脚后跟。

［5］善者机：指生机萌动的征兆。

［6］不齐：指精神恍惚不定。

［7］太冲：太虚。莫胜：没有征兆。

［8］衡：平衡。

［9］鲵：大鱼。桓：停留。审：深。

【今译】

第二天列子与季咸再次来见壶子。季咸出来后对列子说："你的老师很幸运遇上了我，他有痊愈的希望了，脸上已全然有了生机。"

列子进去把季咸的话告知壶子。壶子说："刚才我显示给他的是天地间的生气，没有掺杂任何名实杂念，生机由脚跟而起。这大概就是季咸所看到的我的生机。请他再来给我看相。"

过了一天，列子又与季咸来见壶子。出门后季咸对列子说："你的老师心神恍惚不定，我无法给他看相。让他试着先静下心来，等他心神安宁的时候，我再来看相。"

列子进去把季咸的话转告壶子。壶子说："我刚刚显示的是没有征兆的太虚之境。他大概是看到了我的生机静止不动。鲵鱼停留的水的深处是深渊，静止的水的深处也是深渊，流水的深处还是深渊。深渊有九种，我让他看到的只是这三种。请让他再来给我看相。"

季咸还是那个季咸，壶子也还是那个壶子。可号称断人生死精准到年月日的铁嘴神巫季咸，却在他的“铁粉”列子面前大大地跌了面子。三天之内，季咸三次看相，三次失算：第一次还振振有词地说壶子十日之内必死，第二次居然就变成大有痊愈的希望了，第三次索性什么也看不出来，只好找个托词说壶子的心神飘浮不定，无法预测。在与壶子比试的三个回合中，季咸输了个底儿掉，实在有愧于“神巫”的名号。这段小故事是很有现实意义的，现而今不是也有很多这样自诩有特异功能，实际上不过是靠坑蒙拐骗行事的“大师”？问题是，庄子花了如此多的笔墨去大写特写一位巫士，难道仅仅是要揭露巫术的不靠谱？

按照庄子的想法，壶子的人设，就是道的体现者。虽然壶子的表现不时也有些近乎神的意思，诸如他可以以各种不同面相示人，说起话来就更是玄而又玄，但庄子真正要说的还是，壶子的这种种“面相”，不过是道在他身上的显现。这么说，并不是说壶子可以操控道，而是说壶子已经与道融为了一体，他的所作所为完全顺应于道，听命于道。道可以在天，也可以在地；可以在深渊，也可以在屎溺。无论是四处一片寂静还是到处都呈现出勃勃生机，都是千姿百态的道的展现，都是人心可以进入的天地，而人的面相所呈现的种种变化，也是随心而动的。这种呈现靠的不是装神弄鬼，也不需要施展任何法术，而只是当人的心灵完全与道契合时所自然流露出来的。就像《齐物论》中所描述的那样，“注焉而不满，酌焉而不竭，而不知其所由来”。这样的心灵世界，当然不是精通巫术面相占卜的“神巫”所能窥视的，也不是凭着面相就可以猜测出来的。

另一方面，神巫季咸之所以会在壶子面前一次次败下阵来，也是所谓明王“立乎不测”的形象诠解。庄子借此告诫人们，不必去揣测“明王”的心理意图，神巫如季咸者都在得道者面前铩羽而归，遑论他人呢。

庄子说

明日，又与之见壶子。立未定，自失而走[1]。壶子曰:“追之！”

列子追之不及。反，以报壶子曰:“已灭矣，已失矣，吾弗及已。”

壶子曰:“乡吾示之以未始出吾宗[2]。吾与之虚而委蛇[3]，不知其谁何，因以为弟靡[4]，因以为波流，故逃也。”

然后列子自以为未始学而归，三年不出。为其妻爨[5]，食豕如食人[6]。于事无与亲[7]，雕琢复朴，块然独以其形立。纷而封哉[8]，一以是终。

【简注】

［1］失：佚，逃走。

［2］吾宗：指道。

［3］委蛇：顺从。

［4］弟靡：如草随风，形容随波逐流。

［5］爨（cuàn）：烧火做饭。

[6] 食（sì）：喂食，给人或动物东西吃。

[7] 亲：偏私。

[8] 封：守。

【今译】

第二天，列子与季咸又去见壶子。季咸一见，还没站稳脚跟，扭头就跑。壶子说："追上他。"

列子追了出去，却没追上。回来报告壶子说："他逃走了，已经跑得不见踪影，我没能追上他。"

壶子说："我刚才向季咸显示的是万变不离其宗。我游于道的境界，他测不出我是谁。我顺从万物的变化，如同随波而流一样，所以他只能逃走。"

这以后，列子知道自己虽追随壶子却连门都没进入，于是回到家中。从此三年不出家门，终日为妻子烧火做饭，养猪如同养人一样，对一切都不分远近亲疏，他去除浮华雕琢，返璞归真，安然独立于世间，在纷乱的世上守着自己的内心，终此一生。

【说庄子】

季咸的逃之夭夭，是一个颇具象征意义的片段。

首先，庄子要说的是，在道的面前，人的"知"以及"技"，无论如何精湛渊博，都极其有限。认识道、了解道的唯一途径，就是像庖丁那样"臣之所好者，道也，进乎技矣"。对于道，人只能顺从它，却无法通过"知"或"技"来掌控它，更无法预测它。就是预测精准如季咸者，他所掌握的也不过是一种"技"，这种"技"可以接触到事物的表面，却无法接触、认识世界之根本的“道”，所以他始终无法看出道的千变万化，预测体现道的物（包括人）的变化。也就是说，人的“技”再神乎其神，也无法与道相提并论。季咸的溃败，隐喻着以“测”应对“立于不测”的得道明王的失败。

这个故事还告诉我们，任何宣称自己掌握了超自然、超人能力的人，甚至自以为能力近乎神的人都靠不住。无论他们的技艺如何神奇，才智如何超众，都无法进入他人的内心世界。相对于“知”与“技”，心才是最有力量，也最深不可测的。当你的心游于“道”的境界，顺从于万物的变化，你就可以像草一样随风摇曳，像水一样随波流淌，自由自在，无拘无束，再没有人可以左右你，看透你，剥夺这仅仅属于你的世界。

然而，对于那些尚未真正迈进道的门槛、仍热衷于旁门左道的人，不妨看看极有启示意义的列子的经历。看看列子是如何从壶子的弟子，转而成为季咸的追捧者；又是如何从季咸的追捧者，心甘情愿回到家中为老婆烧火做饭下厨房，对待猪像对待人一样，对万物与人都再没有亲疏远近之别，从此成为一位形同槁木、心如死灰的修道者。原来，一个人能否得“道”并不在于“技”，也不在于“知”，而在日常生活的点点滴滴之中。道无所不在，无论是烧火做饭，喂猪养人，处处都有道，都浸透着道。当你的心中再没有了男人、女人的区别，没有了猪、人的区别，也没有家人还是外人的区别，那就意味着你再不会受到现实世界的局限，你就可以一步步返璞归真，在纷乱的世界守住自己淳朴的内心，顺从自然，回到一个无知无欲、最为真实的心的世界。

庄子说

无为名尸[1]，无为谋府[2]；无为事任[3]，无为知主[4]。体尽无穷[5]，而游无朕[6]；尽其所受乎天[7]，而无见得，亦虚而已[8]。

至人之用心若镜，不将不迎[9]，应而不藏[10]，故能胜物而不伤。

【简注】

[1] 为：做。尸：主，载体。

[2] 谋府：智囊。

[3] 事任：做事。

[4] 知主：以智巧为主宰。

[5] 体：体悟，领会。

[6] 朕：朕兆，征兆，迹象。

[7] 受：享受。

[8] 虚：指空明的心境。

[9] 将：送。

[10] 应：反应。

【今译】

放弃名声，放弃谋略，放弃人为的事情，放弃智巧，体会无穷无尽的道，游心于道的境界；顺乎道的变化，不要想着求取，这就是空明的心境。

至人用心犹如镜子，任万物来去不迎不送，顺应自然不留不藏，所以能超然物外而不为物所伤。

【说庄子】

这一段显然是承季咸、列子与壶子的故事而来的。不过，这里为什么会突然提到至人？至人又指的是谁？而且，是不是这两小段都说的是至人？

前代庄学家，除褚伯秀认为至人指的是壶子以外（见《南华真经义海纂微》），其他各家都只笼统地以“至人”概述之，似乎这里的至人究竟是谁并不重要。可实际上这直接关系对《应帝王》一篇的理解。

从字面上看，这两小段描述的都是得道者的心境与特征，衔接紧密，彼此呼应。然而，假如我们把这一段放到内篇的大背景中，对应起来看，就会发现这两小段所指的人群并不相同。

我们先来看看第一段。第一小段的中心词是“名”“谋”“事”与“知”。什么人与这四个词的关系最为密切呢？不就是圣人嘛。除了圣人，还能有谁？所以所谓“无名为尸”，实际上就直接点明了与《逍遥游》中“圣人无名”的关系。第二句说“无为谋府”。谁最需要放弃谋略呢？不也是《德充符》中所说的“圣人不谋”的圣人?！第三句是“无为事任”，就是让人都不要做什么事了。这一句可以比照《齐物论》中提出的“圣人不从事于务，不就利”来看，主语还是圣人。第四句“无为知主”说的是要人放弃智巧，这个主张，跟《德充符》所说的“圣人不谋，恶用知”，还有“故圣人有所游，而知为孽”几乎完全相同！这么分析下来，这四句说的都是圣人，描述的都是“应为帝王”的事，应该是确定无疑的了。

而从“至人之用心若镜”开始，则转而论述百姓当如何“应对帝王”。其重点是说至人的心应该像镜子一样，真实、忠实地映照自己以及周围的一切，但心中始终空无一物，对一切都不迎不送，物来则来，物去则去，不留下、不私藏任何的东西。这就是至人的心境。在应对帝王时，至人的用心也应该和镜子一样，不主动去做什么，不挑衅，更不像季咸那样妄自揣测，以彰显自己的技能。用这样的方法来应对帝王，百姓也就可以超然物外，不会受到任何伤害了。

最后来句题外话：后世名言“风来疏竹，风过而竹不留声；雁渡寒潭，雁去而潭不留影。故君子事来而心始现，事去而心随空”（洪应明《菜根谭》），应该就是从庄子有关至人的这段话中化出的。

庄子说

南海之帝为倏[1]，北海之帝为忽[2]，中央之帝为浑沌[3]。倏与忽时相与遇于浑沌之地，浑沌待之甚善[4]。倏与忽谋报浑沌之德[5]，曰：“人皆有七窍以视听食息，此独无有，尝试凿之。”日凿一窍，七日而浑沌死。

【简注】

[1] 倏：寓言人物名。

[2] 忽：寓言人物名。

[3] 浑沌：寓言人物名。

[4] 待：款待。

[5] 谋：商量。报：报答。

【今译】

南海之帝名为倏，北海之帝名为忽，中央之帝名为浑沌。倏与忽时常在浑沌那里相会，浑沌对他们极为友善。倏与忽商量着报答浑沌对他们的恩德，说：“人人都有眼、耳、口、鼻七窍，用来看、听、吃、呼吸，唯有浑沌没有，我们试着给他凿出七窍吧。”倏与忽每天给浑沌凿一窍，凿到第七天，浑沌死了。

【说庄子】

假如整部《庄子》内篇结束在“无为名尸，无为谋府”这一段，那在庄子对这个世界的无比绝望中，多少还能让人看到一条光明的尾巴。或许庄子真的曾期待过有一天能按照他的理想，出现一位像泰氏或者从藐姑射之山下来的尧、得了圣人之道的卜梁倚那样的君主帝王，彻底废弃有虞氏、日中始们设置的如网罟般的“经式义度”，让人人可以“其卧徐徐，其觉于于”。他在《齐物论》中不就说过“万世之后而一遇大圣，知其解者，是旦暮遇之也”这样的话吗？可是，内篇偏偏在浑沌被凿死的血腥氛围中结束，这意味着那曾经隐隐约约透露出一丝光明的缝隙，也被庄子亲手彻底地堵死了，留下的只是一片令人窒息的黑暗。“浑沌之死”预示着这个世界真的连一丁点儿的希望也没有了。即便是好人好心做好事，最后的结局仍旧是置人于死地，何况世间到处是像“卫君”“卫灵公太子”那样的暴君！

“浑沌”指的是天地未形成之前那种懵懂、模糊不清的状态，含有淳朴敦厚的意思。浑沌象征着人类的自然本性、世界的本初。而“倏”与“忽”都是疾速、短促的意思，象征着在追求物质道路上急速飞奔的人类。就是这么三位集体出演了一场惊心动魄、发人深省的悲剧。

浑沌，原本生活在一个浑沌的世界里，他不需要眼耳鼻口，“一以己为马，一以己为牛；其知情信，其德甚真，而未始入于非人”，他“无为名尸，无为谋府；无为事任，无为知主”，一切无为。就是这么个无为的人偏偏碰上了两个有为的“聪明”朋友，硬要为他“日凿一窍”，结果这个世上仅存的有着“古之人”心态与面目的人，就这样在两个朋友血淋淋的“开凿”下，从这个世界上永远地消失了。

“浑沌之死”的悲剧，在庄子看来是荒诞不经、彻底违背人性的；然而在倏与忽看来，却是那么自然、顺理成章。这说明庄子把人类之所以会堕落到今天这个地步，归因于人为制定的种种“经式义度”，认为是这些人为的东西把人类推进了死亡的陷阱，带来了不可扭转的危机。他看到的是一个充满不幸而又让人绝望的世界！

从《逍遥游》到《应帝王》，从南冥北冥到南海北海，其实，早在《逍遥游》中我们就可以感受到《应帝王》中浑沌的结局了。《应帝王》为《逍遥游》画上了句号。看过“浑沌之死”，再回过头看《逍遥游》中那只悬在空中的大鹏，它不就是庄子的化身么？早年的庄子也曾像大鹏一样，要跳出“北冥”之水，走进更广阔的世界，然而当它真的“化”身为鸟被海运卷起的扶摇羊角飓风托到九万里高空时才知道，原来地上天上都一样。一旦没有托举的大风，鹏随时都有跌下来摔个粉身碎骨的可能。当鹏升到高空往下看，发出“其视下也，亦若是则已矣”的感叹，就已经预示着浑沌的悲剧了。

庄子用“浑沌之死”为整个内篇作结是意味深长的。浑沌之死，象征着人类已经走到了自己的反面。人类曾经有过的天真淳朴、与自然的和谐都已经成为过去。从此，人类所热衷的各种各样的“凿”七窍的事，再也不曾停歇，比浑沌之死更为惨烈的悲剧从此一直在一幕幕、一代代地上演。

后记

2022年初，我们把《逍遥人间：走进庄子的世界》交给中州古籍出版社之后，意外地在网上发现了30多年前我们编写的《庄子散文选》。这个选本收集了《庄子》内外杂篇中25篇的全文或片段，编选时兼顾庄子思想代表作，重点则放在了庄子散文的文学性上。每篇选文分原文、注释、今译、集评和总案五个部分。集评主要收录了历代庄子学者从文学角度对选文的点评，总案则是我们自己对选文的解说与评论。时隔30多年，感到这个选本在编写体例、作者评注方面有不少可取之处，遂萌发了修改后再版的念头。

作出决定后，我们跟河北人民出版社的王静先生谈起了我们的想法。他不但很有兴趣，而且建议索性做一部面向普通读者的全新的《庄子》全注全译全评，而且要把这部书写得让凡是有兴趣读《庄子》的人都能读得懂。说实话，这个要求貌似不高，做起来却有相当的挑战性。其一，在旧作《庄子散文选》的基础上修改补充，不需要花很大的气力，但是要做一部全新的《庄子》全注全译全评，工作量可就大了不知多少倍了。其二，研究像庄子这样思想深邃而又文采汪洋恣意的哲人，把话说得深入浅出并不是一件容易的事。不过，思忖再三，我们最终还是欣然接受了王静先生的建议。这主要是由于我们一向对与庄子有关的课题项目都抱有极大的兴趣。更何况当时新冠疫情肆虐，原定的各种人生计划一时半会儿一个也实现不了，何不利用这段时间再跟着庄子做一次精神上的逍遥游？再次感悟庄子思想与文采的魅力？于是，就有了这部《庄子说 说庄子》的编撰。

这些年来，我们读了多少遍《庄子》，读了多少种《庄子》，已经难以计数。在着手这部《庄子说 说庄子》之前，我们曾经信心满满，以为一切都早已烂熟于心，只需要花些时间一篇篇地写下去就行了。但真正工作起来，才发现并不是那么回事。有时为了一个词的注释、一个句子的今译，都需要查找、琢磨良久。其间最大的挑战，是我们必须用一种换位思考的方式，去揣摩庄子写作时的思路，找出《庄子》中一节节寓言故事、一段段论述之间存在着的逻辑联系，理出其中的内在线索来。例如，《逍遥游》中，庄子为什么要插入“宋人资章甫而适诸越”一段，诸如此类，很多很多。

在编撰《庄子说 说庄子》一书的过程中，我们主要有两点体会：一是研究一部古典作品，尤其是先秦时期的著作，无论读多少遍，都不如扎扎实实地做一遍注释与今译的工作，只有通过逐字逐句的分析理解，并且把每一个词语都放在上下文中加以考察比较，才能真正领会作者隐藏在字里行间的意图与寄寓。否则的话，就算是字面上疏通了，连贯起来仍是晦涩难解。另一个体会是，《庄子》是一部永远读不完的大书。每读一遍，都会有新的收获、新的发现。庄子的哲学讲的是人生哲学。每个人的阅历不同，每个人眼中的庄子也不同。而且，人的阅历是在生活实践中不断发展丰富的，观察世界的角度也随之不断变化。人在不同的处境、不同的年龄段读《庄子》，也就一定会有不同的感受。青少年时读《庄子》看到的是鲲鹏一飞冲天拼搏奋斗的磅礴气势，中老年时读《庄子》最欣赏的是安时处顺与世无争的旷达恬淡，暮年时读《庄子》则会沉醉于回归自然面对未来的坦然从容："夫大块载我以形，劳我以生，佚我以老，息我以死"，体会到的是一种"栩栩然胡蝶也，自喻适志与"的化境。所以这本《庄子说 说庄子》自然也只是我们的一家之言而已。

如今《庄子说 说庄子》的内篇已经完稿，就要与广大读者见面了。作为作者，我们非常希望这本小书能为广大《庄子》爱好者进一步理解庄子、认识庄子打开一扇新的窗口。

王景琳 徐匋

2023年2月于渥太华